培训班开班仪式

陈赛娟理事长致辞

学员记录专家精辟讲授

学员分小组研讨

青少年科技辅导员发展丛书

科技辅导员培训指南

A Training Guide for Science Instructors

中国青少年科技辅导员协会　编著

科学普及出版社

·北　京·

图书在版编目(CIP)数据

科技辅导员培训指南/中国青少年科技辅导员协会编著.—北京:
科学普及出版社,2012.7(2012.10 重印)
(青少年科技辅导员发展丛书)
ISBN 978 – 7 – 110 – 07793 – 1

Ⅰ.①科…　Ⅱ.①中…　Ⅲ.①中小学 – 科学技术 – 活动课程 –
辅导员 – 师资培训 – 指南　Ⅳ.①G633.71 – 62

中国版本图书馆 CIP 数据核字(2012)第 147992 号

内 容 简 介

　　本书从理论探讨、概念界定、实践总结和典型展示等多元角度,就青少年科技辅导员培训所涉及的
目标和意义、任务和原则、模式和方法、内容和途径等进行了科学的描述,并结合青少年科学活动的组
织、设计和指导,重点推出了有益于科技辅导员升华教育思想与精神、提升专业知识与技能、把握科学方
法与规律的系列培训单元教案,以及一些优秀培训专家精心提炼的培训案例,为青少年科技辅导员通过
学习及培训做好面向青少年的科学教育、传播与普及工作提供了详尽的指导。

　　本书适合广大中小学教师和科技辅导员阅读及作为培训教材使用,对于各级青少年机构和团体、高
校和科研院所、科普场馆和科普教育基地、街道和居委会的科技导师、科普工作者和科普志愿者来说,本
书亦是开展青少年科普活动的实用指南。

科学普及出版社出版
北京市海淀区中关村南大街 16 号　邮政编码:100081

责任编辑　许　慧　李　元　责任校对　焦对诗
责任印制　张建农

发行部电话:010 – 62173865　编辑室电话:010 – 62103119
http://www.cspbooks.com.cn
科学普及出版社发行部发行
北京长宁印刷有限公司
*
开本:787 毫米×1092 毫米　1/16　印张:14　插页:1　字数:330 千字
2012 年 7 月第 1 版　2012 年 10 月第 2 次印刷
印数:4001—7000 册　定价:28.00 元
书号　ISBN　978 – 7 – 110 – 07793 – 1/G·3317

序

    为贯彻落实《全民科学素质行动计划纲要》、《国家中长期教育改革和发展规划纲要》和《中国科协科普人才发展规划(2010—2020)》,切实加强全国广大科学教师和科技辅导员队伍的建设,中国青少年科技辅导员协会和中国科普研究所于2011年4月联合启动了"青少年科技辅导员培训体系的实用研究"课题。

    一年来,依托上海市、广东省和北京市等各子课题组的深入研究以及总课题组诸多科技教育专家的倾心努力,该课题通过理论梳理、概念界定、实践总结和典型提炼,对科技辅导员培训体系相关的目标和意义、任务和原则、模式和方法、内容和途径等进行了深入的研究,已形成有益于科技辅导员提升综合素质和业务水平的系列培训单元教案,以及一些优秀培训专家精心提炼的培训案例。这些具有一定科学性和创新性的成果,将集中呈现于本书之中。

    我们相信,本书的出版,将会使我国广大科技辅导员能及时获得参与培训的实用教材,成为引领他们在实现青少年科学教育、传播和普及目标中所需知识、技能、方法和思想的应用指南,成为促进中国青少年科技辅导员协会建设和发展的相关理论支撑和实践基础,并切实有益于我国青少年科技创新后备人才队伍和具有较高素质劳动者大军的培养。

    最后,祝愿我国的青少年科技辅导员队伍不断发展壮大!

2012 年 5 月 4 日

《科技辅导员培训指南》编委会

目　录

第一部分　科技辅导员培训的规律概述

第二部分　科技辅导员培训的教学基本体系

第三部分　科技辅导员培训的教学案例

第 一 部 分

科技辅导员培训的规律概述

第一章　科技辅导员培训的目标和意义

一、科技辅导员培训的目标

(一)科技辅导员的界定及资质要求

1. 科技辅导员的界定

从广义来看,青少年科技辅导员是泛指依靠自身的科学背景,依托科学教育、传播和普及等渠道,通过设计、组织和实施各类活动,帮助青少年提升科学素质、人文素质和其他心理品质的专业人士。

从狭义来看,青少年科技辅导员系指在基础教育阶段幼儿园、中小学校和校外教育机构中,以独特的设计、指导、反馈、内化等所体现的工作模式,通过课外活动课程、校本课程、研究性学习或综合实践活动课程以及其他课外校外的科学活动,促使青少年获得与科学相关的知识与技能、过程与方法、情感态度与价值观的专业教师。

本书所说的青少年科技辅导员,主要是指后者,既包括在基础教育系统内有岗位设置的科技辅导员,也包括在基础教育系统内没有岗位设置,但利用与科学相关课程或课外校外科学活动,对青少年进行传播、引领、指导和协助的专业教师。总的说来,上述人员是青少年科技辅导员的主要组成。

2. 科技辅导员的资质要求

(1)科技辅导员的学历要求:作为一名科技辅导员,应满足以下学历要求:首先,以初中及初中以下文化程度青少年为工作对象的科技辅导员,应具有(或相当于)大专以上学历;以初中以上文化程度青少年为工作对象的科技辅导员,应具有大学本科以上学历。

(2)科技辅导员的品德要求:作为一名科技辅导员,应满足以下品德要求:首先,要遵纪守法,为人师表;要热爱祖国,热爱人民,拥护中国共产党的领导,拥护社会主义;要自觉遵守教育法律法规,作风正派,廉洁奉公,严于律己,以身作则。其次,要关爱青少年,勤恳敬业;要尊重青少年人格,维护他们的学习、健康和安全等权益;要对科学教育、传播和普及工作高度负责,努力提升每一位青少年的科学素质和其他心理品质。

(3)科技辅导员的业务要求:作为一名科技辅导员,应满足以下业务要求:首先,应熟悉科学教育、传播和普及的基本理论,了解与提升青少年科学素质相关的法律法规;其次,要了解面向青少年开展工作所应遵循的科学性、教育性、公平性、主体性和安全性等主要原则;第三,要熟悉面向青少年开展工作的主要模式,了解协调、组织、引领和指导等基本工作方法以及讲授、实验、调查、探究和宣传等一些具体的技术操作方法;第四,作为青少年科技辅导员,要了解国际性、全国性和区域性的青少年科学活动以及基层学校、社区、科普场馆等开展的课内外和校外科学活动的主要内容、形式和评价标准;第五,至少要具备自然科学(或社会科学、或人文学科)某一学科的系统专业知识和相关技能,并能通过培训和学习不断完善自身的知识基础和能力水平。

(二)科技辅导员培训的必要性

1. 科技辅导员队伍的现状

2011 年 9～11 月,受北京市科委相关部门委托,中国科普研究所相关课题组对北京市科技辅导员队伍理解科普的状况进行了典型调查:以问卷调查为主,并辅以相关访谈调查、文献检索和个案研究。调查表明,北京地区科技辅导员队伍的学历状况较好,大学本科及本科以上学历者为 87.4%、大专学历者为 9.2%、高中学历者仅占 3.4%。就职称而言,科技辅导员队伍中具有中级职称及以上者的比例为 67.8%,也就是说,大约有 1/3 以上的科技辅导员仍为初级职称或没有职称,这就使得他们参与科普特别是参与科学传播的业务水平相对较低。

调查亦表明,就科技辅导员对科学的认知而言,当问及是否认同"在科学领域,一种新观点或一种新理论要成为科学共同体公认的真理,需要从经验事实出发进行严谨的实事求是的理论研究并接受实验的检验。从这个意义上看,可检验性是区别科学与非科学的主要特征之一"这一表述时,北京地区的科技辅导员对上述描述表示认同者为 86.2%,这说明,绝大多数被调查者对科学本质的认知是正确的,但亦有 13.8% 的被调查者选择了不予认同或是"无法判断"。而涉及人类对待自然的 3 种态度,即:①崇拜自然并顺从其选择和安排;②尊重自然规律并开发利用它;③最大限度向自然索取并征服它。在科技辅导员队伍中,有 82.4% 的被调查者选择了答案②,这表明绝大多数科技辅导员在对待科学、自然和人类社会的关系上持理性态度,但亦有 17.6% 的被调查者作出了另外的选择。

调查还表明,就科技辅导员队伍对科普及其作用的认知来看,当问及"通过参与向公众(包括青少年)进行科普的活动,您认为在与科学素质相关的下述哪些方面使他们受益最大"这一问题时,科技辅导员队伍选择比例最高的前 3 项中,位列第一的为"养成科学行为习惯"(51.7%),余下依次为"理解科学方法"(43.7%)、"学习科学知识"(36.8%),"树立科学思想"(33.3%)排在第四位,"弘扬科学精神"(14.9%)则排在第九位。这反映出:①北京地区的科技辅导员队伍认为在科普中使公众(包括青少年)养成科学行为习惯更为重要,这与欧洲、北美等发达国家更重视向公众(包括青少年)传播科学方法相比,存在一定差异;②从认同"学习科学知识"的被调查者比列位居第三位则可看出,由于传统教育观念的长期影响,科技辅导员队伍在科学教育、传播与普及活动中,还未能完全摆脱重知识、轻能力以及重书本、轻实践的倾向。

调查同时显示出,科技辅导员队伍对自身科普能力的判断基本正确,他们已充分认识到学习和掌握科学传播技巧的重要性。在问及"您认为科普工作者(包括正在转化为兼职科普工作者的科技工作者)向公众或青少年进行科学传播时,需要学习和掌握特定的传播技巧吗?"时,100.0% 的被调查者都予以肯定的答复。从科技辅导员自身所掌握相关技能的现状来看,56.3% 的被调查者认同自己掌握了"科普活动组织技能",54.4% 的被调查者选择了"科普讲座技能",54.4%的被调查者选择了"实用技术传授技能"。位居第四位(40.2%)的是"科普展示技能",位居第五位(31.0%)的是"科普创作技能"。但认同率最高的传播技能,也不过只有1/2以上的科技辅导员已经掌握。

上述调查尽管只限于北京地区,但对了解全国科技辅导员队伍的现状有着很好的参考价值。考虑到北京地区的经济发展水平以及教育、科技和科普资源的优势是全国其他省(区、市)无法相比的,因此,全国其他省(区、市)科技辅导员队伍的综合素质和业务水平相对北京而言都有一定的差距,存在的问题应该比北京地区要多,尤其是西部地区和农村地区科技辅导员队伍存在的问题会相对更多一些。这应该是一个不争的事实。

2. 科技辅导员培训的必要性

根据上述对科技辅导员队伍现状的调查,可以看出,为改变科技辅导员队伍存在的诸多影响其健康发展的问题,培训是最主要的途径之一。只有加大科技辅导员队伍的培训力度,提高广大科技辅导员的科学素质、人文素质以及指导青少年参与科学活动的专业水平,才能打造一支高水平的科技辅导员人才队伍。

另外,加大科技辅导员的培训力度,亦是广大科技辅导员的呼声。例如,在上述北京地区科技辅导员队伍理解科普现状的调查中,当问及科技辅导员队伍最主要的需求时,58.6%的被调查者选择了"参加能有效提升自身素质和科普技能的培训班"。与此同时,科技辅导员在对现阶段已经开展的培训进行肯定的同时,也希望能有所改进,特别是强化培训的针对性,能够重点培训科技辅导员所迫切需求的实用科普技能,例如科普展示技能、实用技术传授技能、科普讲座技能、科普活动组织技能、科学传播技能、科普管理技能,以及与科普相关的评价技能等。

(三)科技辅导员培训的目标

科技辅导员培训的目标:一是提升科技辅导员自身的基本科学素质和人文素质;二是提升他们从事科学教育、传播与普及事业的业务水平。而针对提升业务水平这一目标,又可具体分解为教育思想与精神的升华、专业知识与技能的提升以及科学方法与规律的把握等。

二、科技辅导员培训的意义

(一)提升科技辅导员的业务发展能力

众所周知,《国家中长期教育改革和发展规划纲要(2010—2020)》和《中国科协科普人才发展规划纲要(2010—2020年)》都对未来科技辅导员队伍的建设与发展提出了新的、更高的要求。今天,作为一名科技辅导员,仅仅会传授知识和技能是远远不够的,而是必须真正树立实施素质教育和提升青少年科学素质的先进理念,具备不断提高科学教育、传播与普及活动的水平和能力。而要实现上述目标,全面、科学和规范的培训是最重要的途径之一。通过培训,可以促使科技辅导员全面更新教育观念,充实和增强他们从事青少年科学教育、传播与普及所必需的相关理论、专业知识、专业技能,使他们在科技教育活动中具备实践的能力,在科技辅导员所特有的工作中具备创新精神,在学术探索中增强教育科研能力,最终全面提升他们的业务发展能力。这也正是科技辅导员培训对其自身发展的意义所在。

(二)提高科学教育、传播与普及活动的质量

科技辅导员培训的意义,还在于可以提高面向青少年的科学教育、传播与普及活动的质量。这是因为在培训中,使受训科技辅导员了解国际性、全国性和区域性的青少年科学活动以及基层学校、社区、科普场馆等开展的课内外和校外科学活动的主要内容、形式和评价标准,熟悉和掌握科学教育、传播与普及活动方案设计的专业知识和专业技能等,均是培训内容的重要组成。

一般来说,科学教育、传播与普及活动的主体是青少年,但这并不排除科技辅导员作为上述活动的设计者,经过他们依据教育规律进行的精心设计,科学教育、传播与普及活动才能切实保证质量,真正实现提升青少年科学素质、人文素质和其他心理品质的目标。

在科技辅导员培训中,培训者会指导受训科技辅导员掌握科学教育、传播与普及活动设计的基本程序与相关技能。诸如上述活动应有与内容相匹配的主题,而主题则源于青少年感兴趣的学习、生活和社会发展中蕴涵科学内涵的问题。每项科学教育、传播与普及活动都应有体现活动原则和方法的过程设计,通过选择适宜的活动模式,并注意活动过程的连续性和阶段性,使上述活动的设计达到完美。

与此同时,培训还有助于受训科技辅导员理解和把握科学教育、传播与普及活动:在活动的实施过程中,科技辅导员应始终让青少年自主参与和推进活动的进程,并及时了解他们在每一阶段的反馈,以指导者的角色协助其调控活动进程。当然,在活动实施后组织青少年开展评估,也是科技辅导员不可或缺的任务。

不难想象,以科技辅导员为对象,使他们经过以上与科学教育、传播与普及活动相关的组织、策划、设计、实施、指导和评估等专业培训,必然会促进科学教育、传播与普及活动的规范以及活动质量的大幅提升。

(三)促进青少年科学素质的培养和科技创新后备人才的成长

在我国,由教育部、中国科协、科技部、全国妇联、共青团中央和国家体育总局等诸多部(委)倡导的全国青少年科技创新大赛系列活动及其他科普系列活动,依托着广大中小学、科普教育基地和各级青少年科技中心(馆、宫、家、站)的科学工作室、课外科技俱乐部和科技活动小组,以开展科普宣传和动手动脑解决社会生产和生活中的实际问题作为科学传播和科技探索的方向,每年吸引着数以千(万)计青少年的参与。上述活动对培养青少年的科学素质、人文素质和其他心理品质的意义是不言而喻的,而其能否取得预期效果的关键则依赖于具有较高综合素质和业务水平的科技辅导员队伍。

因此,大力推进科技辅导员培训,提升他们从事科学教育、传播与普及事业的业务水平,必定会带动广大青少年科学素质的全面提升,从而促进我国科技创新后备人才队伍的成长,以及具有较高素质的劳动技术大军的形成,这也正是我国实施人力资源建设可持续发展的重要基础工程之一。

第二章 科技辅导员培训的任务和原则

一、科技辅导员培训的任务

(一)科技辅导员培训的对象

这里所说的科技辅导员培训的对象,主要包括三类人员:第一类人员是在教育部门主管的中小学或青少年活动中心等校外机构担任科技辅导员或科技总辅导员的专业教师,他们属于有工作岗位设置的专职科技辅导员。第二类人员是在教育部门主管的中小学或青少年活动中心中,通过课外活动课程、校本课程、研究性学习或综合实践活动课程,以及其他课外校外的科学活动,对青少年进行辅导的专业教师,他们属于没有工作岗位设置的兼职科技辅导员。第三类人员是在基础教育系统外的科技场馆、科普教育基地、科学工作室、科学俱乐部以及其他各类青少年科学教育机构中,指导青少年参与科学活动的专业人士,他们也属于没有工作岗位设置的兼职科技辅导员。

(二)科技辅导员培训的主要任务

科技辅导员培训的目标:一是提升科技辅导员自身的基本科学素质和人文素质;二是提升他们从事科学教育、传播与普及事业的业务水平。目前开展的科技辅导员培训的任务,主要集中在落实后者上。而为了通过培训切实提升科技辅导员的业务水平,应具体分解为以下5项任务:

(1)通过培训,使科技辅导员熟悉科学教育、传播和普及的基本理论,了解与提升青少年科学素质相关的法律法规。

(2)通过培训,使科技辅导员了解面向青少年开展工作所应遵循的科学性、教育性、公平性、主体性和安全性等主要原则。

(3)通过培训,使科技辅导员理解面向青少年开展工作的主要模式,掌握协调、组织、引领和指导等基本工作方法,以及讲授、实验、调查、探究和宣传等一些具体的技术操作方法。

(4)通过培训,使科技辅导员了解国际性、全国性和区域性的青少年科学活动,以及基层学校、社区、科普场馆等开展的课内外和校外科学活动的主要内容、形式和评价标准,并能规范地对青少年参与活动进行指导。

(5)通过培训,使科技辅导员能够深入理解自然科学(或社会科学,或人文学科)某一学科的系统专业知识和相关技能,并能通过后续学习不断完善和拓展自身的知识基础和能力水平。

二、科技辅导员培训的原则

（一）科技辅导员培训原则的界定

培训原则,系指培训者在完成培训任务时所遵循的教学准则。不难看出,既然称为原则,一定是能正确反映培训教学客观规律的原生规则。因此,培训者将培训原则视为培训教学的基本要求,就可以依据自身的努力,通过规范的教与学过程,顺利完成培训教学任务,实现培训目标。

科技辅导员的培训原则,系指在以科技辅导员为对象的培训过程中,培训者所遵循的以提升其从事科学教育、传播与普及事业的业务水平为目的的教学行为准则。这些培训原则是依据科技辅导员在培训中掌握相关知识、技能和方法的规律来确定的培训教学进程的指导原理。培训者遵循这些原则,才可以通过培训全面有效地提升科技辅导员的综合素质和业务水平。

（二）科技辅导员培训的主要原则

1. 科学性原则

在开展科技辅导员培训的过程中,要自始至终体现科学性原则。这就是说,培训一定要结合作为成人的科技辅导员的学习特点,运用恰当的培训教学模式和方法,向他们传播反映客观真理的知识,帮助他们掌握最优化的技能和方法,引导他们树立有益于青少年发展的先进教育理念,以争取实现最佳的培训效果。

（1）培训内容所体现的先进性:就科技辅导员培训而言,其科学性首先体现在培训内容的先进性上,即培训内容无论是理念、知识、技能,还是方法都体现出符合社会或相关学科发展规律的最新成果。例如,在培训中涉及"教与学"的问题时,培训者不能有意或无意地再向科技辅导员传播传统的教育观念,而应结合终身学习的理念,向他们传播新的教育观念。

众所周知,从 20 世纪 70 年代开始,联合国教科文组织就一直倡导其成员国实施"终身学习"这一原则。此后,各国相继展开终身学习、终身教育与学习型社会的理论研究和实践探索。进入 90 年代,终身学习在发达国家则走向具体实践阶段,学习型社会的理念正在逐步转化为具体的行动方案和策略。自进入 21 世纪以来,建设学习型城市、学习型社区、学习型家庭的活动,正在我国广泛兴起。

通过学习进而发挥自身的创造潜能,已成为当前的时代特征之一,这也是未来每个公民生存的需要。实际上,或许正是因为学习型社会理念所带来的新的学习观对社会的影响,才使得基础教育的观念、内容和形式都在潜移默化地发生变化。例如,传统的基础教育观念强调的是教师的"教",即教师通过言传身教对青少年进行教育。这种教育方式由于只要求青少年被动地接受,往往会扼杀他们的求知欲,使其对教师的说教感到厌烦。

而按照现代社会新的学习观,适时地从观念上创新,从以教师为主的"教"转变为以青少年为主的"学",是基础教育观念转变的必然,这种转变有利于发挥青少年自主学习的潜能,激发其学习的兴趣,从而使他们乐于学习。以青少年为主的"学",强调的是在基础教育中要以青少年为主体,实质就是坚持教育的主体性原则。

向科技辅导员传播上述先进教育理念,有益于他们在培训中反思自身是否真正尊重青少年的独立人格,是否能营造有利于青少年自主学习和活动的种种环境,是否能唤起青少年的主体意识,使他们能积极地参与青少年科技活动,增强自信心、进取心和创新能力。而这无疑会促使受训科技辅导员的教育观念发生改变。

同样,在科技辅导员的培训中,相关知识的传播、相关技能的传授以及相关方法的传承,其内容亦都要体现先进性。而这种先进性,恰恰体现出自然科学、社会科学、人文学科和工程技术等领域的与时俱进,以及对教育发展的促进作用,而科学性原则也正是由此得到展现。

(2)培训方式与科技辅导员学习特点的适宜性:在科技辅导员培训教学中,培训者一定要依据其学习特点,诸如学习目的明确,注重实用性;具有丰富多样的活动组织和指导经验,不会轻易接受别人意见而改变现状;学习时具有一定的主动性,愿意与主讲教师互动交流;长时间学习易疲劳,记忆力亦会下降;等等。因此,培训者在培训教学中一定要注意培训教学模式和方法的选择,使其与科技辅导员的学习特点相适应,以达到事半功倍的效果。

例如,考虑到受训科技辅导员具有丰富多样的活动组织和指导经验的特点,培训者在教学过程中可运用案例分析法,激发科技辅导员参与培训的积极性,提升他们组织和指导青少年科技活动的业务水平。这里所说的案例分析法,是指在培训中,主讲教师根据科技辅导员的实际情况和所要学习的主题内容,选择具有代表性的个案,通过课堂讲授或是分小组讨论,提出解决问题的策略。从实质来看,案例分析法主要是依据科技辅导员在实践中的成功经验,引导他们举一反三,从而提升其解决问题的能力。

在应用案例分析法时,培训者要设计好如下两个阶段:①准备阶段。主讲教师要根据实际培训的具体目标、内容、范围及对象特点,结合受训科技辅导员个人的经验,选择具有代表性的个案,并确定活动时间。②实施阶段。主讲教师向科技辅导员介绍个案研究法的背景、路径和特色,以及个案研究法应用时需要注意的问题及应用后能达到的效果。随后,受训科技辅导员进入角色,经历分组、自我介绍、分发个案、研究个案、讨论汇报等过程,最后通过全体讨论,提出解决问题的科学策略,而这也正是提升科技辅导员业务水平的具体体现。

2. 实践性原则

(1)理论与实际联系的紧密性:就参与培训的科技辅导员而言,提升其业务水平,首先就需要向他们传播先进理论,以使其能够高瞻远瞩;其次则需要促使他们将理论与实际紧密联系,即引导他们学习和掌握应用理论解决实际问题所需的知识、技能与方法。这正体现了科技辅导员培训的实践性原则。

例如,科技辅导员在组织和指导青少年参与科学活动时,是否实现了既定目标,取得了哪些预期效果,这些都需要通过评估给出答案。因此,在培训中向科技辅导员传播有关教育评估的理论是非常必要的。它有助于科技辅导员理解评估的意义以及如何去建立一套规范的评估体系,包括制定一系列用于评估相关工作或活动的客观标准、方法、程序和步骤。

但是,仅仅传播上述理论是不够的,培训者还要立足科技辅导员自身的实践,通过培训指导科技辅导员如何将评估理论具体应用于自身所设计的青少年活动的评估中。例如,在培训科技辅导员如何设计科技教育活动方案的教学过程中,主讲教师可要求受训科技辅导员,一定要在活动方案中考虑到对活动效果的评估,即要设计活动效果检测这一步骤。而所谓活动效果检测,可以说正是评估理论在青少年科技活动实践中的具体应用。

一般来说,活动效果检测是科技辅导员设计科技教育活动中的一项重要内容,应针对活动目标的实现情况设计检测方法。活动效果检测的目的既是对青少年参与活动的实效性进行检测,又是科技辅导员对自己活动预设的一种自评估。活动效果检测可以设计在活动过程中,也可以设计在活动结束后。检测的方法视具体活动而定,可采用讨论、表演、交流、比赛、记录表、反馈、观察、访谈等形式,来评价青少年参加活动的语言、行为和态度。

(2)学用结合体现出的实效性:在科技辅导员培训中,培训者要善于结合受训科技辅导员的实际需求开展教学,引导他们把学习和自身深入思考结合起来,把学习和自身提升素质结合起来,把学习和自身工作应用结合起来,从而做到学以致用、以用促学、学用相长、重在实效。这恰恰从另一角度诠释了实践性原则。

例如,在科学探究活动中,如何指导青少年选出适合自身探究的科学问题,是许多科技辅导员面临的难点之一。针对这一实际情况,某地区培训机构专门安排主讲教师进行专题培训教学,向科技辅导员传播选题的原则、方法和策略,并通过大量案例分析,使他们能够把握如何指导青少年结合生活中的问题或实践经验进行选题;如何指导青少年结合自己的兴趣特长进行选题;如何指导青少年结合自己所生活区域的特点进行选题;以及如何指导青少年从获取信息的过程中发现选题等。许多参与上述培训的科技辅导员,按照主讲教师传授的科学思维方法,解决了困扰自己多年的选题指导问题,使自身的工作获得了长足的发展。

3. 主体性原则

(1)发挥科技辅导员的主体性:众所周知,通过学习进而发挥自身的创造潜能,已成为当前的时代特征之一。按照这一理念,在科技辅导员培训中,培训者就要摒弃传统的"教"的观念,考虑如何以科技辅导员为中心,使他们自己收集信息,自己发现问题,自己进行探索,自己进行评价。而与此相应的则是培训教材,严格说应是"培训学材"——科技辅导员学习的材料,它不仅仅是为培训主讲教师的讲授所准备的"讲稿",而是针对科技辅导员学习过程所设计的融知识、技能、方法、思想教育为一体的"综合指南"。此时的幻灯、录像、计算机、多媒体直至网络,也不再是"辅助"教学,而应成为科技辅导员学习的有机组成部分。

在自主性原则下,培训者的任务就是尊重、爱护和关心每一位科技辅导员,在组织培训的过程中开发他们的潜能,提高他们的学习能力,鼓励他们通过实践、探索和创新提升自身的业务水平。另外,培训者还要注意倾听科技辅导员提出的问题,特别是对培训内容、形式等反馈的意见,并以此作为改进培训教学的重要途径。

(2)激励科技辅导员的创新性:在科技辅导员培训过程中,培训者还应依托受训科技辅导员具有的丰富的工作经验和教学经验,充分发挥他们的主动性,鼓励其对培训内容、形式等进行大胆创新。例如,可以引导科技辅导员根据自身需求,参与对培训内容的选择、定位和变革;亦可以让科技辅导员结合自身指导青少年的体会,完善案例式、讨论式、互动式等培训教学方法的应用,以及探讨诸如问题导向法、专题组合法、项目训练法的效果等。实际上,一些参与培训的科技辅导员,如果自身条件得当,也完全可以成为名副其实的培训者。不难看出,这也正体现出主体性原则的魅力。

第三章　科技辅导员培训的模式和方法

一、科技辅导员培训的模式

(一)科技辅导员培训模式的界定

1. 何谓培训模式

培训模式是依据培训实践效果选取的科学实施过程,再经过抽象化和典型化后而形成的相对稳定的程序或策略。培训模式是解决培训教学中的主要问题、实现培训目标的一种通用手段。在一个良好的培训模式的指导下,有助于培训者找到解决问题的捷径,优化培训教学进程,完成培训任务,实现培训目标。

2. 科技辅导员培训模式的定义

科技辅导员的培训模式,系指在以受训者为主体等教育思想的指导下,培训者为实现受训者专业化发展和科学素质提升的目标,经过培训实践总结出的诸如"传播—理解"模式、"示范—习得"模式、"问题—研究"模式和"反思—领悟"模式等通用策略。

(二)科技辅导员培训的主要模式

1. 以各类知识加工为主的"传播—理解"模式

以各类知识加工为主的"传播—理解"模式,是科技辅导员培训模式的主要类型之一。当然,这里所说的知识,不是一般的知识,而是与科学相关的知识。实际上,如果从静态的角度来看,可以说科学就是一种知识,但这并不意味着任何一种知识都是科学。科学是关于客观世界各个领域事物现象的本质、特征及运动规律的知识体系。它既包括建立在人类社会实践活动的基础上并已经过了实践检验和严密逻辑论证的知识,也包括科学家群体正在研究并不断产生和发展的新知识。

从整体来看,培训者向受训科技辅导员传播的科学知识,包括自然科学知识、社会科学知识、思维科学知识、数学知识、技术知识以及工程学知识等,是一种广义的科学知识体系。自科学诞生以来,人们就一直在努力通过各种途径向公众特别是青少年传播人类所创造的这一文明成果。从科学普及到公众理解科学,以及到今天的科学传播,都已极大地扩大科学的影响和大大促进科学知识、科学思想在全社会的普及。

在以各类知识加工为主的"传播—理解"模式中,受训者的首要工作是选择,即知识内容的选择——开展青少年科技活动需要科技辅导员理解的科学知识,这包括涵盖科学教育、传播和普及先进理念的知识,以信息学、生命科学、能源科学和工程学等为代表的新兴学科知识或具有重大社会影响的学科知识,以及一些成功的科技辅导员总结出的具有典型意义的经验知识等。

其次,培训者要指导受训科技辅导员学会鉴别科学知识,分清什么是事实性知识,什么是概念性知识,什么是应用性知识,什么是创新性知识,促使他们接受传播的知识后,在自己的头脑中完成对科学知识的深入理解。

第三,培训者要引领受训科技辅导员运用自身的经验,尝试把握上述知识传播的精髓,即在理解科学知识的过程中,学会领悟知识背后所反映出的科学思想,从而升华其与科学相关的情感价值观。

2. 以操作技能获取为主的"示范—习得"模式

以操作技能获取为主的"示范—习得"模式,亦是科技辅导员培训模式的主要类型之一。培训者向受训科技辅导员传递的与科学相关的技能,主要包括动手操作的技能、观察实验的技能、科学思维的技能、科学计算的技能、信息收集及处理的技能和沟通表达的技能等。

技能的形成一般总是从个别动作、局部动作的练习开始的,都有一个发展的过程。技能的形成发展过程,大致可分为三个阶段:第一阶段是动作的认知阶段;第二阶段是动作的联系阶段;第三阶段是动作的完善阶段,即技能达到熟练化程度。

在以操作技能获取为主的"示范—习得"模式中,培训者的首要工作是示范,这就要求其自身必须能够熟练运用上述各项技能,并适时为受训科技辅导员进行展示。同时,培训者还要善于组织受训科技辅导员个体之间的相互示范和演练,以促进他们对技能的认知和熟练掌握。

其次,培训者要注意在培训中引领受训科技辅导员自觉应用所学习的技能,推进各项活动科学、准确、有效地完成。实践表明,只有长期自觉的应用,受训科技辅导员所掌握的技能才能逐步习得。

第三,培训者在技能的培养过程中,要注意综合性,既为了培养某项技能,也需要多项技能的配合训练。例如,观察技能的培养,可以与实验技能相结合,这有益于受训科技辅导员融会贯通;而动手技能的培养,与动脑技能—科学思维技能相结合,更有益于受训科技辅导员的全面提高。

3. 以科学方法体验为主的"问题—研究"模式

以科学方法体验为主的"问题—研究"模式,是现阶段科技辅导员培训模式的最主要类型之一。在这一模式中,培训者不仅要让受训科技辅导员了解科学研究的全过程,而且更重要的是向他们传授与科学相关的方法,诸如发现和界定问题的方法、观察与实验的方法、提出假设和最终结论所需要的分析方法、逻辑思维方法和创造性思维方法等。

一般来说,人们科学素质的提升,不在于其记忆科学知识的多少,而主要取决于其是否能应用科学方法处理自身或社会与科技相关的问题。而长期践行科学方法,才能有助于人们形成科学态度、科学精神和科学思想,这也正是"问题—研究"模式的重要之处。

在以科学方法体验为主的"问题—研究"模式中,培训者的首要任务是造势,即营造有益于受训科技辅导员敢于质疑、善于设问的良好活动(或课堂)氛围。要实现这一目标,培训者必须平等对待每一位受训科技辅导员,引导他们发挥自身的思辨精神,对周边与科学相关的任何事物都可以寻找不足,对任何人涉及与科学相关事物的结论都可以大胆怀疑。同时,培训者要指导受训科技辅导员学会对问题的界定,区分记忆性的问题、类比性的问题以及需要研究的科学问题等,并将最后一类问题中的难度适宜者列入自己的研究计划。

其次,培训者要作为辅助者,鼓励受训科技辅导员从科学的本质特性出发,自主体验提出问题、猜想与假设、制订计划并设计实验、进行实验与搜集证据、分析与论证、评估、交流与合作等一系列过程,通过研究获得对身边世界的理解,习得科学方法。

第三,培训者要为受训科技辅导员提供研究成果的展示机会,指导他们通过多种形式的文字表述、图像演示、实物展览和语言表达,把自己的研究结果向同行进行科学传播,尝试与他人沟通、交流和分享。

4. 以思想和精神升华为主的"反思—领悟"模式

以思想和精神升华为主的"反思—领悟"模式,亦是科技辅导员培训模式的主要类型之一。培训者需要通过培训教学活动,引导受训科技辅导员传承与科学相关的思想,使其在逐步研究和理解科学的过程中,萌发思维火花,尝试理性思维,并升华为揭示科学本质的看法、意识、精神和观念——科学思想。就受训科技辅导员而言,与科学知识的理解和相关技能的习得相比,科学思想的树立是更高层次的专业化塑造。

在以思想和精神升华为主的"反思—领悟"模式中,培训者的首要工作是发掘,即找出隐藏于科学知识背后的认识观、自然观、发展观和社会观,总结科学研究过程中相关阶段思维的变化及规律。例如,运用归纳法界定问题,通过发散思维拓展观察或实验以及对结论进行分析等,促使受训科技辅导员开展积极的思维活动——思考与反思。

其次,在培训教学中,培训者要注意自身与受训科技辅导员之间思维的互动,以及受训科技辅导员个体之间的思维互动,例如可引入角色扮演、小组讨论、科普沙龙等多种形式,促进受训科技辅导员思维火花的碰撞。

第三,在培训过程中,培训者要注意自然科学思想、社会科学思想和人文学科思想的交融,因为科学思想应是上述各学科的综合。同时,多学科思想碰撞的"触点",往往也是受训科技辅导员最终能得以获得"领悟"的关键。

二、科技辅导员培训的方法

科技辅导员培训的方法有多种,例如讲授法、演示法、角色扮演法、分组讨论法、案例分析法等,各种培训方法都有其自身的优势,也有其相对的局限性。尽管上述培训方法已非常丰富,但随着时代的发展,人们仍在探索新的更为科学和有效的培训方法。而实践亦表明,为了实现培训目标和提升培训质量,相关培训机构和主讲教师往往需要将各种培训方法综合考虑,灵活使用。这就要求相关培训机构和主讲教师,需要依据具体的培训目标、培训内容、学员情况和培训条件等相关因素,选择一种或多种培训方法应用于整个培训过程。

(一)科技辅导员培训方法选择的依据

1. 依据培训目标选择方法

科技辅导员培训的目标直接影响到相应培训方法的选择。例如,培训目标是向受训科技辅导员传播相关的先进教育理念,则培训方法可选择讲授法或分组讨论法;如果培训目标是要求受训科技辅导员掌握相关科学探究的操作技能,则需要选择演示法、探究法或分组实验法。总而言之,不同领域或不同层次培训目标的有效达成,都要借助于相应的培训方法。而培训方法的选择,则要依据具体的可操作性目标来选择。

2. 依据培训内容选择方法

培训方法是为培训内容服务的,任何有意义的培训方法都会服从于某项培训内容。科技辅导员培训的内容通常包括知识层面、技能层面、方法层面、精神层面和思想层面等不同维度,其对培训方法的要求也存在差异。而就知识层面而言,生物知识、物理知识、化学知识、技术知识和工程知识的传授,其对培训方法的选择亦需要多样性和灵活性。

3. 依据学员情况选择方法

参加受训的科技辅导员的年龄层次,已有的知识、经验和技能水平,受训学员的整体素质,都是相关培训机构和主讲教师选择培训方法必须要考虑的因素。学员的实际情况直接制约着主讲教师对培训方法的选择,这就要求其能够科学而准确地研究和分析学员的上述情况,有针对性地选择和运用相应的培训方法。

4. 依据培训条件选择方法

培训条件包括教学时间、社会和家庭对学员的影响、教学设备等,这些都是选择培训方法时应予以考虑的。相关培训机构和主讲教师在选择培训方法时,要在时间条件允许的情况下,最大限度地运用和发挥教学环境条件的功能与作用。

需要注意的是,主讲教师选择培训方法的目的,是要在实际培训活动中有效地运用。首先,主讲教师应当根据具体培训的实际,对所选择的培训方法进行优化组合和综合运用。其次,无论选择或采用哪种培训方法,都要以启发式教学思想作为运用各种培训方法的指导思想。另外,主讲教师在运用各种培训方法的过程中,还必须充分关注学员的参与性。

(二)科技辅导员培训的具体方法

科技辅导员培训的具体方法一般有:讲授法、演示法、参观法、探究法、角色扮演法、分组讨论法、分组实验法、案例分析法、成果展示法、评估法等。

1. 讲授法

讲授法属于传统模式的培训方法,指主讲教师通过口头语言表达,系统地向学员传授知识,提供科学信息。讲授法适用于传播先进理念、传授新知识、阐明学习目的和教会学习方法等培训内容。例如,科学教育理论的介绍、科学史的回顾、科学概念或原理的阐述、科学知识应用的描述以及青少年科技活动的概述等内容运用讲授法,会取得较好的效果。

讲授法在以语言传递为主的培训方法中应用最广泛,而其他各种培训方法在运用中亦常常要与讲授法相结合。

讲授法运用方便,可以同时对许多人进行培训,经济高效。它有利于学员在短时间内系统地接受大量知识或信息,具有容易掌握和控制学习进度等优点。但讲授法的学习效果易受教师讲授水平的影响,同时,由于主要是单向性的信息传递,教师和学员之间必要的交流和反馈不足,因此学过的知识不易被巩固。

在科技辅导员培训中运用讲授法时,要求主讲教师应具有丰富的知识和经验以及驾驭讲授法的能力和专业水平。具体而言,主讲教师讲授时要对内容进行精心组织,使之具有系统性,条理清晰,主次分明,重点、难点突出;讲授时,语言要清晰,生动准确,内容要具体形象,引导学员温故而知新;对抽象的概念原理,要尽量结合其他方法,使之形象化,易于理解;必要时可运用板书与直观教具,提示教学要点,显示教学进程,使讲授内容形象化、具体化;善用直观教具如图片、图表、模型等,可边讲边演示,以加深学员对讲授内容的理解;应尽量配备必要的多媒体设备,以加强培训的效果;讲授过程中应留出适当时间,让教师与学员进行沟通,并用问答方式获取学员对讲授内容的反馈。

2. 演示法

演示法是指主讲教师通过展示实物、直观教具,进行示范性实验,或通过现代化教学手段,使学员获取知识的培训方法。例如,向科技辅导员演示航空、航海、车辆、航天等模型,介绍各种模型的制作知识和操作技巧。演示法常配合讲授法一起使用,它对提高学员的学习兴趣、发展学员的观察能力和抽象思维能力、减少学习中的困难具有重要作用。

随着自然科学和现代技术的发展,演示手段和种类日益繁多。根据演示材料的不同,可分为实物、标本、模型的演示,图片、照片、图画、图表的演示,实验演示,幻灯、录像、录音、教学电影的演示等。根据演示内容和要求的不同,可分为事物现象的演示和以形象化手段呈现事物内部情况及变化过程的演示等。

运用演示法时,主讲教师要注意符合培训的需要和学员的实际情况,有明确的演示目的;在演示过程中,要使学员都能清晰地感知到演示对象及其相关变化;教师要引导学员对演示现象进行观察,使他们的注意力集中于展示对象的主要特征、主要方面或事物的发展过程;教师可结合演示进行讲解或和学员交谈,使演示的事物与学员书本知识的学习密切结合。

3. 参观法

参观法是主讲教师根据培训目标,组织学员到与科技活动相关的展览、设施、场所(例如工业园区、科技场馆、科研院所、观光农业园、气象台、水利枢纽等)等地,对实际事物进行观察和研究,从而获得知识或对其进行验证的方法。参观法主要适用于某些无法或不易于在课堂上讲述的议题,通过参观帮助学员了解现实世界的一些真实情况,了解理论与实际之间的差距。

参观通常分为如下三种类型:①准备性参观,即在学习某项内容前,主讲教师为使学员对将要学习的内容积累必要的感性经验,从而顺利获得新知识而进行的参观;②并行性参观,即在学习某项内容的过程中,为使学员把所学理论知识与实际紧密结合而进行的参观;③总结性参观,即在学习完某项内容之后,为帮助学员验证、加深理解或巩固强化所学知识而进行的参观。

参观法能够激发学员对实际问题的关注,可加强他们与外界联系,并有助于形成较为轻松的学习气氛。但相对其他培训方法,参观法的交通与食宿费用相对较高,计划与安排行程可能相当费时,实际行程的安排也不见得都合乎培训目标,学员的实际参与程度可能较低,学习成效可能不高,或易流于玩乐而忽略了学习。

因此,为保证参观法的应用能够取得实效,主讲教师对参观的组织就显得至关重要。首先要做好参观前的准备。这主要包括:确定参观场所、了解参观单位的有关情况、制订参观计划。出发前,应使学员了解参观的目的及学习目标,以提高学习的兴趣及成效。其次是安排好参观过程。在熟悉参观对象的基础上,学员要有组织、有步骤地开展参观活动。在参观时,主讲教师可通过提问引导学员仔细观察思考。对学员提出的问题,教师要认真回答,必要时可请其他有专长的人进行讲解或指导。同时,还要指导学员做好参观材料的整理和加工。参观结束后,要做好参观总结,检查计划执行的完成情况,指导学员整理研究参观材料,并进行简短的讨论,以加强学习效果。

4. 探究法

探究法是指主讲教师从科学领域或现实生活中选择和确立主题,在培训教学中创设类似于学术研究的情境,学员通过独立自主地发现问题、实验、操作、调查、收集与处理信息、表达与交流等探索活动,获得知识,培养能力,发展情感与态度,特别是培养探索精神与创新能力。

探究法可使学员获得亲身参与研究及探索的体验,逐步形成善于质疑、乐于探究、勤于动手、努力求知的积极态度,产生积极情感,激发他们探索和创新的欲望。探究法还可培养学员发现问题和解决问题的能力,培养他们收集、分析和利用信息的能力,培养其科学态度、科学道德及对社会的责任感和使命感等。但探究法除具备上述优势外,也有其局限之处。例如,探究过程更注重某一点上知识的形成,无法使学员获得比较系统的科学知识;探究教学活动耗费的时间较多,学员培训时间、培训资源都不易满足;探究教学难以驾驭,因此,对主讲教师各方面能力的要求特别高。

在运用探究法时,主讲教师要精选科技辅导员需要掌握的核心内容来进行,引导学员产生探究意识,让他们能够通过体验理解探究法的一般规律,以及学会与探究过程相关的观察、实验和思维等相关技能,促进学员探究能力的发展。

5. 角色扮演法

角色扮演法指在一个模拟的工作环境中,指定参加者扮演某种角色,借助角色的演练理解其社会定位,模拟性地处理工作事务,从而提高处理各种问题的能力。角色扮演法可以让受训学员亲自置身于将来可能遭遇到的模拟情境中,实际体验自身的角色,以应对可能之真实状况,使其将来遇到类似问题或状况时,因为受过这类训练可以迅速作出正确反应。因此,这种方法比较适用于对科技辅导员的工作技能进行培训,例如模拟科技辅导员的教学指导、模拟其组织科技活动等基本技能的学习和提高。

角色扮演法具有学员参与性强、学员与主讲教师之间的互动交流充分、可以提高学员培训的积极性等特点。而特定的模拟环境和主题有利于增强培训的效果。同时,通过角色扮演和观察其他学员的模拟行为,学员可以相互学习对方的优点、可以模拟现实的工作生活,从而获得实际工作经验。通过模拟后的指导,学员还可以及时认识自身存在的问题,通过培训使各方面能力得到提高。但角色扮演法效果的好坏主要取决于主讲教师的水平,而模拟中的问题分析更多地有益于扮演者,不具有普遍性,因而角色容易影响学员的态度,而不易影响其行为。

在运用角色扮演法时,主讲教师要为此方法的应用准备好材料以及一些必要的场景工具,确保每一事项均能体现培训计划中所倡导的行为。为了激励演练者的士气,在角色扮演开始之前及结束之后,全体学员应鼓掌表示感谢。演出结束,主讲教师应针对不同角色扮演者存在的问题进行分析和评论。一般来说,角色扮演法应和讲授法、分组讨论法结合使用,才能产生更好的效果。

6. 分组讨论法

分组讨论法是一种有别于传统讲授法的全新模式的培训方法。该方法是指学员在教师的指导下进行分组,并为解决某个问题而进行探讨、辨明是非真伪以获取知识的方法。分组讨论法的实质是教师将学习的主动权交给参与培训的学员,而学员按照老师的指导进行自主互助学习。该方法是目前科技辅导员培训中使用频率最高、表现最活跃的方法之一,但其应用需要主讲教师和学员之间学习观念的转变作为基础。

分组讨论法主要分为三个阶段:第一阶段是对相关事实的自主学习阶段,由主讲教师在培训前提出一个反映培训内容的主题,学员则围绕这个主题对所需的知识进行初步的认知性学习;第二阶段是小组讨论阶段,在这个阶段,主要是由各学习小组进行小组内部的讨论学习,在思辨中构建原有的知识体系;第三阶段是开放式讨论阶段,在这个阶段,各学习小组学员在主讲教师的引导下互相交流自己的学习体会,再由教师和学员一起讨论,从而达到最优的结果。

分组讨论法的优势在于可以激发学员的学习兴趣、培养自主学习能力、提高解决问题的能力、锻炼发散思维能力、营造互助的学习气氛、培养团队合作能力等。但分组讨论法如果运用不当,也容易流于形式,从而失去其真正的意义,最终易形成看似热烈、其实混乱的局面。

因此在运用分组讨论法时,主讲教师应注意以下几点:①确定讨论的内容。主讲教师可根据培训内容的要求,设计讨论的具体内容或讨论的主题,讨论的主题需要以问题的形式提出。②要注意结合学员特点,指导他们进行分组。③要组织并指导学员参与讨论。指导讨论包括给学员提供相关的资料、培养他们参与讨论的技能以及鼓励其积极地参与讨论等。在必要的时候,主讲教师自身可直接参与讨论,并调控讨论的方向和进程。④要创造良好的讨论环境。主讲教师要使学员真正参与讨论,形成良好的讨论氛围,百花齐放,各抒己见,反对个人一言堂。⑤要注意交流方式的多样化。小组讨论如果形式单一,就会使学员感到厌倦,失去兴趣。⑥要注意分组讨论法与其他培训方法的结合。例如,分组讨论法与讲授法相结合,将有助于增强学员对培训内容的全面和深入理解。

7. 分组实验法

分组实验法是培养科技辅导员动手能力和创新能力的一种比较好的培训方法。它是在主讲教师的设计下,通过明确实验目的,准备实验器材,提醒注意事项,最终指导科技辅导员以小组形式完成实验操作过程的培训方法。实际上,分组实验法常常是与讲授法、成果演示法结合使用的。例如,组装四驱车模型、制作细胞切片等,主讲教师会先讲授或示范实验中应注意的事项和关键步骤,随后学员通过实验操作过程,完成实验,并在这一过程中提升自身的创新思维和动手操作技能。

为了让分组实验法能发挥更好的效果,主讲教师必须关注三个阶段。首先是准备阶段。要让学员明确实验的目的和要求以及实验中应注意的事项。必要的时候,主讲教师还需要与学员一起准备实验器材。其次是实验阶段。主讲教师要给学员充足的时间进行实验,并完成实验记录和报告。在这一过程中,主讲教师要注意随时发现学员操作中存在的问题,并适时进行指导。最后是总结阶段。当所有学员都完成实验后,主讲教师要组织大家开展讨论,总结得失,并关注实验过程中小组成员相互合作的评价。

在运用分组实验法时,主讲教师应该根据学员的实际情况进行合理分组,使小组成员结构合理。同时,还要引导小组成员自行进行内部分工,明确在分组实验中每位学员应承担的责任。在实验阶段,主讲教师可适当地进行示范和引导,但应尽量放手让学员独立操作,不要对其限制太多。另外,要保证学员有充分的时间仔细操作、记录和思考。当主讲教师在各小组间巡视指导时,要及时发现操作良好、数据准确的小组和情况相反的小组,并分别给予鼓励、纠正及辅导。对于在实验过程中操作规范、勇于创新和注重实效的小组,主讲教师应给予表扬,并为其他小组树立借鉴和学习的榜样。

8. 案例分析法

案例分析法,又称个案研究法。我们这里所说的案例分析法,是指主讲教师培训科技辅导员时常用的一种教学方法。在培训中,主讲教师一般会根据学员的实际情况和所要学习的主题内容,选择具有代表性的个案,通过课堂讲授或是分小组讨论研究,提出解决问题的策略。从实质来看,案例分析法主要是依据实践中的成功经验,引导学员举一反三,从而提升他们解决问题能力的一种方法。

在具体操作的过程中,案例分析法主要包括如下两个阶段。首先是准备阶段:主讲教师要根据实际培训的具体目标、内容、范围及对象特点,选择具有代表性的个案,并确定活动时间。其次是实施阶段:主讲教师向学员介绍案例分析法的背景、路径和特色,以及运用案例分析法时应注意的问题及应用后能达到的效果。随后学员进入角色,经历分组、自我介绍,分发个案、研究个案、讨论汇报等过程,最后全体讨论解决问题的策略。

在实施案例分析法的过程中,不能生搬硬套,要抓住关键点。案例的选择则应紧紧围绕培训的内容进行,问题来源于培训学员的工作之中,要有代表性。主讲教师要让学员在分析之前,真正了解案例的全部背景及内容。而小组在研究问题时要围绕培训的内容进行,力求实效,切忌跑题,如发生偏离倾向,组长或主讲教师要及时纠正。同时,小组分析讨论中亦要注意对零散的信息进行梳理。在全体讨论解决问题的策略时,各小组要敢于质疑,并阐明自己的观点,以相互激发灵感,然后再作进一步的讨论。主讲教师进行总结时,既要对各小组提出的对策进行点评,又要对原有个案的解决策略进行剖析,同时还可以引用其他案例进一步说明问题。

9. 成果展示法

成果展示是人们展示自我才华的一种方式,而成果展示法是主讲教师利用成果展示的形式培训学员的一种方法。它是指主讲教师创造一切机会,让学员展示自己学习过程中的物化成果,例如实物作品、设计好的方案、演示操作过程等,让其他学员参与学习评价,从而实现相互学习和相互促进的培训目标。

在培训中,成果展示法的运用不受时间的限制,可贯穿于整个过程中。它可以在传授新知识和新技能之前,也可以在学员学习活动之中和之后,只要适时运用就能达到好的效果。例如,在培训四驱车的组装时,可以展示学员拼装好的模型,让他们欣赏并分析其结构,以此导入新课,激发学员的学习兴趣。而在学员训练技能的过程中,主讲教师发现他们掌握了好的方法或技巧时,也可以适时让其进行展示,为其他学员提供借鉴和参考,这样无疑可以提高学员学习的时效性,激发其创造性。到了活动的总结阶段,对学员的学习成果集中展示,让大家参与评价,这既是对学员学习成果的一种肯定和激励,又可以通过有针对性地提出问题,让参与展示的学员不断修正和完善相关成果,从而促进受训学员专业水平的发展和自身素质的整体提升。

在运用成果展示法时,主讲教师要鼓励学员通过多种形式进行展示,特别是以小组的形式进行展示,以培养团队合作意识。同时,亦要注意创造机会,让每一位学员都有表现自己的机会。此外,成果展示不仅要注重物化成果的展示,更要倡导潜在成果的挖掘。对于学员在培训过程中创造的某些具有新颖性、科学性和实效性的事物,主讲教师要及时给予肯定,让其展示。在学员进行成果展示时,主讲教师对成果的评价要规范和合理,及时肯定和指出问题,让学员在展示过程中有所收获,并对其他学员有所启发。在应用成果展示法时,切忌为展示而展示,主讲教师要注意引导学员追求展示背后的价值。

10. 评估法

评估法在培训中运用得比较多,包括对培训方案的预测性评估、对培训过程的评估以及对培训效果的评估等。此外,由于评估对象和评估目的的不同,所选择的评估方法也大不一样。这里所说的评估法,主要是指在培训中,主讲教师指导学员对某项培训内容效果进行的自评估。通过评估结果监控培训内容、培训计划、培训效果是否理想,从而对自己的培训内容和培训方法进行调整,以达到更好的效果。学员学习了评估法之后,同样会对今后自身的教学和活动组织等进行评估,从而促进自己的业务水平不断提升。

运用评估法要关注四个层面,即培训效果的四个层次:反应层、学习层、行为层和结果层。这四个层次涵盖了学员受训及其后续工作的全部过程。反应层评估主要采用问卷调查,了解受训学员对培训的满意程度;学习层评估是目前最常用也是最常见的一种评估方法,多采用考试或考查的方式进行,以了解受训学员对培训内容的掌握程度;行为层评估是考察培训效果最重要的指标,它需要在培训后使用一些评价表格了解受训学员返岗后的绩效变化;结果层评估则是评估受训学员返岗后对其周围群体的影响程度。

运用评估法应注意以下几点:首先是评估时间的把握。主讲教师可根据实际情况采用及时评估、中期评估或长期评估。其次是评估指标的科学性。主讲教师要制定规范的评价指标,合理确定评估的层次。最后是评估结果的有效利用。主讲教师应将评估结果及时告知学员,使他们了解自身学习的情况,以便随时改进。同时,主讲教师还应根据评估效果对培训的方案、内容等进行调整,以便今后不断提升培训效果。

第四章　科技辅导员培训的内容和途径

一、科技辅导员培训的内容

科技辅导员是青少年科学教育、传播与普及的主导,承担着培养青少年成为具有科学素质的未来合格公民的光荣使命。因此,科技辅导员自身素质的高低以及其专业发展的程度都直接影响着青少年科学教育、传播与普及的质量。这就要求全国、省(区、市)和地方各级科技、教育和科协主管部门以及各级相关机构和团体,能够面向中小学校和校外机构中的广大科学教师和科技辅导员,开展有针对性的培训,而且培训内容要能够切实促进科技辅导员对相关理念与知识的理解,对相关技能与方法的掌握以及对相关活动组织与指导的探索。下面就从上述三方面来介绍培训内容,探讨如何促进科技辅导员专业的发展与提高,以使他们能更好地胜任新时期的青少年科学教育、传播与普及工作。

(一)相关理论与知识的培训

1. 建立先进的科学教育理念

科技辅导员应当具备与时代精神相通的科学教育理念,并以此作为自己专业行为的基本理论性支点,这是对科学教师或科技辅导员从事青少年科学教育、传播与普及事业的基本要求。只有在正确的科学教育理念的支持下,科技辅导员才能在工作中做到以素质教育为核心,以人为本,把促进青少年的全面发展和提高他们的科学素质放在首位;才能不断开拓自己的事业,努力寻求科学教育的有效教学方法,不断完善、充实自己,形成独特的教育教学风格;才能实现自身由"工匠型"到"专业型"的转变。下面列举一些科学教育、传播与普及中运用较多的重要概念和理论,例如,科学、科学教育、科普、科学素质和创造性等概念以及建构主义、多元智能等理论,以引领科技辅导员不断学习,积极参与有针对性的相关培训。这对于全面提升科技辅导员的科学教育理念,提升其实际工作成效,具有极其重要的意义与价值。

(1)相关概念的理解

1)对科学的理解——汉语中的"科学"一词,是19世纪为译英语单词"science"而出现的。而若追溯science词源的话,可知它来自拉丁文的"scientia",意即学问、知识。不过,当时用的"科学"一词,是分"科"之学的意思,并非现在我们所说的含义。

人们对"科学"的认识是随着时代的发展而不断深化的。时至今日,人们对"科学"的定义仍未达成一致的认识。如果从静态的角度来看,可以说科学是一种知识,但这并不意味着任何一种知识都是科学。科学是关于客观世界各个领域事物现象的本质、特征及运动规律的知识体系。它是建立在人类社会实践活动基础上并已经过实践检验和严密逻辑论证的知识。如果从动态的角度来看,科学又是一种社会活动,它是以事实为依据,以发现规律为目的的社会活动。如果从整体来看,科学包括自然科学、数学、技术、工程以及社会科学和思维科学等,即广义的科学;而狭义的科学往往指自然科学。

2)对科学教育的理解——教育是培养人的活动,也是使人社会化的过程。科学教育主要是以中小学的青少年为对象,以科学作为主要传授内容,培养他们具有未来公民所需要的科学素质、人文素质和其他心理品质的育人活动。

如果从广义的角度来理解,科学教育可包括自然科学教育、社会科学教育、数学教育、技术教育和工程教育等。而通常所说的科技教育,应是自然科学教育和技术教育的简称。

3)对科普的理解——通常所说的科普,即科学技术的普及,主要是指科技知识的传播,科学精神的弘扬,科学方法、科学技能的普及和科学思想的启迪等。如果从大教育的观念来看,科普的方式可分为正规教育方式和非正规教育方式。毫无疑问,正规教育是传播科技知识,弘扬科学精神,普及科学方法、科学技能和启迪科学思想的主渠道。但由于正规教育中科技课程的相对滞后,在科技、经济和社会飞速发展的今天,以非正规教育方式进行的科学技术普及,由于目标的广阔性和灵活性,日益显示出其重要性。广阔性体现在可以为所有的公民提供其所需要的任何科普内容;灵活性则保证可以随着科技的发展随时调整目标,为每一个个体提供具有时效性并呈现个性化的科普内容。

上述既涵盖正规教育方式又涵盖非正规教育方式进行的科学技术普及,可称为广义的科普;仅通过非正规教育方式进行的科学技术普及,亦可称为狭义的科普。各级科协及其他社会机构和团体组织的群众性科普活动,诸如科学家或技术专家的报告、讲座、青少年科技俱乐部和创新竞赛等系列活动,社区公众参与的科普活动以及各级各类培训等,科技馆、科技活动中心、青少年科学工作室和科普画廊等所体现的科普展览、培训和实验教育以及广播、电视、报刊、图书等大众传媒进行的科普宣传都属于通过非正规教育方式进行的科普。

4)对科学素质的理解——对于青少年,需要从小培养他们具有良好的素质,这是其能否成为未来合格公民的关键。需要指出的是,这里所说的素质,并非心理学上所指的人的神经系统和感觉器官上的先天的特点,而是指平日的修养,即后天所习得的品质结构,也就是我国素质教育中所特指的素质。这里所说的素质,与英语中的"literacy"相对应,实质与素养相同。

在现代社会,提升公民的素质,特别是提升公民的科学素质,已引起越来越多国家的关注。一些西方国家主要沿用了美国米勒对公众科学素养的界定,认为公众科学素养由三个维度组成,即科学知识、科学方法和科学与社会的关系。2006年2月国务院发布的《全民科学素质行动计划纲要》指出:"科学素质是公民素质的重要组成部分。公民具备基本科学素质一般指了解必要的科学技术知识,掌握基本的科学方法,树立科学思想,崇尚科学精神,并具有一定的应用它们处理实际问题、参与公共事务的能力。"上述界定中的"四'科'二能力",基本上可以诠释我国公民科学素质建设的基本目标:即所有公民都应了解必要的科学技术知识,掌握基本的科学方法,树立科学思想,崇尚科学精神,并具有一定的应用它们处理实际问题、参与公共事务的能力。当然,青少年作为未来公民,也应以此为目标培养自身的科学素质。

5）对创造性的理解——早在 1950 年,时任美国心理学会会长的 J. P. 吉尔福特（J. P. Guilford）就已开始倡导创造性的研究。他指出,创造力是多元的反应能力。他认为创造性思维包括 6 个特征:感知触觉、界定更新、流畅性、灵活性、独创性和精细性。1962 年,针对各种各样关于创造性定义的不可免除的缺陷,A. 纽厄尔（A. Newell）等学者建议对创造性思维作如下的总结性定义:创造性思维的结果对于思考者或文化而言具有新颖性和价值;这种思维是非传统的,具有高度的机动性、坚持性或极大的强烈性;创造性思维的任务是把原来模糊的、不明确的问题清楚地勾画出来。此后,教育心理学家 C. A. 戴维斯（C. A. Davis）又对创造力作了如下的描述:"它包括思维的流畅性,即产生大量设想的能力;灵活性,即对某个问题提出不同解法的能力;独创性,即提出不同的、独到设想的倾向;精细性,即发展和装饰设想的能力;问题的敏感性（与好奇心有关）,即发现问题、察觉缺少信息和提出恰当问题的能力;想象,即心理构图和驾驭设想的能力;隐喻思维,即从一种设想和方案转换为另一种设想和方案的能力;评价,即估计方案适宜性的能力。"这一定义实际上包含了认知与情感两方面的因素。

20 世纪末至 21 世纪初,在继承前人研究成果的基础上,许多专家学者仍从多视角对有关创造性、创造力的定义进行探索。与此同时,为了适应科技、经济和社会飞速发展的需要,世界上大多数国家相继开始了教育改革。而在这一大变革的浪潮中,创造力的培养作为最重要的目标之一,被列入了许多国家（包括中国）的教育纲要,并在研究的同时,进行着形式多样的教育实验。

（2）相关理论的介绍

1）"建构主义"理论——最早提出建构主义的是瑞士的教育家皮亚杰。建构主义也译作结构主义,这是认知心理学派中的一个分支。建构主义理论的一个重要概念是图式,图式是指个体对世界的知觉理解和思考的方式,也可以把它看作是心理活动的框架或组织结构。图式是认知结构的起点和核心,或者说是人类认识事物的基础。因此,图式的形成和变化是认知发展的实质,认知发展受三个过程的影响,即同化、顺化和平衡。

2）多元智能理论——多元智能理论是由美国哈佛大学心理学家霍华德·加德纳（Howard Gardner）在 1983 年提出的。他在《心智的结构》（Frames of Mind）一书中指出:人类的智能是多元化的,每个人都拥有包含语言文字智能、数学逻辑智能、视觉空间智能、身体运动智能、音乐旋律智能、人际关系智能、自我认知智能等多元智能。这几种智能代表每个人不同的潜能,这些潜能只有在适当的情境中才能充分发展出来。

2. 具备全面多元的专业知识

科技辅导员应当具备全面多元的专业知识。从当今科学教育、传播与普及的发展趋势看,科技辅导员除了要不断学习和完善自身具有的自然科学（或社会科学或人文学科）整体及某一学科系统的专业知识外,还要掌握全面的文化知识和精深的教育学科知识。培训是获取这些知识不可或缺的重要渠道。

（1）具备全面的文化知识:科技辅导员要具有自然科学、社会科学、人文学科、思维科学、技术和工程等多方面的知识,特别是与科学有关的知识,例如,科学家生平的知识、科学技术发展历史的知识、科技创新的知识以及科学文化的知识等。只有这样,科技辅导员才能使自己承担的科学教育、传播与普及活动丰富多彩,才能实现最终培养青少年科学素质、人文素质和其他心理品质的目标。

（2）具备单一学科专业知识和综合知识：一方面，科技辅导员要熟悉自己所教学科的知识，即具有特定的单一学科专业知识。要能够把握该学科知识的本质，深刻理解每个概念和原理，了解和掌握相关的背景知识、发展过程，明确知识内容的运用和发展趋势。另一方面，科技辅导员还必须把握对科学的整体认知的知识，即综合知识。例如能把握沟通不同学科知识内容的横向联系，能辨别易混淆的学科专业知识问题；还要能站在更高的层面对科学知识的完整体系有比较清晰的理解，并在头脑中形成打破物理、化学、生物、地理等学科界限的知识网络。科技辅导员只有自身对单一学科或科学整体有较为全面的了解，才能正确地诠释科学，引导青少年全面理解科学。

（3）具备精深的教育学科知识：舒尔蔓认为，学科教育教学的知识是区分教师和一般知识分子的一种知识体系。"学者未必是良师"。教育学科知识就是把内容和教学糅合在一起，变成一种理解，使其具有可教性。如上所述，科技辅导员必须既是科学家又是教育家，特别是要能够掌握教的知识。这就要求科技辅导员要学习和了解教育史、教育心理学，比较教育、教育改革和实验等方面的知识，同时，也需要具备一些现代教学技术、科学教育研究等方面的知识。科技辅导员还要不断学习和积累教学经验和教育智慧，以更新和充实自身的知识系统，为自己的教育教学实践提供无穷的创造源泉。

（二）相关技能与方法的培训

1. 拥有专业的技能

科技辅导员的专业技能主要由学科技能和教学技能构成，前者是科技辅导员执教和研究自然科学所不可缺少的专业技能，例如科学实验技能、科学探究技能；后者是作为教育实施者所必需的专业技能，例如，讲授的技能、运用教育技术的技能、教育研究的能力等。下面就一些基本技能和能力进行介绍。

（1）科学实验技能：科学实验技能包括演示和指导青少年实验的技能、运用科学工具和技术的技能（例如，使用切割工具、收集和配制溶液、连接简单电路、使用天文望远镜进行观察与测量等）、实验教学评价和交流的技能、开发和利用实验资源的技能等。

科技辅导员应该不仅能做某一学科实验，还能做多个学科实验；不仅会做课堂和实验室的实验，还能指导青少年的课外实践；不仅能做课本上现成的实验，而且能设计、改进或创新实验的方法，例如用自制电解水装置替代霍夫曼水电解器等。这样既可以使教育教学活动有声有色，又能在潜移默化中激发青少年的兴趣，自然而然地接受科学的熏陶。

（2）科学探究技能：这是科技辅导员从事科技教育教学活动不可缺少的基本能力。它要求科技辅导员懂得科学探究的特征，掌握科学探究的方法，了解科学探究的过程，具有解决有关实际问题的能力。例如，指导青少年收集文献和资料信息、提出假设、检验假设、观察测量、记录数据、设计绘图、推理论证、解释结论、交流表达等。科技辅导员具备较强的科学探究技能是提高科技教育活动质量的重要保障。

（3）教育研究能力："教师即研究者"是当今科技辅导员所必须具备的能力。它主要依赖教师自身的努力，有意识地承担起促进科研意识发展的任务，自觉学习和掌握教育科学研究的基本方法，运用科学的方法对实践问题进行深究，从而提高自己的实践反思能力和解决问题的能力,这是提高自身专业素养的重要途径和必经之路。

2. 具备科学研究的方法

科技辅导员要进行科学教育的指导与研究,就需要采取各种科学研究的方法,教育科学研究方法的种类很多,例如观察法、调查法、文献法、经验总结法、行动研究法、实验法、个案研究法、比较法、历史法、预测法、测量法、统计法及内容分析法等。前5种研究方法是科技辅导员经常会用到的。

(1)观察法:指研究者根据一定的研究目的、研究提纲或观察表,通过自己的感官和辅助工具直接观察被研究对象,从而获得资料。科学的观察具有目的性和计划性、系统性和可重复性。

(2)调查法:指为了达到预想的目标,制订某一计划,全面或比较全面地收集研究对象某一方面情况的各种材料,并进行分析和综合,从而得到某一结论。

(3)文献法:也称历史文献法,即搜集和分析研究各种现存的有关文献资料,从中选取信息,以达到某种调查研究的目的。

(4)经验总结法:指对实践活动中的具体情况进行归纳与分析,使之系统化和理论化,并上升为经验。

(5)行动研究法:指教师在教育教学实践中基于实际问题解决的需要,与专家合作,将问题发展成研究主题进行系统的研究,以达到解决问题的目的。

(三)相关活动组织与指导的培训

青少年科技活动是一项相对复杂而又系统的工程,种类繁多,涉及范围广阔。总体来看,科技辅导员所重点关注的活动主要是科学体验活动和科学创新活动。在策划组织和实施指导上,要注意让青少年在浩瀚的科学知识海洋中漫游,在活动中感受到求知之乐,满足青少年个性特长的发展和素质的全面提升。

1. 科学体验活动的组织与指导

(1)科学体验活动的界定:科学体验活动是指通过教育设计,使学习者有意识地亲历科学与自身生活环境、自然环境和社会环境相互作用的实践教育。从某种意义上来说,科学体验活动是青少年理解科学的初级阶段,也是其参与科学创新活动的基础。

常见的科学体验活动主要包括:基础学科(数理化及信息学)竞赛活动,低碳与环境保护活动,天文、气象及航天活动,模型制作活动,机器人制作活动等。

(2)科学体验活动的组织指导:在基础学科竞赛活动中,科技辅导员应侧重指导青少年掌握科学思维的方法,包括分析、逻辑思维和创造性思维的方法以及解决实际问题的能力;在低碳与环境保护活动中,科技辅导员要注意结合当地资源环境的现状,引导青少年思考身边的问题,自己安排和设计各项活动的实施,有效发挥他们的主体性;在天文、气象及航天活动中,科技辅导员要积极加强与天文、气象、航天等领域相关机构的联系与沟通,充分利用社会资源进行专业知识的传播与操作方法的传授等。总之,科学体验活动更多的是关注青少年个体成长的共性,鼓励他们学习科学、理解科学、应用科学和实践科学。

2. 科学创新活动的组织与指导

（1）科学创新活动的界定：科学创新活动是指青少年在科技辅导员、科学教师或其他科技专家的指导下，通过自主探究，在科学领域获取有价值的成果或新发现，以及在技术领域形成有价值的设计、发明等创造性活动。

常见的科学创新活动主要包括：科学探究及论文撰写活动、技术设计及发明活动、科幻画创作活动、智能机器人活动等。

（2）科学创新活动的组织指导：在科学创新活动中，科技辅导员要以青少年为主体，不是传授知识，而是传播方法；不是直接灌输，而是启发引导；不是包办代替，而是点拨指导；不是为了筛选，而是要让活动成为激励青少年的载体。在科学创新活动的参与中，科技辅导员要培养青少年善于思考、善于探究、善于创新、善于实践的习惯，养成严谨求实的科学态度和不畏艰难、团结协作的科学精神。同时，引领他们逐渐加深对科学、自然与社会的认识，自觉增强社会责任感和时代使命感。

关于上述科学体验活动和科学创新活动的具体组织与指导，将在后面的章节中作相应的阐述。

二、科技辅导员培训的途径

1. 科技辅导员培训活动概述

自改革开放以来，科技辅导员的培训越来越受到各级科技、科协、教育主管部门和相关机构及团体的重视。从中央部（委）和协会等组织的全国性培训，到校外机构（或团体）组织的区域性培训，直至中小学校组织的基层科技辅导员培训，都为广大科技辅导员提供了众多的培训途径。这里，我们主要介绍的是中国青少年科技辅导员协会组织的各级科技辅导员培训。

从20世纪80年代开始，为提高广大科学教师和科技辅导员的科学素质、业务能力和工作水平，中国青少年科技辅导员协会和各理事单位，每年都要举办内容丰富、形式多样的全国性或区域性科技辅导员培训班。

自第六届理事会成立以来，中国青少年科技辅导员协会对培训工作更为重视。这首先体现在培训内容、整理、设计、开发四大模块，具体包括：基于时代发展和教育发展的科技教育理论和政策、课改背景下科技教育的创新能力建设、课改背景下科技教育的实施策略和运作方法、着眼于提升科学教师和科技辅导员综合素质的拓展性知识和技能。上述整合力图实现有针对性地面向科学教师和辅导员，形成信息量丰富、具备较强通识性和系统性的课程。

随着《中国科协科普人才发展规划（2010—2020）》的发布，以及青少年科技辅导员在上述规划中被纳入科普人才的范畴，中国青少年科技辅导员协会正切实落实规划精神，进一步加强科技辅导员的培训和继续教育工作。

中国青少年科技辅导员协会将推出万名科技辅导员培训计划，扩大科技辅导员在校外科技教育场所和学校科技活动中的影响力；建立基层科技辅导员培训示范基地，特别为农村、少数民族地区的科技辅导员提供培训服务;建设科技辅导员远程网络培训教室,定期请中国青少年科技辅导员协会教师团专家举办网上课堂,提升科技辅导员组织科技活动的能力;逐步建立和完善校外科技活动与校内科学课程相衔接的有效机制,大力整合校内外科普人才资源,形成集专业知识、实践能力和教育理论有机结合的培训专家库。

中国青少年科技辅导员协会期望通过培训,起到更新理念、夯实基础、开阔视野、增强能力等作用,全面提升科技辅导员的综合素质,提高他们的实际指导和组织能力,同时打造一批理论水平高、专业技能精、创新思路阔的骨干科技辅导员队伍。

2. 科技辅导员培训基地的建设

为促进科技辅导员培训基地的建设,中国青少年科技辅导员协会采取大联合和大协作方式,依托东南大学、天津师范大学、华东师范大学和上海市科技艺术教育中心建设了4 个培训基地,分层次举办中小学骨干科技辅导员和科技教师短期集中培训,提升科技辅导员在学校和科技场所的辐射作用。根据规划,东南大学主要面向小学科技教师开展培训,天津师范大学主要面向初中科技教师开展培训,华东师范大学主要面向高中科技教师开展培训,上海市科技艺术教育中心主要面向校外场所科技教师开展培训。4 个基地各有分工,并已开设各具特色的培训课程。

例如,科技辅导员培训基地之一的上海市科技艺术教育中心(前身为创建于1957 年6 月1 日的上海市青少年科技指导站),是上海市教委直属事业单位,也是全国最早成立的校外科技教育机构之一。上海市科技艺术教育中心的科技教育师资力量雄厚,在信息技术、创造发明、生态环境、头脑奥林匹克、科普展教设备研制等项目(或领域)上拥有在上海以至在全国有一定影响的知名教师。近年来,该中心先后承担了上海市"十一五"科技艺术教师培训、教育部"中央彩票公益金支持青少年校外活动场所建设项目骨干教师培训"等多项教师培训工作。

受中国青少年科技辅导员协会委托,上海市科技艺术教育中心于2010 年举办了初中科技教育骨干教师培训班,2011 年举办了中学科学教师培训班。这些以中学科技辅导员为对象的培训班,紧紧围绕教育改革和发展的全局以及新形势下对科技教育的新要求,深入贯彻《全民科学素质行动计划纲要》中对未成年人科学素质的要求,着力培养中学科学教师和科技辅导员指导未成年人开展校内外科技活动的能力,提高他们的创新意识、科学理论水平、动手实践能力和综合业务水平。上述培训为发挥科学教师和科技辅导员在学校科技教育中的引领和示范指导作用,已为促进广大未成年人的健康成长搭建多元化的科技教育平台,起到重要的作用。

一般来说,上海市科技艺术教育中心针对科技辅导员开展的培训内容,主要分为以下4 个板块。

(1)政策与理论板块:该板块包括科技教育新视野、科技教育的校内外衔接、发达国家科技教育最新理念与实践等相关培训内容。

(2)方法与途径板块:该板块包括青少年科普活动设计组织实施、青少年科学探究活动、上海青少年创新型科技活动项目介绍、校外科技教育资源包的开发与利用等相关培训内容。

(3)实践与交流板块:该板块包括模型制作与科技创意、新能源科技小制作和竞赛活动、电子科技项目活动研究、机器人活动设计与组织、头脑奥林匹克活动与创新思维训练、信息竞赛活动与青少年信息素养、抓住区域经济的社会热点问题开展青少年科普活动等相关培训内容。

(4)参观与考察板块:该板块包括上海市科技教育特色学校和科普教育基地等培训展示内容。

同时,为加强培训师资队伍建设,上海市科技艺术教育中心整合了上海市校外教育系统内的名师资源,如卢晓明、刘国璋等特级教师被聘为中心特聘教师。此外,还有数十位知名科学家和技术专家成为上海市科技艺术教育中心的专家顾问,定期(或不定期)地指导中心科技教师的培训工作。

第五章　科技辅导员培训的评估标准

科技辅导员培训的评估活动是一种有目的、有意识的行为。众所周知，面向青少年开展的科学教育、传播与普及活动是一项基础性的社会公益事业，这项事业的成败取决于是否拥有一支高素质的科技辅导员队伍。因此，通过科学有效的培训提升广大科技辅导员的综合素质和业务水平，具有重要的现实意义和深远的历史意义。而在实现上述目标的过程中，建立和实施科技辅导员培训的评估体系，无疑是非常关键的措施。

科技辅导员培训的评估体系应该具有客观性和全面性，这首先表现为要有科学的评估指标。而评估指标的科学性有两点非常重要：一是要注意定性指标与定量指标的结合，即评估指标中不但要有定性指标，还要有定量指标。定性是定量的前提和依据，定量是定性的基础和准确化，两者的相互结合则体现出客观性。

另外，评估主体的多元化，也是体现科技辅导员培训评估体系客观性和全面性的重要组成。在对科技辅导员的培训进行评估时，评估主体既要有参与培训的科技辅导员，也要有担任培训主讲教师之同行，包括有经验的科学教师、辅导员或其他专家以及培训组织机构的相关管理部门，例如教研组（室）、教务处或相关学会的工作委员会等。

总体来看，建立包括评估内容、评估标准、评估方式和评估程序等这样一套全面客观的评估体系，是实现科技辅导员培训目标的有效保证。客观公正的评估体系有助于科技辅导员与培训主讲教师以及科技辅导员之间的交流与沟通，有助于促进科技辅导员在专业技能和业务水平方面获益，从而全面提升他们的科学素质、人文素质和其他心理品质。

这里需要指出的是，对科技辅导员队伍进行知识更新，不断提高其专业技能和创新能力，都需要依托科技辅导员的培训体系来完成。因此，完善科技辅导员的培训评估标准，配置资源开发评价工具、分析信息并评估培训效果，也需要科技辅导员培训体系的共同参与。应该看到，科学的科技辅导员培训的评估标准，对实现科技辅导员培训的规范化、制度化和科学化，提高培训质量，促进科学教育的培训资源优化共享具有巨大的推动力。

一、科技辅导员培训评估的类型及内容

科技辅导员的培训应该具有连续性，这是一个静态与动态相结合的发展过程。因此，在对科技辅导员培训进行评估时，就评估类型来看，不仅要有长远的动态与某一阶段的静态相结合的预测性评估，也要有注重某一阶段动态的过程性评估，还要进行某一阶段终结后静态的总结性评估。就评估内容来看，预测性评估是对培训对象需求的评估，这是制订

切实可行的培训计划的关键;过程性评估是对整个培训过程的发展变化进行判断,主要针对培训对象在上述过程中反馈的不同问题,以培训目标为导向,不断调整培训方案,保证某一阶段及后续培训工作的顺利开展;总结性评估是对某一阶段培训效果的评价,它主要通过对培训结果数据的量化分析,从而得出评估实际效果与目标之间的差距。

(一)科技辅导员培训的需求评估

培训需求评估是制订培训计划的关键一步,它能够确保某一阶段培训计划与科技辅导员发展规划的一致性,以及培训计划的合理性。通过培训评估,培训组织或承办机构可以掌握科技辅导员培训的需求状况,并针对科技辅导员的不同需求,运用有针对性和个性化的培训方式和培训内容,从而实现培训促进个体专业发展的目的。

一般来看,承办相关科技辅导员培训的机构要在培训前对参训人员的基本状况进行摸底调查,即对科技辅导员进行不同类别和不同层次的划分,制作不同的调查问卷,确定有关科技辅导员培训需求的相关信息。通过由本人对问卷问题逐一回答的方式,可以了解其真实想法,从而确定培训需求。实践表明,上述方法可以广泛地收集科技辅导员与培训需求相关的各种信息,只要通过设计合适的问题就能够达到有效收集信息的目的。

2009年,上海市长宁区少年科技指导站对区域内学校科技辅导员进行了培训需求的问卷调查,发出问卷80份,回收52份。通过对调查问卷进行分析,确定了该地区学校科技辅导员的培训需求状况:参与本次调查的人员主要为中小学校科技总辅导员,其中22~35岁的人员占较大比例,为43.5%,而45岁以上的科技辅导员数量较少,占11.3%。在上述接受调查的科技辅导员中,56.2%的人从未接受过相关培训,38.7%的人认为自己迫切需要培训,38.7%的人认为自己有需要但不太迫切,可以看出,有超过7成的科技辅导员存在明确的培训需求。调查还表明,53.2%的人参加培训是为了自身知识的更新或教学能力的提高,24.2%的人是为了达到科技辅导员的基本要求,50.0%的人是为了提升个人能力。可以看出,上述接受调查者参与培训的目的主要是为了知识或专业更新及个人能力提升,而为了达到科技辅导员要求的人数及比例较少。另外,不同年龄段或不同教学阶段科技辅导员的培训需求亦存在一定的差别。

为了更准确地把握科技辅导员的需求,对于重大的培训项目还可以考虑采用培训需求的头脑风暴预测法。这种方法通常由培训组织或承办机构邀请有关方面的专家,采用面对面会议的形式进行:由主持人提出需要讨论的具体问题,然后由参加讨论的人员进行思考,与会人员自由发言。当某一个人率先发言,提出自己的看法时,其他人借其发言的思路畅所欲言,进行补充和发挥,这会在短时间内产生大量有用的信息。主持人综合这些信息,进行归纳总结,得出最终的培训需求调查结果。上述培训评估通过与受训人员的直接联系,满足他们的提升需求,刺激科技辅导员产生更多的需求。同时,上述培训评估还会促使科技辅导员产生强烈的学习动机,从而积极参与即将开始的培训活动,提升自己在培训中的主动性和对培训知识或技能的接受程度。

（二）科技辅导员培训的过程评估

实践表明，对科技辅导员培训过程的监督与控制是提高培训质量的重要手段之一。而这种对持续不断动态过程的监督与控制，正是赋予培训的过程评估的主要任务。在科技辅导员培训过程中，组织或承办机构依照培训目标，设置不同课程，采用灵活多样的授课方式，激发参训科技辅导员的积极主动性，使他们乐于参与培训，并能相互交流研讨，共同学习进步。同时，培训亦需要建立相应的后勤保障体系，为学员提供资料信息以及生活服务。通过加强对上述过程的监控，可使培训过程不偏离培训目的和最初的培训设计，保障培训的顺利开展，也可为参训学员提供良好的学习环境。进行培训过程的监控，还有利于掌握主讲教师在培训中把握各环节和各要素的发展情况以及学员的相关反馈，这些都可以为特定阶段或后续培训调整提供信息基础。

培训的过程评估通常包括以下几个方面。首先是对培训对象的评估：即考查培训对象是否接近目标群体，培训对象在培训过程中表现出的素养与状态以及取得的绩效。其次是对培训内容与进度的评估：即培训内容是否与科学教育的实际情况和培训对象的需求相结合，主次安排是否搭配合理、重点突出，能否满足培训目标的需要，及时发现实际提供的培训内容与计划的培训内容之间的差异以及培训进度与受训者接受能力的吻合度等。第三是对培训场所与设施的评估：即培训场所与环境是否满足培训组织者对培训内容的要求，主讲教师能否方便授课，以及学员对培训场所舒适度的判断等。第四是对授课教师的评估：即培训授课教师能否运用灵活的授课方法让成年学员接受培训内容，其是否具备良好的道德素质、心理素质、沟通能力、表达能力，并是否有与培训项目相匹配的专长，使用成本也与其水平成正比。对主讲教师可通过观察记录等方法，从教学态度、教学组织、教学指导等方面进行评估，以提高培训质量。

（三）科技辅导员培训的效果评估

培训结束后的效果评估，是整个科技辅导员培训评价的重点。这里既要考虑科技辅导员的反应以及掌握知识与技能的程度，也要考虑其在工作中的行为表现以及科学教育实际工作是否发生了相应的改变。

2011 年 9～12 月期间，上海市长宁区举办了中小学科技辅导员培训。在培训结束后在网上进行的学员问卷调查中，共有 42 人参与，占这期培训人员总数的 100.0%。通过对回收问卷的统计分析，得到了学员对该次培训所作出的效果评估。

首先，学员对此次培训的满意率为 98.1%，对培训课程内容的满意率为 95.1%，对培训教学方法的满意率为 93.0%。从上述三个指标来看，这一培训项目是成功的。其次，在课程时间安排方面，65.7% 的学员表示与工作不冲突，35.3% 的学员表示与工作有冲突但可以克服，没有学员表示与工作有冲突且难以克服。由此可见，上述培训时间的安排是比较合理的。最后，在培训使自身受益方面，90.5% 的学员认为自己获得了适用的新知识，81.0% 的学员认为自己获得了可用于科学教学的相关技术及技巧，没有学员认为自己未得到任何收获。此外，93.0% 的学员表示愿意向其他科技辅导员推介本次培训。这表明，学员对上述培训项目极为认可，绝大多数人都希望能够参加类似的培训。

二、科技辅导员培训的效果评估模式

在科技辅导员培训的需求评估、过程评估和效果评估中,最重要的还是效果评估。因此,下面我们主要讨论科技辅导员培训的效果评估模式。

(一)柯氏四级培训评估模式介绍

系统的培训评估模式始于20世纪50年代,最有代表性的是美国威斯康星大学的唐纳德·柯克帕特里克(Donald Kirkpatrick)提出的四级培训评估模式。下面予以简要介绍。

一级评估即反应(reaction)层评估,是指学员对培训项目的看法,包括对学习资料、授课教师、教学方法、教学内容、教学环境和组织等的看法,这些看法的实质是学员对课程的满意程度。上述评估过程相对简单,学员基本上只需根据自己的感觉来判断对培训内容以及授课教师的满意度。

二级评估即学习(learning)层评估,这是目前最常见也是最常用的一种评估方式,用以测量学员对知识和技能的掌握程度。这时的评估就进入实质性阶段:学员到底学到了什么。这就需要通过一定的方法测量学员的学习成果。如果是技能类的培训,就要考查学员有没有掌握这些技能;如果是知识类的培训,就要考查学员对所讲授知识的记忆、理解和建构如何;如果是情感态度类的教育,就要设定恰当的方式测量学员对讲授内容的接受程度。总的来说,二级评估是测量学员在走出培训地点时的学习收获。

三级评估即行为(behavior)层评估,发生在培训项目结束后,主要由上级、同事、下属或客户观察学员的行为在培训前后是否有差别,是否在工作中运用了培训中学到的知识,是否提高了工作绩效。

四级评估即结果(results)层评估,这一层面的评估已由个体上升到组织的高度,即组织是否因为员工接受了培训而经营得更好。

(二)柯氏四级培训评估模式的应用

1. 科技辅导员培训的效果评估

将柯氏四级培训评估模式移植到上面所讨论的科技辅导员培训的评估中,可以通过以下方式进行科技辅导员培训的效果评估。

(1)反应层评估:在培训结束时,向科技辅导员发放满意度调查表或举行学员代表座谈会,征求学员对培训的反应和感受。反馈信息应包括:对主讲教师培训技巧的反应、对课程内容设计的反应、对教材选择及内容的反应、对培训组织的反应以及培训知识和技能的适用性等。在现场组织人员有针对性地向部分学员发放评估表,并在其填写完后负责收回。同时,组织包括任课教师、课程设计人员及科技辅导员代表在内的相关人员对观察到的现象展开认真讨论。

(2)学习层评估:在培训结束时,要考查科技辅导员是否在知识、技能、态度等方面得到了提高。为此,培训组织者在开班前必须做两件事:一是做一个培训设计说明书,重点突出培训目标,即科技辅导员经过培训后要达到一个怎样的水平;二是对受训的科技辅导员进行摸底测试,测定其培训前的水平,便于与培训后进行的考查对照,以了解他们是否学到了新的东西,学到了多少。同时,还要对培训设计中设定的培训目标进行核对,检查主讲教师的工作是否有效,并找出差距和原因,为改进下次培训提供依据。

(3)行为层评估:这一阶段的评估,主要是确定学员通过培训在工作业绩上发生了多大的改进。为此,培训组织者可以设计培训跟踪调查表,向学员所在单位发放,由学员及相关领导填写后返还。对上述调查表进行统计和分析后,培训组织者可以总结经验,发现问题,为改进下次培训提供依据。此调查表的主要内容应包括:科技辅导员把哪些知识运用于工作中了,解决了什么问题,工作中还有哪些知识需要通过培训来学习,以及单位领导对科技辅导员培训前后的工作表现和业绩的评估。尽管这一阶段的评估数据较难获得,但意义重大。只有科技辅导员将所学的知识真正应用到工作中,才能达到培训的目的。因此,这一阶段的评估只能在科技辅导员返回岗位工作一段时间后才能进行。

(4)结果层评估:这一阶段的评估,要考查的不再局限于受训的科技辅导员的个人情况,而是着眼于其所在机构或团体。即了解通过科技辅导员的培训,已给中小学学校、校外机构或科普教育基地带来哪些变化。这一阶段的评估,需要相关单位的人员和领导参加,涉及面广,费用较高,时间较长,难度也最大。但通过对个体的培训,以点带面,对从事科学教育的机构或团体的整体发展还是非常有益的。

2. 相应评估方法介绍

在对科技辅导员培训进行效果评估并采用柯氏四级培训评估模式时,常用的评估方法包括:观察法、询问法、问卷测试法、笔试考查法、实验考查法和案例测验法等。下面简单介绍问卷测试法、笔试考查法和观察法。

(1)问卷测试法:培训结束后,针对培训内容、主讲教师授课技巧、课堂气氛和组织工作等,组织学员现场填写问卷。这种评估方法使用封闭式的结构化问卷,简单实用,可以在很短的时间内对本次培训的效果作出定性评估。但这种方法有时不能真实反映学员的学习效果。因为大家只是凭借现场学习的第一感受,给出自己的评估,尤其是现场气氛的影响或周围学员的干扰,会左右最终的评估结果。另外,这种评估方法一旦采用过多,会使学员的填写内容愈加流于形式,评估结果更加偏离客观真实的情况。对于培训时间较短、培训内容属普及性的或是讲解后能马上应用的培训,可以采取上述这种简便的评估方法。

(2)笔试考查法:这种方法是通过对知识或技能的考查来评定培训成效。即在培训开始和结束时,分别用难度相同的测试题对受训人员进行考查,并把两次考查结果进行比较。如果受训人员在培训结束时的考查成绩比开始时的成绩高出很多,则表明经过培训确实提高了受训人员的知识或技能。但这一方法的应用,需要培训组织者、受训者和教师之间的密切配合,还要选聘负责任和经验丰富的教师实施方可。否则,受训人员在考查时互相抄袭,其结果就没有意义了。应用类的岗位知识或技能培训,比较适合应用笔试考查法进行评估。原则上可采取作业、开卷、学习总结等方式进行考查。当然,有的也可实行闭卷考查,由培训主管部门组织实施,实行教考分离。

（3）观察法：如果要考察受训科技辅导员行为上的改变和工作绩效是否提高，可以通过观察法，实地考核受训人员的工作实况，评估培训的成效。如根据实地观察发现，受过培训的科技辅导员在工作热诚、工作态度和责任心等方面确有明显改善，则可认定培训已产生效果。另外还可通过观察，比较受训人员和未受训人员的工作情况，以此对培训的成效作出评估。当然，上述观察亦可进行多次：培训结束后，每隔一段时间，如3~6个月，培训部门就可以实地观察的形式，了解受训人员在工作上取得的成绩。如工作量有无增加，工作质量、工作效率有无提高，人际交往能力有否提高等，从中可确认培训有无成效。

总之，各级培训机构和组织者必须清醒地认识到，对科技辅导员的培训进行评估，不是只局限于培训后效果的评估，而必须是多元化、全方位的评估，包括从培训的需求开始进行预测性评估，到培训项目的设计开发与实施时进行过程性评估，直至就培训对象在反应层、学习层、行为层、结果层的表现进行效果评估，如此才能真正实现科技辅导员培训的科学性。

三、科技辅导员培训评估的标准

科技辅导员培训评估的标准，主要包括效能标准、职责标准和素质标准。从效能标准来看，包括效果标准——从培训效果的角度确定评估标准，以及效率标准——从培训组织机构和主讲教师的投入与产出的比例来衡量培训成果。从职责标准来看，主要包括从培训组织机构和主讲教师分别应承担的责任和完成任务的情况设定标准。从素质标准来看，主要包括从主讲教师和培训组织机构相关人员承担各种职责，或完成各项任务应具备的条件来确定指标。当然，由于科技辅导员培训的评估刚刚起步，当前暂时以培训效果的标准作为科技辅导员培训评估的主要标准。

科技辅导员培训评估的标准是对评估量化指标的选择，为了加强科技辅导员培训的针对性、实效性，了解培训的真实情况，不断提高培训质量，促进培训工作不断改进，规范培训质量测评工作流程，这里以前文提到的反应层、学习层、行为层、结果层评价内容为基础，主要拟订与科技辅导员培训质量和效果评估关联度较高的各项指标。

（一）培训标准中的各项指标介绍

一级指标内容：培训方案、培训实施、培训保障和培训效果，并确定该指标体系应包含的17项量化二级指标。其中，培训方案评估一级指标包括培训目标设定、培训课程设置、培训时间进度、培训师资配备、培训考核安排5个二级指标；培训实施评估一级指标包括培训教学内容、培训教学水平、培训教学方法、培训教学实践、培训教学管理5个二级指标；培训保障评估一级指标包括培训教学设施、培训生活设施、培训服务质量、培训经费管理4个二级指标；培训效果评估一级指标包括受训学员成绩、受训学员变化和学员单位反响3个二级指标。另外，还有总计34项评估细则，如表所示。

科技辅导员培训评估标准指标一览表

一级指标	二级指标	评估细则
培训方案	培训目标设定	(1)目标设定明确且恰当合理
		(2)目标已细化并具可操作性
	培训课程设置	(3)课程设置符合培训要求,具有科学性
		(4)课程设置具有创新性
	培训时间进度	(5)培训进度安排符合主办单位的规定要求
		(6)培训总学时数能够保证学员的受训效果
	培训师资配备	(7)培训师资以熟悉培训的专职教师为主
		(8)培训师资以本领域高水平的专家为辅
	培训考核安排	(9)培训安排有考查学员学习效果的笔试
		(10)培训设有了解学员技能变化的实践考核
培训实施	培训教学内容	(11)培训课程教学大纲完善,知识结构清晰
		(12)教学内容与时俱进,重点难点突出
	培训教学水平	(13)主讲教师教学组织有序,能因材施教
		(14)主讲教师在教学中能发挥学员的主动性
	培训教学方法	(15)主讲教师能在教学中体现理论联系实际
		(16)主讲教师能用适宜教学法促进学员学习
	培训教学实践	(17)培训中有参观、考察等教学实践活动
		(18)培训中有模拟、实验等教学实践环节
	培训教学管理	(19)培训机构有完备的教学管理机制和制度
		(20)培训教学管理严格,能及时反馈学员意见
培训保障	培训教学设施	(21)培训教学设施完善,能够满足培训需求
		(22)培训时能用多媒体等现代化手段进行教学
	培训生活设施	(23)培训住宿及安全等状况符合培训要求
		(24)培训用餐及饮水等状况符合培训要求
	培训服务质量	(25)培训服务人员具有职业道德和良好素质
		(26)培训服务人员服务规范
	培训经费管理	(27)培训经费来源呈多元化
		(28)培训经费能够做到专款专用

一级指标	二级指标	评估细则
培训效果	受训学员成绩	(29)学员接受科学理念并理解知识传播 (30)学员掌握了相关业务技能
	受训学员变化	(31)受训学员面貌改变,综合素质获得提升 (32)受训学员业务能力提高,促进岗位工作
	学员单位反响	(33)受训学员对周围群体产生正面辐射效应 (34)受训学员培训所得使工作单位受益

(二)相应评估测评指标的统计处理

1. 百分制处理

这种处理常见于问卷测试法。除评估指标中的客观值外,测评还采取调查表的方式进行,对被测评内容的评估一般分为四等,统计时折算为百分制,取分规定为:不满意＝50分,基本满意＝65分,较满意＝80分,满意＝95分。

2. 权重梯度处理

这里通常把短期培训分为基本测评项目与重点测评项目。基本测评项目质量测评包括培训学员、送培单位和主办单位三级测评。测评指标包括培训质量与效果、培训服务、培训项目开发、质量跟踪与持续改进4项。

测评结果＝学员测评得分×0.4＋送培单位测评得分×0.2＋主办单位测评得分×0.4。

重点测评项目质量测评包括培训学员、送培单位、主办单位和培训评估组等四级测评。测评指标包括培训质量效果、培训服务、项目开发、质量跟踪与持续改进4项。

测评结果＝学员测评得分×0.3＋送培单位测评得分×0.1＋主办单位测评得分×0.2＋培训评估组得分×0.4。

第 二 部 分

科技辅导员培训的教学基本体系

第六章　青少年科学体验活动的教学

一、自然科学类板块

(一)基础学科(数理化及信息学)竞赛活动培训单元

数理化及信息学竞赛属基础学科竞赛活动,这主要是针对高中数学、物理、化学、信息学爱好者而开展的一项竞赛活动。长期以来,上述每一学科都开展有国际、全国及省(区、市)一级的系列竞赛活动。就其发展历史来看,可追溯至1894年,当时匈牙利举办了世界上第一次针对中学生的数学竞赛。我国由华罗庚教授倡议,于1956年开始在北京等个别城市举办中学生数学竞赛。把中学生数学竞赛与奥林匹克体育竞赛相提并论的是苏联。1934年,苏联列宁格勒组织了中学奥林匹克数学竞赛。

1959年,第一届国际奥林匹克数学竞赛在罗马尼亚举行。1985年,在捷克首都布拉格举行的第26届国际奥林匹克数学竞赛,吸引了五大洲38个国家的208名参赛者,其中包括首次派出两名中学生参赛的我国。1986年和1987年,我国相继派出中学生代表队参加了国际奥林匹克物理竞赛和国际奥林匹克化学竞赛,至20世纪90年代,又参加了国际奥林匹克信息学竞赛和国际奥林匹克生物竞赛。与此同时,全国性、省(区、市)直至地方县(市、区)各级的数理化信息学竞赛,也成为青少年每年广泛参与的校外科技活动之一。

1. 基础学科(数理化及信息学)竞赛活动概述

(1)什么是基础学科竞赛活动:基础学科是指为其他应用性学科提供理论基础的学科,例如传统的数学、物理、化学、生物和信息学等,但基础学科的某些分支也可以算是前沿学科,例如空间物理等。基础学科竞赛活动就是一种不受教学大纲限制的特殊测试,它有助于青少年在实际应用的过程中理解学科知识,在分析问题的过程中提升他们的科学思维能力,在迎接挑战的过程中锻炼自身的意志力和其他心理品质。

(2)开展基础学科(数理化及信息学)竞赛活动的目的:开展基础学科(数理化及信息学)竞赛活动,主要目的是向高中青少年普及科学知识,激发他们学习相关科学学科知识的兴趣和积极性,提升其运用科学方法开展科学思维和相关操作的能力,为优秀青少年提供相互交流和学习的机会,促进中等学校在科学教育和人才培养模式上的改革。同时,通过竞赛和相关活动还可以发现和进一步培养相关科学学科领域的后备人才。

(3)科技辅导员在基础学科竞赛活动中的作用:基础学科(数理化及信息学)竞赛活动,是一项主要鼓励高中青少年结合相关科学知识、方法,尝试运用科学思维和操作等技能,开展实际解决相关科学问题的"演练"。因此,科技辅导员在基础学科(数理化及信息学)竞赛活动中,侧重点不是教给青少年超过中学教学大纲或大学的知识,而在于指导他们掌握科学思维的方法,包括分析、逻辑思维和创造性思维的方法以及解决实际问题的能力。科技辅导员要注重通过竞赛这种特殊的载体,培养和提高青少年的思维品质,特别是思维的全面性、灵活性、深刻性和独创性。同时,由于竞赛的题目与目前科学前沿成果的结合日趋紧密,科技辅导员亦应通过竞赛活动,提升青少年对相关科学学科本质的洞察力及创造性。

2. 开展基础学科竞赛活动的教育定位

开展一些带有应用性的数理化等基础学科的竞赛活动,是数理化等学科课堂教学的有力补充,是课堂教学的拓展和延伸。上述竞赛活动对于激发青少年对科学的兴趣,培养科技创新后备人才,确有存在之必要。同时,科技辅导员还要结合对上述竞赛活动的评估,不断研究,促进活动在创新中发展,使其更具科学性、教育性和时代性。

(1)目标定位

开展竞赛活动,就是要从青少年的兴趣出发,让部分学有余力的青少年,利用课后的时间,培养兴趣,发展能力。因此,上述竞赛活动的目标定位应是:面向少部分学有余力的青少年,激发他们的学习兴趣,拓宽他们的视野,开发他们的智力,发展他们的思维能力。

这里需要明确的是:竞赛只是检验青少年学习效果的手段之一,并不是最终目的。科学教师(或科技辅导员)要引导青少年认识到,参加竞赛更应重视过程的评价,重视竞赛期间的学习,而不应仅仅看重结果,看重金牌的归属。

(2)内容定位

就基础学科竞赛活动的内容定位而言,我们认为在设计基础学科竞赛活动时,赛题涉及的知识面要广,要能紧密地联系生活实际,并兼顾趣味性和科学性。好的竞赛试题,应能引导青少年灵活运用课堂上所学的数理化及信息学等知识与技能,解决生活和生产中的实际问题,体现课堂内容的深化和提高。所以,基础学科竞赛活动不应该片面地追求赛题的难度以及出一些偏题或怪题来难倒青少年,而要通过激励青少年运用科学解决适宜问题的探索,为科技创新后备人才的成长营造良好的社会氛围。

3. 指导开展基础学科竞赛活动的类型与方法

(1)开展基础学科竞赛活动的类型:组织开展基础学科竞赛活动的内容如果仅局限于课本内容,青少年就会感到简单乏味;如果脱离课本内容太远,他们又会高度焦虑;正常的动机激励水平应在上述二者之间找到一个平衡点。因此,竞赛内容应体现综合应用学科知识的水平,同时竞赛的类型也要多元化,要趋向趣味性、实用性和综合性,这样才能激发青少年参与竞赛活动的热情。下面对上述竞赛活动类型予以简单介绍。

1)数学竞赛活动:数学竞赛活动包括国际中学生数学奥赛、全国中学生数学联赛、中小学"希望杯"全国数学邀请赛、全国"华罗庚金杯"少年数学邀请赛以及部分省(区、市)举办的中学生数学知识应用竞赛等。这些竞赛活动的内容基本贴近现行的数学课本。竞赛分两试,第一试试题基本不超过数学大纲和教学进度,第二试试题中有 20% 的内容是超出课本范围的一些重要知识。

2)物理竞赛活动:物理竞赛活动包括国际中学生物理奥赛、全国中学生物理竞赛,以及省(区、市)举办的各类中学生物理竞赛或物理实验竞赛等。这些竞赛通常亦分两试,第一试试题为理论基础知识,第二试试题为实验设计和动手实验操作。试题多为解决物理中的一个实际问题。上述竞赛比较贴近生活实际,能充分考查青少年物理理论知识的学习情况,同时还能考查青少年对知识的实际运用能力和动手实践能力。

3)化学竞赛活动:化学竞赛活动包括国际中学生化学奥赛、全国中学生化学竞赛以及省(区、市)举办的各类中学生化学竞赛、应用化学知识与技能竞赛或“生活中的化学”知识竞赛以及青少年清洁空气挑战赛等。

应用化学知识与技能竞赛通常分为三试。第一试的试题为基础知识,主要考查青少年的学习基础;第二试的试题内容主要是对知识的拓展和延伸,主要考查青少年自主学习的能力;第三试的试题为实验设计和实验操作,主要考查青少年分析问题和解决问题的能力以及实验动手操作的能力。

“生活中的化学”知识竞赛通常分为二试,其赛题更贴近生活,对应用化学指导生活发挥了一定的作用,是科普宣传活动的良好形式。

清洁空气挑战赛是近几年开展的一项具有时代特点的赛事,其活动内容紧紧围绕着环境问题,关注的焦点是我们赖以生存的空气的质量。此项赛事有一定的超前意识,对增强青少年的环保意识起到很好的作用。

总之,以上竞赛的试题活而不难、巧而不偏、不怪,富于启发性,也体现大众化、时代性、贴近生活,活动深受中小学青少年、家长和老师的欢迎。

4)信息学竞赛活动:第一类是以信息学、尤其是编程的相关知识为基础的中小学学科竞赛,分为全国青少年信息学奥林匹克竞赛、全国青少年信息学奥林匹克联赛和国际信息学奥林匹克竞赛等。上述竞赛的推荐语言为 Pascal(Lazarus 0.9.30 或 free pascal 编译器2.4.4版),C/C++(gcc/g++3.4.2)。其宗旨为向青少年普及计算机科学知识,为学校的信息技术教育课程提供动力和新思路,为那些有才华的青少年提供相互交流和学习的机会。同时,通过竞赛和相关活动培养和选拔优秀的计算机人才。

第二类为全国中小学信息技术创新与实践活动(Network Originality Competition, NOC),这是面向在校中小学青少年开展的一项普及知识产权,展示自主创新能力的信息技术应用竞赛,也是中小学科技活动优秀成果集中展示的一种形式。

第三类为中国儿童青少年计算机表演赛,这是全国规模最大、普及面最广、科技含量最高的儿童青少年的科技普及教育活动。中国儿童青少年计算机表演赛依托全国竞赛组委会提供的网上竞赛活动平台,通过初级应用赛、中英文输入赛、命题搜索赛、3D仿真机器人竞赛等常规在线竞赛活动,创意涂鸦、创意搭建、动画设计、DV创作、手机软件应用开发、电子音乐制作和探索挑战赛等创意、作品类竞赛活动,让青少年在学习中探索和训练,在学习中相互交流和促进,让不同年龄的青少年都能在竞赛网络平台上学习与提高应用信息技术的能力。

(2)开展基础学科竞赛活动的方法指导

1)对数学竞赛活动的指导:在指导数学竞赛活动中,科技辅导员不仅要紧密联系青少年的学习和生活环境,还要从他们的经验和已有的知识出发,创设有助于其自主学习、合作交流的情境,使青少年通过观察、操作、归纳、类比、猜测、交流、反思等活动,获得基本的数学知识和技能。

仔细研究近几年组织青少年参加的各级各类的数学竞赛试卷,可以发现竞赛大部分以智力测验的方式呈现,主要为了考查青少年的能力,而不是以界定知识掌握为主。因此,在赛前训练中,难度不能"大一统",更不能贪多求难;科技辅导员要教给青少年的应该是必要的思维习惯和发现问题、认识问题以及解决问题的方法,减少常规性习题,避免他们用固定的方法"套"进去,从而摆脱问题解决中条件反射、套用模式的老路。科技辅导员还要着眼于提高青少年的解题能力和数学思维能力,在解法上要求简洁、灵活、别致。无论是平时辅导还是组织竞赛,都应体现上述思想。

2)对物理竞赛活动的指导:整个物理学的发展表明,青少年学习物理知识的过程,与人类探索物理知识的过程有许多相似之处。因此,在进行物理教学时,必须十分重视观察和实验在学习物理知识过程中的重要作用。根据历年上海市青少年物理实验竞赛情况的分析可见,物理实验竞赛是以实验为基础的,因此在培训中,要以实验为抓手,培养青少年的实验动手能力,通过实验激发他们学习物理学的强烈兴趣和努力钻研的精神。为此,从教学内容的选择、教材的组织、教学过程的安排、教学方法手段的运用到课外活动的组织等,都应该要求富有生动性和启发性。

根据历年物理实验竞赛的内容,青少年在掌握课堂物理基础知识的基础上,要着重学习与电学、力学、光学、电磁学等相关的各种物理实验器材的使用方法,并能运用所学的物理知识进行实验的设计,运用物理实验器材进行测量,解决一些实际问题,并通过实验促进他们对物理理论知识的理解。同时,科技辅导员亦要指导青少年,学会灵活运用数学知识对物理量进行计算。

3)对化学竞赛活动的指导:化学源于生活,是一门以实验为基础的学科。在教学实践中,科技辅导员要理论联系实际,引导青少年用所学的化学知识对在生活和生产实践中观察到的实际问题或现象进行解释,要准确把握"以实验为基础"这一学科特征,充分发挥实验的教学功能。科技辅导员可以通过趣味性的实验,激发青少年学习化学的热情;通过典型的化学实验事实以及化学实验史实,帮助青少年了解化学概念和原理的形成与发展;通过对实验现象的观察、分析、归纳和总结,帮助青少年认识物质及其变化的本质和规律。

在培训中,科技辅导员还要加强青少年探究能力的培养,积极创造条件,让他们有更多的机会在实验探究活动中学习化学;引导青少年综合运用所学的化学知识和技能,进行实验设计和实验操作;训练青少年分析和解决与化学有关的实际问题,促进他们转变学习方式;最终使青少年的创新精神和实践能力得到培养。

4)对信息学竞赛活动的指导

①应用课堂教学法:信息学或信息技术活动都需要青少年掌握一定的知识和技能后才能参加,因此,应针对青少年的特点和活动要求进行必要的培训。在培训中,由于青少年分别处于不同的学习阶段和不同年龄,因此必须体现由浅入深、由低到高、循序递进的层次递进原则,包括兴趣层次递进、知识层次递进、操作技能层次递进、创造能力层次递进。校外培训还应注意兴趣原则,从青少年的乐学、兴趣出发,开展丰富多彩的活动,让他们愉快地学习、愉快地成长,并能得到充分的发展。

②应用任务驱动法:任务驱动是信息技术活动中广泛采用的一种活动策略,这种活动策略建立在构建主义活动理论的基础上。在整个活动过程中,科学教师(或科技辅导员)以完成具体的某项活动为线索,把活动内容巧妙地设计隐含在单个活动中,让青少年以完成该活动的方式领会整个活动的核心内容,并同时培养他们的实践能力、创新意识和养成自主学习的习惯。在活动中,科学教师(或科技辅导员)充当青少年的指导者,而非传统的灌输者;青少年主动学习,而非被动接受。信息技术课本身是一门实践性很强、极富创造性、具有明显时代发展性特点的课程。因此,任务驱动活动策略非常符合其系统的层次性和实用性,便于青少年通过活动循序渐进地学习信息技术的知识和技能。

③应用过程评价法:如何正确有效地评价一名青少年在活动中的表现也是一项十分重要的工作,仅仅以他们是否在活动中获奖来评判其成败是不可取的。因此,过程性评价在整个活动的管理中显得很重要。例如在有作品提交的活动中,每次活动后都要求青少年将自己的作品存盘,并且组织大家对作品进行评论。在评论中,不论教师还是青少年,都是平等的主体,评论过程是民主参与、协商和交往的过程,价值多元化,尊重差异。教师要注重对青少年学习和发展的评价,关注青少年在学习过程中的点滴进步和变化,及时给予青少年评价和反馈。

(二)生命科学体验活动培训单元

生命科学(life science)或生物科学(bioscience)是自然科学板块中的一项重要内容,它在校内是作为必修课程呈现的,例如,初中生命科学、高中生物学。生命科学是研究生命现象,生命活动的本质、特征和发生发展规律,各种生物之间以及生物与环境之间相互关系的科学。在自然科学的众多领域中,生命科学是与我们人类关系最密切的一门学科。随着近代科学的发展,生命科学与许多学科交叉渗透,在新技术和高技术领域中占据着越来越重要的地位。目前受到全世界普遍关注的生态、环境、农业、人口等热点问题,都与生命科学有着密不可分的联系。

与校内生命科学课程相配合的课外校外生命科学体验活动,是广大青少年理解生命科学的重要实践活动。我们这里所说的生命科学体验活动,主要包括已纳入全国青少年科技创新大赛系列活动中、以生命科学学科为基础的科普实践活动和科学探究项目;中国动物协会、中国植物协会、中国生理学会等全国性学会和各级地方学会组织的以生命科学学科为基础的"大手拉小手"、夏令营和科普日等活动;中小学校和校外科普教育基地等共同组织的以生命科学学科为基础的科学传播或科普考察活动等。

1. 生命科学体验活动概述

(1)什么是生命科学体验活动:生命科学体验活动,是以青少年为对象,利用课余时间,在科学教师或科技辅导员的指导下,开展的以生命科学学科为基础的认知、学习和教育的实践活动。

在我国,生命科学体验活动最早称为"生物百项"系列活动(1998年),后更名为"全国青少年生物和环境科学实践活动"。自2002年起,将每两年一届的全国青少年发明创造和科学讨论会与同样每两年一届的全国青少年生物和环境科学实践活动进行了整合,以每年一届的"全国青少年科技创新大赛"命名并问世。

21 世纪是生命科学迅速发展的世纪,人类基因组研究的进展以及各项新的生物技术,例如干细胞技术、生物影像技术和病毒包装与转染技术的相继发现与深入研究,大大促进了现代生命科学的前进步伐,也激励着更多的青少年参与到生命科学体验的活动中来。

(2)开展生命科学体验活动的目的:开展生命科学体验活动的目的,主要是提升广大青少年的生命科学素质(也可称为生物素质),关爱生命的人文素质和其他心理品质。例如,使青少年熟悉与生命科学相关的基本事实、基本概念和基本原理等知识,掌握生物学的基本实验技能;了解生命科学研究的过程,学会应用观察、调查、实验、数据处理、分析等科学方法;理解人类活动对生物圈产生的多元影响,关注生命科学技术的发展对个体和社会的作用;逐步形成科学的生命观、价值观和人生观,塑造适应未来社会发展的综合素质。

(3)开展生命科学体验活动的意义:第一,有利于培养青少年的学习兴趣,促进其思维的开发。兴趣是青少年学习的最初内驱力。生命科学体验活动的特点就在于青少年的参与性,强调整个活动进程中的每个环节都由其亲力亲为,为每个个体提供足够的表现自己的机会,突显青少年的主体地位,使他们产生浓厚的学习兴趣。

第二,有利于弥补课堂教学的不足,完善青少年的知识结构。生命科学的内容非常广泛,而中学生物课程只能讲授其中规律性的内容,对应用部分很少接触,青少年也很少有观察操作的机会。而体验活动有助于更好地接触生物学的应用部分,还可以进行大量的观察和操作,弥补生物课的不足,真正完善青少年的知识结构。

第三,生命科学体验活动注重技能培养,有利于青少年综合素质的形成。生命科学体验活动的内容丰富多彩,形式多种多样,无论是野外采集、调查和考察,环境监测和观测,田间、饲养场的种植和饲养,室内培养和观察,还是去科普单位、科研部门的参观和访问,都需要反复进行观察、操作、实验和分析,这有助于青少年形成敏锐的观察、准确的操作、敏捷的思维与综合分析的技能,而这些技能正是构成未来公民所不可缺少的综合素质的基础。

第四,有利于培养青少年的创新精神、实践能力和社会责任感。生命科学体验活动的形式灵活多样,内容丰富多彩,密切联系实际,可以突破课本内容和形式的局限,开拓一片不同于课本的崭新天地,在体验活动中最大限度地唤醒青少年的创新精神,在实践中培养其各种能力。另外,在体验活动中,青少年接触社会,了解社会,这就激发了他们关心他人、关心社会的情感,符合 STS(科学——science、技术——technology、社会——society)相结合的教育精神。让青少年从日常生活的社会大环境中真切地了解科学与社会、科学与生活的紧密联系,以使他们懂得如何理解与运用科学,了解科学技术在改善我们的日常生活中的功效,在学习科学知识的同时,锻炼掌握知识和运用知识的技术能力,并将所学到的科学技术应用到社会实践中去。

(4)生命科学体验活动的类型:生命科学体验活动的类型很多,例如,从活动所涉及的领域来看,包括体验生命科学技术新进展的探究类活动,体验与工农业生产密切相关的生命科学知识和技术的调查类活动,体验与个人、家庭和社会生活相关的实践类活动;从活动模式来看,包括以生命科学知识加工为主的"传播—建构"模式,以生物实验技能获取为主的"训练—养成"模式,以生命科学研究方法体验为主的"设问—探究"模式等;从体验者的学习方式来看,包括个人学习体验、小组学习体验、班级或学校的学习体验。

总体来看,生命科学体验活动除被纳入全国青少年科技创新大赛系列活动中外,还成为各级学会、中小学校、科普教育基地和科普日等主题活动的主要构成。

(5)科技辅导员在生命科学体验活动中的作用:在生命科学体验活动中,科技辅导员主要起到如下几方面的作用:

第一,为青少年创设情境。不管是教学还是活动以及研究,创设情境都非常重要,它能使青少年犹如亲临其境,产生强烈的参与欲望,达到事半功倍的效果。

第二,给青少年增加信息。随着生命科学、环境科学突飞猛进式的发展,信息爆炸,多给青少年增加信息量,能使他们全面了解科学发展的进度和动态,综合各种信息,开展学习和探究。

第三,传授科学方法。青少年要将自己学到的知识、技术应用到社会实践中去,最为关键的是要掌握科学的方法。所以,在指导青少年开展研究活动中,更强调方法的科学与适用,只有这样,才能得到科学的结果。

第四,关注活动过程。在重视结果的同时,更要重视活动和研究的全过程,细节往往决定了活动的成败。在活动过程中,培养青少年对科学知识、科学方法、科学精神和科学态度的理解、运用和升华。

上述几方面的作用,都是在以青少年为主体的情况下,让他们自主选择,辅导员因势利导,强调发展青少年的个性,培养他们的多元智力,最终使其形成"智以择向"的能力。要培养他们独立自主地实施以下活动,即活动材料用品的准备,有关信息的收集,活动过程的组织、分析、判断、操作及结果展示、评价等。辅导员仅以参谋、顾问的形象出现,引导和指导体验活动。切忌将活动设计为由辅导员为主的组织教学的形式,因为这无疑将扼杀青少年参与上述活动的兴趣和积极性。

2. 对不同类型生命科学体验活动的指导

生命科学体验活动可以分为普及型主题活动、兴趣型操作活动、提高型研究活动。对不同类型的体验活动,应用相应的科学方法去指导,这样才能保证活动取得预期效果。

(1)普及型主题活动:首先,是开展普及型主题活动的内容。这类活动可以围绕科学纪念日(科技节、科普日等)主题开展。这类主题通常具有广泛的群众性和社会性,某些活动还具有世界性,是全人类共同关心的议题。例如每年的3月12日是我国植树节,每年的6月5日为世界环境日,此外还有海洋日、地球日、水节日等。这类活动亦可围绕高新技术的主题开展。让青少年了解我国与世界科技的发展,了解现代科学发展的前景趋势,例如生物工程技术、新材料、新能源、环境科学、海洋开发利用等相关技术,激励青少年攀登科学高峰。另外,这类活动还可以结合实用技术、科学方法的传播开展活动。活动内容的安排从本地区的经济、科技实际情况出发,向青少年普及种植、养殖、病虫害防治、植物保护等实用技术,开展乡土资源、土壤成分、植被和城市居民小区生态环境的调查,使青少年从小关心经济和社会的发展。其次,是开展普及型主题活动的形式。主要包括主题班(校)会、成果展示、竞赛、游艺、参观、专题报告、演讲、辩论和征文等。科学教师或科技辅导员要引导青少年选择适宜的形式开展活动。

(2)兴趣型操作活动:兴趣型操作活动,是青少年根据自己的兴趣爱好,自愿参加的如植物种植、小动物饲养、标本制作等活动,它为后面所述的提高型研究活动奠定了探究的基础。

首先,是植物种植法。即在划定的区域或盆内种植各种植物,一般都是草本的或小型灌木类植物,采取种子播种或营养繁殖方法,通过浇水、施肥等,观察它们的生长情况,直到结果、收获为止。

其次,是小动物饲养法。即选择自己喜爱的小动物,如金鱼、蚕、蝌蚪、蟋蟀等进行饲养,在整个过程中,观察它们的生活习性。

第三,是标本制作法。即将采集的动植物,用浸制、压制、干制等方法,将其制成标本进行陈列,供大家参观。

在兴趣型操作活动中,科学教师或科技辅导员提醒青少年注意:①慎重选择内容,一要有兴趣,二要容易就地取材,三要设对照可以进行比较,以检验自己的探究成果。②在活动过程中,要随时观察、记录各种情况,以便于分析其中的现象和原因。③在活动过程中,参与者要有交流的机会,表达自己的感受和体会。

(3)提高型研究活动:研究活动的实施是研究工作的重要的实践环节,行之有效的方法包括观察法、考察法、实验法、比较法、统计法、问卷法、文献法等。在现状的研究中,青少年直接接触的事物可用观察法,间接考证的可用考察法,已有设想或假说但不知结果的可用实验法等。根据研究目的、对象、内容和过程的需要,并结合研究青少年本身的特点、条件,选择最适当的研究方法。研究中常用的三种基本方法如下。

1)实验法:实验法是目前青少年进行研究体验活动项目的主要实施方法,即研究者根据研究目的和计划,在控制的条件下,对研究对象施加可操纵的影响,人为改变某个环境因素(例如营养、温度、光照)等,然后观察、分析、推断研究措施与研究效果之间是否存在因果关系,从中探索生物现象的客观规律。

实验法包括4种类型。①对照实验,主要特点是设置实验组和控制组,除了实验因素不同外,其他无关因子都相同。②初步实验,这是在进行大规模实验之前的试探性实验,以预测研究课题的价值,如某种生态效应的试验和推广等。③析因实验,这是探索影响生物现象发生和变化的主要原因而进行的实验。由于生物现象的影响因素非常复杂,在诸多因素中寻找主导因素,除了理论分析外,还需要做实验研究。④决断性实验(也称判别实验或定性实验),主要判断某种因素是否存在,与某些因素是否有联系,某种措施是否有效等。

实验法的步骤通常包括:根据研究课题的目的,提出一个因果关系的假设;从这一假设出发,经过抽样法,选择实验对象,决定实验研究的组织形式;对实验组实施实验研究,即施加自变量的影响,对控制组施加常规措施;准备实验用具,包括仪器、药品、统一的记录表格等;整理、统计实验材料后,对结果进行比较验证假设,对开始时的假设作出肯定或否定的结论等。

2)观察法:观察法主要指在自然状态下,研究者有目的、有计划地观察研究对象的生物习性和行为。也就是在对观察对象不加控制、不加干预、不影响常态的情况下,根据研究目的,对观察对象、范围、条件和方法等作出明确的选择。这种研究方法可通过人的感觉器官或借助科学仪器进行。

观察法的类型包括:凭借研究者感官的直接观察和借助仪器设备进行的间接观察,个体观察与群体观察,追踪观察和隐蔽观察等。

观察法的步骤通常包括:明确观察目的、内容和范围,观察人员在观察前要做到心中有数,观察才能有的放矢;调查了解,对被观察对象的情况进行简略调查,便于掌握基本情况,有利于正确计划整个观察过程;制订观察计划,根据观察目的、内容和要求制订观察步骤,以利于顺利进行观察;物质准备,如制定记录表格、记录符号和准备观察仪器等;选择最佳观察位置,尽可能不影响观察对象的正常活动,在自然状态下,按原计划进行有目的的观察;在观察过程中及时记录各种现象,一般记录在预先准备好的表格上;对观察记录和表格进行汇总、统计、分析,得出观察结果。

3)考察法:考察法通常是考察、调查某一地区的一些生物在组成、数量、分布及季节变化中的规律,或调查某一地区的环境污染对该地区生物生态的影响。考察法所需费用较低,也不需要复杂设备,所写出的考察报告有可能被有关部门采纳,从而发挥一定的社会效益和经济效益。

按照不同的标准,考察法通常可分为不同的类型。如按考察范围分类,通常包括:全面考察,即在某一范围内全面考察研究对象的全部情况;非全面考察,即进行重点考察、个案考察或抽样考察。如按考察功能分类,通常包括:现状考察,即对某一种生物行为的现状考察;历史考察,即对某一生物现象过去、现在发展变化的过程进行系统的考察;发展考察,即对生物现象在一个较长时间内的特征变化进行考察;比较考察,即对两种生物现象之间的联系进行比较研究。

考察法的步骤通常包括:根据被考察对象的具体情况确定考察时间;在选题时,即应对被考察的地域范围有一个初步的框定;在考察方案中列出考察用具、材料清单,并事先准备好;对所有考察数据进行统计、分析,得出结论和建议等。

必须指出,由于任何一种科学研究的方法都有局限性,任何一种方法都不能适用于一切场合以及适用于研究一切问题,所以,科学研究常常需要综合应用几种研究方法,取长补短。

3. 与生命科学相关的基本知识简介

(1)食物链:生态系统中贮存于有机物中的化学能在生态系统中层层传导,通俗地讲,是各种生物通过一系列吃与被吃的关系,把这种生物与那种生物紧密地联系起来,这种生物之间以食物营养关系彼此联系起来的序列,在生态学上称为食物链。按照生物与生物之间的关系,可将食物链分为捕食食物链、腐食食物链(碎食食物链)和寄生食物链。

(2)生物多样性:生物多样性是指一定范围内多种多样的有机体(动物、植物、微生物)有规律地结合所构成的稳定的生态综合体。这种多样性包括动物、植物、微生物的物种多样性,物种的遗传与变异的多样性及生态系统的多样性。

(3)生态环境:生态环境(ecological environment)是"由生态关系组成的环境"的简称,是指与人类密切相关的、影响人类生活和生产活动的各种自然(包括人工干预下形成的第二自然)力量(物质和能量)或作用的总和。

(4)野生动植物保护法:国家对珍贵、濒危的野生动植物实行重点保护。国家重点保护的野生动植物分为一级保护野生动植物和二级保护野生动植物。国家重点保护的野生动植物名录及其调整,由国务院野生动物行政主管部门制定,报国务院批准公布。

(5)遗传基因:遗传基因(Gene)也称为孟德尔遗传因子(Mendelian factor),是控制性状的基本遗传单位。基因通过指导蛋白质的合成来表达自己所携带的遗传信息,从而控制生物个体的性状表现。

(6)仿生学:仿生学是指模仿生物建造技术装置的科学,它是在 20 世纪中期才出现的一门新的边缘科学。仿生学研究生物体的结构、功能和工作原理,并将这些原理移植于工程技术之中,发明性能优越的仪器、装置和机器,创造新技术。仿生学的问世开辟了独特的技术发展道路,它大大开阔了人们的眼界,显示了极强的生命力。

(7)抗污染性植物:环境污染是由工业废气、废水、废渣造成的大气、水质和土壤污染。抗污染植物的形态结构包括叶片角质层和蜡质层厚、木质化程度高、气孔凹陷、气室及细胞间隙小等,使污染物难以进入植物体。抗污染的生理特性包括细胞质氧化力强,能把污染物氧化为无毒物质;细胞 pH 值高,能使进入植物体的污染物成为非离子态以减轻伤害。

(8)指示植物(indicative plant):一定区域范围内能指示生长环境或某些环境条件的植物种、属或群落。按指示对象可分为:①土壤指示植物,即用植被来鉴别土壤性质的植物。如芒萁为酸性土的指示植物,柏木为石灰性土壤的指示植物,多种碱蓬是强盐渍化土壤的指示植物,荨草是富氮土壤的指示植物,那杜草是黏重土壤的指示植物。②气候指示植物。如椰子的开花是热带气候的标志。③矿物指示植物。如海洲香薷是铜矿脉的指示植物。④环境污染指示植物。如唐菖蒲的叶片边缘和尖端出现淡黄色片状伤斑,则说明空气中存在氟化氢污染。⑤潜水指示植物,可指示潜水埋藏的深度、水质及矿化度。如柳属是淡潜水的指示植物,骆驼刺为微咸潜水的指示植物。

(三)低碳与环境保护活动培训单元

低碳与环境保护活动,是近年来开展相当普遍的青少年科普活动之一。在参与全国及省(区、市)级青少年科技创新大赛的实践活动中,在中央文明办、中国科协、教育部、共青团中央和广电总局等五部委发起的每年一度的青少年科学调查实践活动中,都可以看到各种类型的低碳与环境保护活动。

1. 低碳与环境保护活动概述

(1)什么是低碳与环境保护活动:低碳与环境保护活动是一项以宣传低碳经济和环境保护为主题,以培养青少年科学研究兴趣、发展科学探究能力、增强创新意识和实践能力为目标,以科学调查、科学体验和科学探究为模式的全国性、基础性和群众性实践活动。该活动主要面向小学和初中学生开展,通过设计一个贴合青少年日常生活的活动主题,吸引青少年参与科学探究活动,让他们在活动中学习基本的科学知识,掌握初步的科学探究方法,体验科学探究的乐趣,培养青少年养成学科学、爱科学、用科学的良好习惯,为科技创新后备人才的成长营造良好的社会氛围。

(2)开展低碳与环境保护活动的目的:低碳是环保的一部分,在气候变暖已经成为全人类威胁的今天,我们必须实行低碳经济。开展低碳与环境保护活动,其目的是使青少年进一步了解我国人口众多、资源有限和环境逐步恶化的基本国情,了解与学习有关能源资源的基本科学知识,掌握科学调查及节约能源资源的过程与方法,培养青少年对科学研究的兴趣,增强他们的节约节俭意识和社会责任感,并通过青少年的实际行动带动和影响其他社会人群,促进节约型和环境友好型社会的建设与发展。

(3)科技辅导员在低碳与环境保护活动中的作用:在低碳与环境保护活动中,科技辅导员主要起到以下3个方面的作用:

一是知识传授。辅导员要结合活动的主题,在课堂或以课外活动的形式指导青少年完成基本知识和科学探究方法的学习。在上述过程中,要注意结合当地资源环境的现状,引导青少年思考身边的问题。

二是协调指导。在分组合作、开展调查、数据分析整理和创意制作等活动中,青少年是活动的主体,由他们自己来安排和设计各项活动的实施,科技辅导员的作用就是协调和指导,而不能包办。

三是引导培养。在活动的实施过程中,科技辅导员要注意利用活动的开展培养青少年的科学观察能力、实验操作能力、合作和沟通能力、思维能力、语言表达能力和团队精神等。

2. 低碳与环境保护活动的教育定位

就其定位来看,低碳与环境保护活动是低碳教育的组成部分,也可以说是低碳教育和环境教育的共同组成部分,下面予以简单介绍。

(1)低碳教育是实现可持续发展的教育:从某种意义上可以说,低碳教育的本质是实现可持续发展的教育。2009年,在哥本哈根举行的《联合国气候变化框架公约》第15次缔约方会议上,当中国政府向全世界郑重承诺减少二氧化碳排放量的那一刻起,我国就开始了低碳时代的新纪元。不难看出,我国要实现低碳发展的梦想,除了当前国家政策的引导、行业发展的转型之外,归根结底还是要寄托于未来的教育,走低碳教育之路。

通过低碳教育,让青少年一代更完整地了解如何应对气候变化这一全球面临的共同危机,了解作为一个地球公民应如何承担低碳发展的共同责任。

实际上,只有通过切实有效的低碳教育,引导青少年不断提升自己的科学素质,才可能在未来10~20年间,使他们秉承可持续发展理念,走向生态文明,成为实现我国减少碳排放承诺的进取者和主力军。这也正是我们实施低碳教育,开展低碳与环境保护活动的真正意图所在。

(2)低碳教育是对环境教育的传承和发展:环境教育是培养人对环境保护的意识、行为和习惯的教育,而低碳教育是在环境教育的基础上进行的、关注二氧化碳排放量这一具体的社会热点环境现象的可持续发展教育。所以,低碳教育可以看作是对环境教育的传承和发展。

学习与低碳有关的科学知识,必须以环境教育的科学知识为基础。在教育形式上,环境教育注重到自然资源丰富处去进行;低碳教育所面对的议题是应对气候变化与提升能源利用效率,它们都是无所不在的。低碳教育的进行,相当于将环境教育从户外搬至室内,扩充了环境教育的范畴。在教育内容上,低碳教育相对于环境保护意识的培养则更加实际、更有成效。因此,低碳教育并不是环境教育的简单重复,而是与时俱进的、更有行动价值和效果的、体现时代特色主题的教育。

还有一种说法认为,低碳教育就是环境教育的组成部分,这种说法也有一定道理。

3. 低碳与环境保护活动的类型与方法

(1)低碳与环境保护活动的类型:开展低碳与环境保护活动,可以协调不同学科的内容,从现行学科中整合一系列跨学科的主题,以便全面综合地学习有关低碳与环境保护的主题。这种主题活动主题鲜明、目的明确,既可以在学校课堂上实施,也可以在课外校园内或校园外单独进行,形式灵活;既与科学知识联系紧密,又与实践相结合;所需时间可长可短,有利于活动安排,活动效果良好,是学校使用较广的活动类型和方法。主题活动可细分为多个方面的内容,例如,"认识低碳"侧重于了解低碳的相关知识以及与低碳有关的各要素的相互关系;"碳足迹行动"侧重于在具体的情景中分析和解决问题;"今天你低碳了吗?"侧重于情感的教育活动,促进对低碳观点、观念的形成与理解等。

按上述主题分类,低碳与环境保护活动可分为节约能源、节约水资源、节约粮食、节约纸张、低碳生活等不同研究对象的科普活动;按活动的形式,低碳与环境保护活动可分为社会调查、实验体验、媒体创作和宣传、生活创意等不同形式。多种主题和形式组合成的不同类型的低碳与环境保护科普活动,可以激发广大青少年参与的兴趣,引导他们积极地投身其中。

(2)低碳与环境保护活动的方法

1)角色模拟法:环境教育比较重视将学习知识与参与实践活动相结合,强调"在环境中学习"的方法,低碳教育是环境教育的相关发展阶段或部分,因此上述方法也同样适用于低碳教育。

角色模拟法,即针对社会中某一与低碳行动有关的问题或现象,由青少年经过一定准备,分别扮演特定情景中具体角色的方法。在这一活动中,科技辅导员可以提出具体的情景,提示各角色间的观点,也可以由青少年在查阅有关资料和社会调查的基础上,自行设计有关低碳行动问题的情景与模拟诸角色间的相互作用。要充分发挥青少年的能动性,引导他们通过信息收集、分析思考,明确自己所扮演的角色所处的地位、对待低碳行动问题所持的态度。在模拟角色情景的活动过程中,可以促使青少年体验在实施低碳行动中环境诸因素问题的复杂性,学习从多视角、多方位思考问题,以便帮助他们更深入地理解实施低碳行动与社会经济发展的问题,通过学习与锻炼作出更合理的决策,为青少年步入社会后就人生发展所处角色的价值观思考打下基础。

2)游戏法:游戏法,即为了达到一定的教育目的而进行的带有竞赛和娱乐性质的活动方法。应用游戏法的低碳教育活动不同于一般的竞赛活动,它根据活动的教育目标而设计,通常以一个具体的、与低碳有关的问题为主题,同时注重伙伴合作。游戏法的实施离不开科技辅导员预先的活动设计和组织工作,不然就容易流于简单玩耍、娱乐的形式,导致活动偏离教育目标。开始游戏之前,科技辅导员必须事先预测游戏中所包含的有关低碳的知识和所处的与低碳有关的问题,在活动中始终将活动引向预定的目标。游戏法要求青少年积极参与,这样才能对游戏所蕴涵的低碳教育内容留有较深刻的印象。游戏也可促进青少年对低碳环境道德准则的理解,影响他们的态度,这主要缘于游戏对参与者造成较大情绪反应所致。游戏法是一种寓教于乐的方法,因而比较适合小学阶段的青少年。

3）调查（考察）法：调查（考察）法，即组织青少年到具体环境中进行观察、考查、调查，研究低碳行为对环境的影响，包括对学校、家庭、社区环境是否体现"低碳"的摸底，如家庭、学校的用电和用水状况。对调查中发现的不合理之处提出改进措施，稍后可再次调查改进后的成效。

调查（考察）法，是"在环境中学习"的具体体现，它使青少年直接接触环境，获得正确、鲜明、真实的印象，理解低碳行为对人类生产和生活的重要性；感受由于个体行为使碳排放增加及造成气候变暖对生产发展和人体健康的不良影响；了解个体的各种低碳行为措施可以产生的社会效益和经济效益。这种通过调查（考察）获取的第一手信息，在青少年的学习环境中具有不可替代的重要作用。

4）问题探究法：问题探究法就是运用"基于问题的学习（problem-based learning，PBL）"的教学方法。它是将学习活动置于复杂的、真实的问题情景中，通过让青少年合作解决真实的问题，来学习隐含于问题背后的科学知识，形成解决问题的技能，并发展自主学习能力的教学模式。它能激发并增强青少年的学习动机，培养他们的学习兴趣，帮助其把学习内容与实际生活联系起来，提高青少年的综合思维能力，学会自我指导、自主学习。

低碳为当前社会环境热点和生活环境热点的问题，通过探索，引导青少年关注与生活密切相关的社会环境问题，在真实的情景中，开展实践探究活动，他们会很自然地把学校里的学习内容与实际生活中的问题联系起来，在活动中构建综合认知框架以及综合运用的能力。同时，青少年在活动中体验发现问题—分析问题—解决问题的科学探究过程，从而有利于培养他们科学观、价值观和创新能力。

5）辩论法：辩论法，通常是针对实施低碳与发展社会经济的两难环境问题进行的，正方与反方互相挑战对方所提供的事实、推理和结论，以促进对低碳环境问题实质的理解。这种方法可以锻炼青少年的辩证思维能力，以及提高他们参与决策的积极性和能力水平。

实施辩论活动时，选定的有关低碳辩题的主题应有明确的焦点，双方都能展示比较充分的论点与论据，并通过针锋相对的争辩，达到一定程度的共识。参与辩论的双方事先都应有充分准备，辩论要说服力强，既要相互挑战，也要相互接纳。辩论结束时，如还未达成一致共识，应允许双方保留意见和继续研究探讨。

4. 与低碳有关的基本知识介绍

（1）温室效应：通常又称花房效应，是大气保温效应的俗称。在生活中，我们常见到的育花房与蔬菜大棚使用玻璃或塑料薄膜作为外罩，因为玻璃和塑料薄膜能够让阳光照射到室内，同时可以阻止室内热空气的散失，从而保持室内温度高于室外。同样，温室气体具有吸热和隔热的功能，它在大气中增多，形成一种无形的"玻璃罩"，致使热空气难以外散，引起全球变暖。

（2）温室气体：在温室效应中发挥关键作用的温室气体是指大气中能够产生辐射且能够吸收地面反射的太阳辐射的气体，主要有二氧化碳、甲烷、氧化氮、卤烃等。其实这些气体很大一部分都是人类社会的产物。特别是自工业革命以来，由于人类生产和生活产生的二氧化碳、甲烷、氧化氮、卤烃等气体在全球大气中的比例急剧上升。据联合国政府间气候变化专门委员会（IPCC）2007 年的综合报告，2004 年人为排放的二氧化碳达 490亿吨。

(3)碳排放：温室气体排放亦称为碳排放。因为二氧化碳在温室气体排放中占了绝对份额，同时为了便于人们理解，其他温室气体也换算成二氧化碳当量，简言之，即用碳作为温室气体的代表。因此，我们在说降低温室气体排放时，往往会用低碳来描述。

(4)低碳：英文为 Low carbon，意指较低（更低）的温室气体（以二氧化碳为主）的排放。低碳生活作为一种生活方式，首先从国外兴起，可以理解为降低二氧化碳的排放，也就是低能量、低消耗、低开支的生活方式。如今，这股风潮逐渐在我国兴起，潜移默化地改变着人们的生活方式。低碳生活代表着更健康、更自然、更安全的生活。

(5)碳中和：一方面，要鼓励采取低碳的生活方式，减少碳排放；另一方面，要通过一定碳抵消措施，来达到平衡。种树就是碳中和的一种方式，需种植的树木数（棵）等于二氧化碳排放量（千克）除以18.3。其他方式包括诸如将生活中的废弃物再利用即变废为宝等。

(6)碳排放的计算：在日常生活中，每个人也能以自身的行为方式，为节能减排出一份力。例如，可以在"中国 21 世纪议程管理中心"、"中国环境在线"、"山水自然保护中心"、"零碳生活"、"BP 石油"等网站上，选用方便实用的碳排放计算器，帮助自己详细了解在各项活动中产生的碳排放，从而针对问题采取减排行动。

以下是碳足迹的基本计算方法：用电的碳排放量：度数×0.785（千克），用水的碳排放量：吨数×0.91（千克），用天然气的碳排放量：立方米数×0.19（千克），消耗汽油的碳排放量：升数×2.7（千克），垃圾的碳排放量：千克数×2.06（千克）。

(7)《联合国气候变化框架公约》：1992 年 6 月 4 日，全球首脑会议在巴西里约热内卢召开，会议通过了联合国政府间气候变化专门委员会就气候变化问题达成的《联合国气候变化框架公约》（UNFCCC）。该公约已拥有 192 个缔约国。

(8)《京都议定书》：1997 年 12 月 11 日，《联合国气候变化框架公约》第 3 次缔约方会议在日本京都举行。此次会议通过了《京都议定书》。2005 年 2 月 16 日，该《议定书》正式生效，这是人类历史上首次以法规的形式限制温室气体排放。而二氧化碳排放量占全球排放量 25% 以上的美国却拒绝签署《京都议定书》。

(9)《哥本哈根协议》：2009 年 12 月 7 ~ 18 日，《联合国气候变化框架公约》第 15 次缔约方会议在丹麦首都哥本哈根召开，超过 85 个国家的首脑或政府首脑、192 个国家的环境部长出席会议，商讨《京都议定书》一期承诺到期后的后续方案。但遗憾的是，此次会议未能达成任何有法律约束力的协议。

(10)中国的行动：作为一个负责任的发展中国家，中国对气候变化问题给予高度重视。作为履行《联合国气候变化框架公约》的一项重要义务，2007 年 5 月 30 日，中国政府颁布了《中国应对气候变化国家方案》，明确了到 2010 年中国应对气候变化的具体目标、基本原则、重点领域及措施。2009 年年底，中国政府又郑重承诺：到 2020 年，中国单位国内生产总值（GDP）二氧化碳排放将比 2005 年下降 40% ~ 45%。

（四）天文、气象及航天活动培训单元

天文和气象体验活动，是国内外广泛开展并有着悠久历史的青少年科学体验活动之一。而自从人类遨游太空后，航天体验活动也和天文、气象体验活动一样，成为国内外青

少年参与的主要科学活动之一。在广大青少年中开展天文、气象及航天活动,旨在为青少年搭建一个仰望星空、放飞梦想的平台,以此了解人类所居住的地球在宇宙中的位置以及宇宙的过去、现在和未来。通过这个平台,科技辅导员可以引领青少年关注地球的生存空间,探索宇宙星空,培养他们运用科学在未知领域的一种追求、一种境界、一种胸怀和一种精神;通过这个平台,科技辅导员可以指导青少年探究千姿百态的气象变化规律,培养他们对气候变化与中华民族秉承的"天人合一"的人与自然和谐理念一脉相承的生态文明之追求;通过这个平台,科技辅导员可以组织青少年参与设计航天模型,掌握一种方法,沉淀一份体验,凝聚一分收获,放飞一种梦想。

1. 天文、气象及航天活动概述

(1)什么是天文、气象及航天活动:天文、气象及航天体验活动,是指青少年参与的,以天文、气象、航天等科学领域为基础,通过学习、观察、制作和研究来初步了解天文、气象、航天相关知识、技能和方法的科学教育、传播与普及活动,是一种应用理论来指导青少年动手的实践活动。

(2)开展天文、气象及航天活动的目的:天文、气象及航天体验活动,其目的是向青少年普及天文、气象、航天领域的科学知识,使其掌握天文、气象观测或航天试验的基本技能和基本方法,激发他们对天文、气象及航天探索的兴趣,并在上述实践活动中促进青少年理解自然规律,崇尚科学精神,抵制封建迷信,升华自身的情感态度和价值观。

(3)科技辅导员在天文、气象及航天活动中的作用:天文、气象及航天体验活动的专业性强,这就要求科技辅导员具备丰富的学科知识,了解和掌握基本的观测方法和观测手段,这样才能较好地发挥科技辅导员在活动中的知识传播、方法传授和操作指导的作用。同时,科技辅导员也要具有较好的沟通能力和组织能力,积极与天文、气象和航天等领域的科技园(馆)加强联系,充分利用社会科普资源来开展天文、气象及航天体验活动。

2. 天文、气象及航天活动的教育定位

天文、气象及航天体验活动的教育定位,可分别以天文、气象及航天体验活动三个方面的内容为导向,引导青少年探索宇宙星空,关注地球生存空间,探究气象的变化规律。同时,从天文、气象及航天体验活动整体来看,要以青少年在"体验、探究、创新"中掌握科学知识和技能,理解科学研究的方法和过程,形成与科学相关的情感态度价值观等,作为其教育目标。当然天文、气象及航天活动还有自己独特的教育定位,下面分别予以简述。

(1)天文教育引导青少年形成科学宇宙观:天文学是观察和研究宇宙天体的学科。通过这一门科学,青少年可以了解人类在宇宙中的位置以及宇宙的过去与未来。科技辅导员组织和指导青少年观察天体和天文现象,可以培养他们探究宇宙之谜的浓厚兴趣以及体验科学研究的方法和过程,引导他们逐步形成科学宇宙观。

(2)气象教育培养青少年形成环保和防灾避险意识:气象学的主要研究对象,是地球大气圈的各种现象和变化规律。气候变化是当今世界面临的全球性重大挑战,关系到人类的生存和各国的发展,威胁到社会经济的发展和人民群众的身体健康。近年来,由于地球气候变暖,全世界极端天气现象增多,气象灾害频发,包括洪涝、干旱、台风、龙卷风、沙尘暴、雷击、冰雹、高温、严寒、雪灾以及由它们引发的各种次生灾害。科技辅导员向青少年普及气象科学知识,能让他们认识和熟悉自然环境,初步了解各种主要天气现象的形成原因和发生过程以及气象预报是怎样制作的。同时,青少年在学习气象知识的同时,也要学习大气环境监测,增强环保意识,并且学习抵御灾难性天气的本领,从小培养防灾避险意识。

(3)航天教育有助于增强青少年的爱国主义信念:航天是当代科学技术的尖端领域,它的发展水平标志着一个国家的综合实力。进入21世纪,我国载人航天工程取得了举世瞩目的辉煌成就。神舟五号载人航天飞行,实现了中华民族的千年飞天梦想;神舟六号、神舟七号载人航天飞行,分别实现了多人多天飞行和航天员出舱活动;天宫一号目标飞行器与神舟飞船的交会对接,已使我国载人航天技术实现新的跨越。载人航天工程的成功实施,为增强我国的经济实力、科技实力、综合国力作出了重要贡献,对提高我国的国际威望、推动科技进步、增强民族凝聚力和自豪感都产生了深远的影响。科技辅导员在青少年中开展航天科普活动,是弘扬科学精神、拓展视野、接触前沿科技的重要途径,同时也是青少年喜闻乐见的爱国主义教育和国防教育的理想活动之一。

3. 天文、气象及航天活动的类型与方法

(1)天文、气象及航天活动的类型:天文、气象及航天体验活动可以分为天文体验活动、气象体验活动及航天体验活动。上述每一类体验活动,都可以根据活动的内容和形式进行细分。

天文体验活动的主要形式是天文观测,就是青少年利用天文望远镜等天文观测工具对天体或重要的天象进行观察,如观测月球、土星环、流星雨、日食、月食。除此之外,其他活动形式还有天文摄影,即青少年把观测到的天文现象用照相机拍摄下来以及天文知识竞赛、天文知识讲座、天象图绘制和天文观测工具制作等。

气象体验活动的主要形式是气象观测,这一活动形式包括利用气象观测工具进行气象观测和物候观测,对观测数据进行整理、加工、分析以及进行天气预报等三个方面的内容。除此之外,气象体验活动还包括气象知识讲座、气象模拟实验、气象夏令营、知识竞赛、参观气象台(站)等多种活动形式。

航天体验活动可以分为两个层次:第一个层次是航天科学知识的普及和推广,如航天科学知识竞赛、航天知识征文活动,组织青少年参观航天飞行控制中心、航天器发射场、航天员科研训练中心以及与航天专家交流等。第二个层次是航天科学知识的运用,如航天模型制作和发射活动;航天科学实验搭载方案设计活动:包括将青少年设计的实验装置由航天器搭载并带入太空进行科学实验;陆地业余电台与卫星的无线电通信活动;航天器所携带的种子的对比种植实验活动等。

(2)天文、气象及航天活动的方法

1)讲授法与索引法相结合:讲授法,是指科技辅导员利用语言并辅以多媒体等手段,系统地向青少年传授天文、气象及航天活动的基础理论知识的方法。常用讲授法传播的内容包括:天文、气象尤其是航天的发展史,地球、太阳和月球相互运动的基本规律,太阳系、银河系的基本情况,观测星空的工具的发展史,我国航天史及重大突破等。讲授法与索引法相结合,是指科技辅导员在应用讲授法传播知识的过程中,引导青少年学会通过信息网络、书籍刊物等方式,获取天文、气象及航天知识的方法。这样,可以培养青少年自主获取信息、自主解决问题的能力。

在应用索引法时,青少年通常获取的信息包括以下内容:太阳对人类生活的影响;认识若干星体,每个星体的名字及背后的故事;星座是否会影响一个人的命运;风霜雨云雪闪雷等气象是如何形成的;有哪些航天模式? 有哪些航天活动系列的竞赛;气象类观测活动;神舟五号、神舟六号、神舟七号、神舟八号、天宫一号的基本情况等。

科技辅导员在活动中将讲授法与索引法相结合,不仅可以使广大青少年了解系统的天文、气象及航天活动的基础知识,还可以帮助他们掌握获取信息的网络、书刊等多种传媒途径,使他们增加自身的信息储备,并完善其探究行为,加深对天文、气象及航天体验活动的理解。

2)发现法与讨论法相结合:科技辅导员如果能在上述活动中抓住机遇,搭设平台,设计丰富多彩的主题活动,引领青少年尝试像科学家发现自然界的变化规律那样,通过自己的学习和探索,发现事物的因果关系及其内在联系,从而掌握与天文、气象及航天体验活动相关的科学方法,并经历困难的考验以及寻找失败的根源,最终体验到科学结论的形成,这即是对发现法的应用。

如果科技辅导员在此基础上,还能够创设问题情境,就天文、气象及航天体验活动中的科学现象或某个问题,引导青少年应用讨论法各抒己见、相互启发、充分辩论,就可以达到集思广益、相互启迪的目的。

3)参观法与探究法相结合:众所周知,全国范围内与天文、气象及航天相关的科普教育基地为数不少,如航天飞行控制中心,航天器发射场,航天员科研训练中心,市、区气象站,天文台等,它们大都具备一定的先进设备和一流的专家资源,为开展青少年科学探究活动创造了条件。在科技辅导员的组织下,有目的、有计划地带领青少年参与上述领域科学相关的活动、展览、设施,可以使他们了解科学知识,提升科学兴趣。这些参观活动除了使青少年获得科学思想的洗礼之外,还为他们参与科学探究提供了资源。科技辅导员还可以据此建立航天科普资料信息库,广泛搜集航天书刊、图片、邮票和趣味故事等资料,为后续组织活动以及为青少年答疑解惑提供丰富的背景材料。

在参观的基础上,科技辅导员可以引导青少年开展与天文、气象及航天相关的科学探究活动设计。进行活动设计时,首先可依托一些基础较好且具有初步创新思维的青少年先行,以达到选拔和发现科技创新后备人才的目的。以后则可推广至更多的青少年参与设计。

科技辅导员指导青少年开展科学探究活动设计时,可以结合以下选题内容进行,如:月球的盈亏变化及其出没规律,太阳黑子,金星、木星、火星等大行星和明亮恒星的观测;各种特殊天象(日食、月食、流星雨等)的发生及观察;通过业余无线电通信与中外航天飞行器(国际空间站、业余无线电通信卫星、神舟飞船等)进行"天地对话"等。

在科学探究实施阶段,科技辅导员事先要做好宣传动员工作,包括举办相关的科普讲座、知识竞赛、科普资料和观察器材配送等;事后积极组织青少年做好交流总结,如征集观察报告,研究论文、照片和影视作品的展示等。通过科普基地的专家咨询或科研人员的指导,为青少年提供专业指导,引领点拨;从待探究解决的问题出发,指导青少年自己去探究科学规律,自己去经历和探索;最终鼓励青少年动手制作,得出自己的科学成果,实现对科学探究的全程体验。

4）宣传法与制作法相结合：所谓宣传法与制作法相结合，就是在科技辅导员的指导下，按照一定的科学构思与设想，利用工具将相关材料做成各种不同作品，通过大型科普活动、科普画廊等多种方式展示呈现，让青少年感悟科学精神，从宣传中得到启迪，从而提升其科学素养。

譬如，南北星斗仪（纸模）制作，风速仪、气压计等气象类相关模型，希望一号等卫星模型，太阳系知识，星座知识，太阳系各大行星知识，日食、月食等绘画设计，天文望远镜的创意组装，"探月轨道"设计等作品，都可结合天文学的重大发现、重要纪念日等，利用媒体报道形成的宣传效果。此外，科技辅导员还可组织青少年利用上述各类作品，举办科普讲座、图片展、视频展、作品模型等专题普及活动，使广大青少年从中接受相关科普宣传。

4. 与天文、气象及航天活动有关的知识介绍

（1）卫星通信（以希望一号为例）：作为我国第一颗科普公益卫星，希望一号由中国科协和中国航天科技集团公司发起，从设计到研制成功历时 9 个月，共投资 3000 万元，专为青少年量身设计。小卫星的名字原本叫希望号奥运星，但由于发射时间从原定的奥运会之前推迟到了奥运会以后，所以才更名为现在的希望一号。据卫星总设计师张晓敏介绍，希望一号只有 60 千克重，采用八边形立柱框架结构。中国宇航学会副理事长兼秘书长杨俊华在接受记者采访时表示，"我们希望借小卫星，在太空上给孩子们搭建一个科技实验的'操作台'，激发他们对航天科技的兴趣及创造力。"小卫星搭载实验装置"天圆地方"的设计者刘重华就是北京一名小学生，她的实验方案简单易行，很容易观察到明显的效果。

（2）日食与月食：日食，又名日蚀，是自然界的一种现象。当月球运行到太阳和地球中间，如果三者正好处在一条直线上时，月球就会挡住太阳射向地球的光，月球身后的黑影正好落到地球上，这时就发生日食现象。由于月球比地球小，因此，只有在月影（即月亮投射到地球上产生的影子）中的人们才能看到日食。月球把太阳全部挡住时发生日全食，遮住一部分时发生日偏食，遮住太阳中央部分时发生日环食。

月食，又名月蚀，亦是一种特殊的天文现象。当月球运行至地球的阴影部分时，在月球和地球之间的地区会因为太阳光被地球所遮蔽，看起来就好像是月球缺了一块。也就是说，此时的太阳、地球、月球恰好（或几乎）在同一条直线上，因此，从太阳照射到月球的光线，会被地球所掩盖。月食亦可以分为月偏食、月全食和半影月食三种。

（3）天宫一号：近年来，我国坚持科技创新，在航天领域不断突破，这些举世瞩目的进展对渴望探究宇宙奥秘的青少年具有强烈的吸引力。2011 年 9 月 28 日，中国载人航天工程新闻发言人宣布，天宫一号瞄准 29 日 21 时 16 分至 21 时 31 分窗口前沿发射。全球瞩目的天宫一号即将奔向太空，正如一些外国媒体所评价的那样：中国人朝实现全面载人航天飞行能力迈出意义非凡的一步。与美国和俄罗斯曾经发射的空间站相比，将作为小型空间实验室的中国天宫一号目标飞行器是个"小个子"。天宫一号重为 8.5 吨，而美国 1973 年发射的天空实验室重达 80 吨，苏联 1986 年发射的和平号空间站核心舱也有 20 吨重，更不用说眼下 450 多吨重的国际空间站了。然而，这个"小个子"含义丰富，意义深远，难怪引起全球的关注和热议。

二、技术和工程类板块

(一)技术设计活动培训单元

1. 技术设计活动概述

（1）什么是技术设计活动：技术设计是产品设计工作中的一个重要阶段。在该阶段，设计者将对产品结构进行全面的技术规划，以使产品实现合理性、工艺性、经济性、可靠性和创新性等相关技术指标。我们这里所说的技术设计活动，是指在科技辅导员或科学教师指导下开展的与技术相关的青少年设计与制作实践活动。

（2）技术设计活动的目标：技术设计活动的目标，主要是使青少年了解技术系统与产品设计过程的相关知识和方法，提高他们的科学想象力和运用直觉选择最佳方案的创新能力；培养他们运用木材、金属、塑料、食物、纺织品、纸张等材料操作并形成三维作品的技能，反思和评价自己决策结果的能力；引导他们形成在工业产品设计过程中关注文化、社会和环境热点问题的多元视角。

（3）技术设计活动的内容：技术设计活动的内容包括技术与设计概念（诸如资源、能源、技术系统、控制技术、创新思维、设计技巧、审美、制作技术和交流技术等）认知，改进身边用具（诸如学习用具、生活用具和玩具等）的创意训练，工业产品（诸如结构、功能和外观）技术设计的模型搭建以及发明（诸如土木、机械、航空、化学、交通运输、环境、电子、电气、人工智能和计算机等领域的创新设计）竞赛等。

（4）技术设计活动的设施：技术设计活动的常用工具与设备包括螺丝刀、尖嘴钳、钢丝钳、电烙铁、万用电表、小型迷你机床、充电式手枪钻、桌虎钳、台虎钳、金属立式钻铣床、金属台式车床、台式计算机、投影仪、投影屏幕及中学劳动技术实验室配置的通用设备等。

2. 技术设计活动的教育功能

（1）激发青少年对工程技术的兴趣

认识兴趣又称求知欲，它是人们力求认识世界，渴望获得文化科学知识和不断探求真理而带有情绪色彩的意向活动。在青少年的学习动机中，最现实、最活跃的成分之一就是求知欲。要学好知识，必须勤于思考，勇于思考，故孔子说："学而不思则罔。"但要勤于思考，首先要有求知欲，要有读书的乐趣，故孔子又说："知之者不如好之者，好之者不如乐之者。"这句话不仅对已掌握知识的成年人是正确的，对于求学阶段的青少年来说也是有价值的。显而易见，如果青少年把学习作为一种乐趣，自然就会积极地去进取，主动地去学习，这符合辩证唯物主义认识论关于发挥人的主观能动作用这一原理。

技术设计活动可以激发青少年的学习兴趣，促进他们参与主动学习的积极性。在技术设计的过程中，科技辅导员通常很少讲授，大多是在活动的各个阶段，让青少年在任务驱动下根据需求自主地思考、探索和学习。这种主动学习不单是在课堂上，还延续到课堂之外，如课后的讨论、科技小组的交流、上网查资料、收集与整理信息、寻找制作材料等。具体而言，无论是设计演示太阳、月亮和地球运行规律的学具，还是指导青少年像技师那样按图自制电子门铃;无论是折出栩栩如生的手工纸鹤,还是拼装造型和功能各异的电动车模、舰模和空模;无论是搭建并调控能够行走的机器人,还是设计制作结构独特的古代或现代桥梁模型……它们除了使青少年熟悉科学知识外,更会唤起他们对工程技术的认识兴趣。

(2)提升青少年的技术实践能力:一般来说,技术设计活动需要按照一定的规程来操作。青少年不仅要学会操作,更可贵的是要熟练操作,因为这对于他们手和脑的协调,对于其技能的训练有着重要意义。历史告诉我们,技术的最原始概念是熟练——熟能生巧,而巧就是技术。所以,技术设计可以视为是青少年技术教育的启蒙。

技术设计活动的各个阶段都围绕着完成设计作品这一目的来展开。青少年通过学习、实践和探索,在一定的程度上实现其最初的设计意图。在这个过程中,青少年根据自身的需求主动地、有针对性地进行学习,因而获得的知识、经验、技能等更为实用,也更好地提高了自身的实践能力。

(3)培养青少年的创新精神和创造能力:在技术设计活动中,创造的重要性是不言而喻的,因为设计就意味着创造。如果说科学课是培养青少年逐步形成纵向的、有序的思维,即强调因果关系的逻辑思维,那么,技术设计活动则是使青少年在纵向的、有序的思维基础上进行横向的无序思维,“这个不行,换那个试试”,这种“火花”的闪现就是创造性思维。

同时,由于上述活动的主体是青少年,他们无疑将获得更充裕的时间和更多自主学习的机会。因此,只要科技辅导员发挥好引导作用,以任务为驱动,让青少年从“要我学”转变为“我要学”,就能更好地发挥其主观能动性。实践表明,在技术设计的选题、方案制定、模型制作等环节,青少年都享有极大的自主设计空间,这对于发挥他们的想象力,激发他们的创新精神以及培养其创造能力,都是非常有益的。

(4)增进青少年的团队意识和合作能力:就青少年而言,作为一名现代社会的未来从业者,无论今后从事的是科学技术研究工作,还是管理工作、技能型工作、服务性工作,都要注意增强自身的交流与合作意识,即学会用语言或非语言的方式,促进自己与他人思维的互动、想象的驰骋和灵感的萌生;在相互尊重的基础上各尽所长,共同探索、提高和发展。当自身的沟通技能运用自如时,就会尝到合作学习、合作管理、合作服务、合作研究带来的乐趣和效益,也就自然而然地能够理解为什么人是不能脱离社会而存在的。

技术设计活动的开展,非常有利于促进青少年的小组协作,有利于其合作能力的培养和团队意识的形成。技术设计活动以活动为主线,从选题、形成方案、制作模型到作品展示,整个过程几乎都是以小组的形式进行的,这有益于青少年之间的相互学习、交流与协作,更可以提升他们在团队中的主动精神、合作能力和宽容态度。

3. 对技术设计活动过程的引导与指导

(1)通过创设情景引导青少年提出问题:《孙子兵法》所说的“智以择向”,在技术设计活动中就意味着选择正确的研究方向,善于发现和提出具有探索意义的技术问题。著名科学家爱因斯坦曾明确指出:“提出一个问题往往比解决问题更重要。因为解决问题也许仅仅是一个数学上或实验上的技能而已,而提出新的问题,新的可能性,从新的角度去看待旧的问题,却需要有创造性的想象力,而且标志着科学的真正进步。”从某种意义上可以说,技术设计始于问题,设计的本质就是一种解题活动。因此,在这一环节科技辅导员的主要任务,就是围绕技术设计,创设问题情景,组成研究小组,引发青少年提出问题。

就具体实施策略而言,科技辅导员可充分利用多媒体手段,从衣、食、住、行等各个方面,选取贴近生活又具有时代气息的事例,以图文并茂的形式向青少年展示生活中各式各样的设计和发明,引出"设计问题来源于人们生活中的需求或愿望"的观点。在青少年对上述传播产生强烈兴趣后,再引导他们进入问题情景:我们的日常生活或学习中有哪些地方存在不足? 借此将其兴趣和求知欲转化为发现和选择问题的动力。在稍后青少年的讨论过程中,科技辅导员要对不同的青少年给予不同的引导,尽量满足每个青少年的需求,培养他们观察、分析和发现问题的能力。

衡量这一环节是否达标,主要看科技辅导员所创设的问题情景是否符合青少年的认知水平,能否激发他们的学习兴趣,能否使其产生强烈的求知欲。当然,最终应使不同的青少年都能积极思考,并通过观察、分析和判断等步骤,归纳出具有初步可行性的技术设计问题。

(2)指导青少年学会收集与处理信息:应该指出的是,当某位科学家或技术专家决定要研究某个问题的时候,他们通常需要先把别人有关这个项目研究的学习心得和写作的文章都找到,进行仔细的审视。特别是在当今世界,能否迅速地获取最有用的信息,决定着科学家或技术专家能否选择正确的科研方向,能否找到科学发现或技术发明的突破口。从这个意义上看,青少年信息收集能力的培养是至关重要的。

因此,在科技辅导员这一环节的主要任务如下:第一,引导青少年围绕小组初定的研究问题展开讨论,明确界定问题,分析与问题相关的技术设计能力、条件及要求,初步整理出解决问题的思路;第二,科技辅导员要重点指导青少年尝试利用网络环境,以关键词查询的方式进行信息的收集;第三,对初步获取的网络信息,通过专利检索查新、学术期刊印证和专家咨询核实等方式,筛选出对研究方向具有参考价值的可靠信息;第四,在对信息、研究条件和设施以及自身相关因素分析的基础上,最终归纳整理出可供下一步研究问题借鉴的核心信息。

就具体实施策略而言,科技辅导员要为青少年创造一种宽泛的学习环境,让他们在自主和合作的环境中锻炼自己的信息收集、信息鉴别、信息处理和信息应用能力。同时,科技辅导员还可结合网络环境,利用案例传授,使青少年了解在信息收集中运用科学思维的必要性和重要性。衡量这一环节是否达标,主要是看在科技辅导员创设的条件下,小组的所有成员是否都参与了讨论并达成共识(个别分歧要在进一步的学习过程中解决);青少年是否掌握了足够多的信息,并进行了很好的借鉴和应用。当然,与此同时,还要看青少年的信息素质是否得到提升,科学思维是否得到锻炼。

(3)鼓励青少年自主形成技术设计方案:在形成技术设计方案的阶段,科技辅导员要注重青少年的自主性,特别是自主选择能力的培养。因为这是发展青少年个性,培养他们的多元智力,最终使其形成"智以择向"能力的有益途径。人类的创造和发展,都是建立在选择正确方向的基础上。一位科学家需要从众多科学前沿进展的信息中,努力探索并寻找突破口,才能有所发现;一位技术专家需要对不同的设计方案进行筛选,才能获得发明的成功;一位文学家则需要从芸芸众生中选择出典型人物,才能反映出时代精神。实际上,自主选择是每个公民发挥自身创造潜能的必要条件,而这种能力需要从青少年期培养,技术设计活动正肩负着这一任务。

另一方面,青少年要想形成具有科学性、创新性和可行性的技术设计方案,对与技术设计相关的概念的理解是非常重要的。因此,科技辅导员要通过传播,使青少年熟悉结构、材料、制作、机件、动力和能源、控制、系统、功能、美感和效率等相关技术概念的内涵,并了解通信、建筑、设计、服务业与旅游业、工业制造、健康护理与个人服务及交通运输等技术领域的知识、技能与经验,这些是他们自主形成技术设计方案的重要基础。

科技辅导员在这一环节的主要任务,首先是引导青少年就研究的问题提出多种解决方案;其次,对方案进行对比、筛选以及最终撰写技术设计方案,包括小组成员及基本信息、设计目的和意义、设计原理、模型(或原型)制作的设计说明及材料、预期效果等。

就具体实施策略而言,科技辅导员可利用案例,对设计方案的科学性、创新性和可行性进行说明,并结合设计方案的模板提出具体要求;引导青少年通过分析、判断、发散和综合等思维过程,提出多种解决问题的方案,并通过方案的对比、筛选,进而制定出最终的设计方案。

(4)指导青少年自己动手制作产品或模型:这一环节的具体实施策略,是科技辅导员通过实际操作示范以及结合多媒体展演,向青少年介绍各种工艺,展示各种常用工具及设备的使用方法,指导他们通过实践掌握使用要领;引导小组成员进行分工合作,利用已有的工具及设备对材料进行加工,对个别无法达到的工艺环节,引导青少年主动思考替代方案,从而完成模型的制作。

衡量这一环节是否达标,主要是看在科技辅导员的指导下,青少年能否掌握各种工具设备的正确使用方法,熟悉材料的属性并能选择合适的加工方法;小组成员是否进行了合理分工,所有成员是否都参与制作;制作完成的模型是否与设计方案描述的一致或相近。

(5)引导青少年对产品或模型进行测试并优化:这一环节的具体实施策略,是科技辅导员利用多媒体手段,向青少年介绍各种常用的测试方法,引导他们选用合适的方法对自己制作的产品或模型进行测试;引导青少年对测试结果进行反思,包括设计原理、使用材料、制作工艺、模型效果等各方面是否存在不足,并针对不足进行优化。

(6)指导青少年学会撰写技术设计报告:这一环节的具体实施策略,是科技辅导员结合案例对设计报告进行说明,包括问题的由来、方案的设计、组成及工作原理、创新性及特点、心得体会等,并提供设计报告的模板;指导青少年根据自己的设计方案,参考模板进行设计报告的撰写。

(7)鼓励青少年对产品或模型进行展示与评价:这一环节的具体实施策略,首先是科技辅导员向青少年提出小组展示的基本要求,包括展示的形式、内容等,让各小组自行完成展示前的准备;其次,在科技辅导员的引导下,各小组进行展示、自评、互评,青少年通过现场交流、思维碰撞和相互学习,促进自身对知识与技能的掌握,过程与方法的理解以及情感态度和价值观的升华。

(二)模型制作活动培训单元

模型制作活动,最早兴起于美国、德国、日本等国家,是青少年科学体验活动的主要组成项目之一。目前,模型制作体验活动已在我国各地广泛开展,成为深受青少年喜爱的科学活动项目。国家体育总局航管中心、教育部和中国科协,每年都要举行全国性的青少年航空、航海和车辆模型竞赛活动。

1. 模型制作活动概述

(1)什么是模型制作活动:模型制作活动是一项以航空、航海、车辆或建筑等为主题,将实物按一定比例仿真缩小制作,或自己设计创作,或利用给定部件组装搭建,最终制作成模型作品的活动。而上述活动制作完成的模型作品通常具有模仿外观或模拟运动状态的特征。

模型制作体验活动具有早期性、实践性、趣味性和系统性的特点。早期性是指模型制作具有多样化和多层次的选择范围,从小学低年级学生乃至学龄前儿童都可参与;实践性是指模型制作活动能够充分培养青少年的动手技能、技术技巧、科学认知和社会活动能力;趣味性指模型活动符合青少年的心理特点,对青少年有很大的吸引力;系统性指任何一种模型的制作过程都包含了从简单到复杂的完备系列。

(2)开展模型制作活动的目的:开展模型制作活动的目的,是使青少年了解与地域、海域和空域相关的车辆、舰船及飞行器的知识体系概况,提高他们对上述科学领域的浓厚兴趣;引导他们熟练掌握识图、工具使用和黏合等相关技能;鼓励他们拓展空间想象力,锻炼手、脑结合制作上述丰富多彩模型的能力;提高他们操纵上述模型越野、航海或飞行的调控能力;培养他们锤炼竞争意识和意志力等心理品质。

(3)模型制作活动的类型:按不同的标准可将模型制作体验活动分为不同的类型。如按模型所属的领域,可以分为航空模型、航海模型、车辆模型、航天模型、建筑模型等。按模型的类型,又可以分为静态模型和动态模型两种。静态模型指制作完成的模型没有动力装置,只能处于静止状态,主要供观赏或情景展示;动态模型则指制作完成的模型具有动力装置,可以模拟实物的运动状态。动态模型也可以再进行细分:按动力模式可以细分为手掷、橡筋动力、电力驱动、油发驱动等;按操纵方式可以细分为遥控类、非遥控类和线操纵类。

一般来说,建筑类模型基本都属于静态模型,而航空、航海、车辆、航天等类模型则包含了静态和动态两种类型。

(4)模型制作活动的特点

①多样性:模型制作活动种类繁多。从构造上看,有纸木结构的简单模型,也有要用几千个零件且制作要求较高的无线电遥控模型;从性能上看,有只能观赏的实体模型,也有能短距离运动数秒钟的模型,还有长距离运动达数十个小时的模型。模型制作活动的多样性,为不同条件的学校和不同年龄的青少年提供了广泛的选择余地。

②趣味性:不同种类的模型,有不同的性能,如制作出来的模型飞机能飞,模型轮船能开,模型汽车能跑,这就使得模型制作活动趣味无穷。通过制作和调整,还可以使模型的性能不断提高,这更对青少年具有强烈的吸引力。

③实践性:模型制作活动最明显的特点就是实践性强。任何一件模型,都要通过青少年的亲自制作和装配以及亲自检查和调试才能完成。做好这些工作,既需要开动脑筋,又要手脚勤快,从而有利于培养青少年的独立工作能力。

④探索性:在制作模型时,重复工作较少,即使重新制作,也要求比上一次制做得更好,这就需要不断改进工艺。制作好的模型,还需要进行不断调试,以达到最佳状态,这也要求仔细分析原因。当青少年自己设计模型时,就需要根据已做过的模型,设计出更有新意的作品来。上述所有这些都需要有探索精神。因此,这项活动具有很强的创新特点,有利于培养勇于探索的创造型人才。

⑤竞争性:模型比赛是模型制作活动的一个重要组成部分。每个人都想使自己制作的模型飞得高、开得远,创造好成绩,这就使模型活动具有竞争性。它可以大大增加模型活动对青少年的吸引力,从而促使他们去改进模型,提高性能。

(5)开展模型制作活动的意义

①有利于激发青少年形成远大的志向:虽然我国在航空、航海、车辆等领域的研发方面都取得了很大进步,但是同工业发达国家相比,还有不少差距。开展航空、航海和车辆模型制作活动,可以使青少年了解我国航空、航海、车辆等领域的发展历史和现状,激发他们从小立志献身于祖国的航空、航海、车辆等领域的研究和发展事业,为我国的科技进步和中华民族的复兴作出自己的贡献。

②有利于青少年开阔视野:在模型制作活动中,青少年需要运用许多科技知识,涉及自然科学、技术和工程学中的许多问题。如要了解飞机的飞行,就要运用空气动力学方面的知识,航海则要运用海洋和流体力学知识,同时还要用到许多其他学科的知识。通过模型制作活动,青少年已经学过的知识会得到加深和理解,而还没有学习到的知识,则会引起他们强烈的求知欲,这种视野的进一步开阔,将会为其今后的学习和发展打下良好的基础。

③有利于帮助青少年发展自身的各种能力:模型制作活动的内容十分丰富,青少年在活动中不但能学到许多知识,而且能锻炼他们各种能力。如通过参观访问,可以引导青少年认真观察、勇于思考、仔细分析,培养观察能力和思维能力。通过设计与制作,可以启发青少年结合所学知识,在实践中发展自己的动手能力和创造能力。通过开展竞赛,可以培养青少年的竞争能力、与人沟通的能力和社会活动能力等。

2. 科技辅导员对模型制作活动的教学

(1)传播与模型制作相关的知识:在模型制作活动中,科技辅导员应通过向青少年传播下述相关知识,为其参与活动奠定初步基础。

①航空模型知识:航空模型是各种航空器模型的总称,包括模型飞机和其他模型飞行器,如热气球、火箭等。最简单的模型飞机由机身、机翼、尾翼(包括水平尾翼和垂直尾翼)三部分组成。较复杂的模型飞机还包括发动机、起落架等。

②航天模型知识:航天模型不是利用空气动力产生的升力去克服重力,而是靠模型火箭发动机的动力推进升空。航天模型由非金属部件构成,它装有能使之安全返回地面以便再次飞行的回收装置。模型火箭的发动机,利用固体推进剂对火箭产生反作用的方式,其中所有可燃烧性质的化学成分均已预先混合好,随时可供使用。

③航海模型知识:航海模型是包括各种船舶以及有关设备的模型。开展航海模型活动,以制作各种舰船模型为主。舰船模型的船体,一般由甲板、侧板、底板、龙骨、旁龙骨、龙筋、肋骨、船首柱、船尾柱等组成。

④车辆模型知识:车辆模型一般由发动机、传动机构、前轮、前桥、后轮、后桥、底盘、车壳等部分组成。

⑤建筑模型知识:建筑模型是使用易于加工的材料、依照建筑设计图样或设计构想、按缩小的比例制成的建筑物样品。根据其选用的材料,可以把它分为黏土模型、油泥模型、石膏模型、木制模型、金属模型、综合模型等。

⑥相关历史知识:中华民族在航空航天、航海、车辆等方面的发明和创造,曾为世界作出了巨大贡献。在航空领域,我们的祖先制作出了种类繁多的风筝、竹蜻蜓、孔明灯和木鸟模型,它们在飞机发明的过程中起了重要的作用。现在,我国的航空航天事业得到了迅猛的发展,不仅能制造各种类型的飞机,还在火箭和卫星发射等方面处于较先进的地位。

在航海领域,我们的祖先曾创造了人类历史上最原始的船——独木舟。伟大的航海家郑和率领庞大船队七下西洋,无论在船只数量和人员数量上,都超过了哥伦布船队和麦哲伦船队,成为世界航海史上的一大创举。我国四大发明之一的指南针应用于航海领域,成为世界航海史上划时代的事件。新中国成立后,我国能自行设计制造远洋轮、科学考察船等各种船只。我国自行设计建造的向阳红十号科学考察船,远渡重洋抵达南极进行科学考察,建立了长城站,为我国远洋航海史又增添了新的一页。

在车辆方面,我国是世界上制造和使用车辆最早的国家,相传在5000年前就开始使用战车。而指南车和记载鼓车以它们复杂的机械结构,占据了车辆发展史上的一个重要地位。新中国成立后,结束了中国不能制造汽车的历史。我国现在已能制造出各种各样的汽车,形成了一定规模的汽车工业体系。

(2)推介与模型制作活动相关的载体:在模型制作活动中,科技辅导员要积极向青少年推介下述相关载体,以吸引绝大多数青少年来参加这项活动。

①兴趣小组:校内外模型兴趣小组或小制作兴趣小组,是开展模型制作活动较为常见的载体之一。兴趣小组可以依托班级组织,也可以依托学校组织。一般来说,兴趣小组由青少年自愿报名参加,人数在20人左右为宜,定期开展活动,并聘请科技辅导员或科学教师作指导。

②综合实践活动课:综合实践活动课在大多数城市中小学中已逐步开设。将模型制作活动列入综合实践活动课中,在时间上可以得到保证,使青少年都能参加这项活动。科技辅导员应推介并引导青少年充分利用综合实践活动课这一载体,了解模型制作的知识,学习模型制作的方法,掌握模型制作的技能。

③竞赛(展览):竞赛(展览)是开展模型制作活动的另一重要载体。如果本地的模型竞赛活动开展得比较正常,那么,可以根据学校开展模型活动的状况,在校内竞赛的基础上,建立航模队、海模队或车模队。这种组织形式主要针对有一定基础的青少年,为他们提供正规的训练条件和环境,并代表学校参加各级模型竞赛(展览)活动。科技辅导员要通过宣传和推介,让更多对模型制作情有独钟的青少年,自觉参与上述竞赛(展览)活动。

(3)选择与模型制作活动相关的内容:在模型制作活动中,科技辅导员要帮助青少年选择与模型制作活动相关的内容。这一选择主要依据青少年的年龄特征和知识水平、制作工艺的难易程度以及结构的复杂程度进行。活动内容可以根据项目系统进行选择,如航空模型、航海模型、车辆模型、建筑模型等;可以根据材料进行选择,如纸质模型、木质模型等;可以根据动力要求进行选择,如橡筋动力模型、电动动力模型等。科技辅导员在内容选择上要把握从易到难,循序渐进,注意每次活动都能比以前有所提高,并且在设计上要注意趣味性,以提高青少年的制作兴趣。同时,内容选择还必须考虑活动经费和器材、设备的要求等。

(4)指导与模型制作活动相关的方法和技能:在模型制作活动中,科技辅导员要善于抓住时机,指导青少年掌握相关的关键方法和技能。如在车模、空模、海模的拼装过程中,大都需要使用胶水作为黏合剂,而胶水的使用,看似简单的涂抹,却是很讲技巧的。科技辅导员要把握这一时机,训练青少年掌握正确的动作技能。同样,借此进行拓展指导,还可以使青少年了解粘接技术的广泛应用、黏接剂的组成和分类方法,了解几种常见胶粘剂的性能和用途,了解粘接的基本工艺过程及其对粘接质量的影响,了解粘接的安全知识等。此外,尝试操作程序的优化,对模型结构与功能关系的了解以及工具的使用,亦可促进青少年对方法的领悟和对技能的掌握。

3. 模型制作活动器材和工具简介

当模型制作活动的形式和内容都确定后,就可以考虑制作活动所需要的器材和工具,为制作活动做前期准备。一般的模型制作活动器材包括设计图纸、材料、黏合剂,工具则包括通用工具和自制工具。下面主要介绍图纸、材料和工具。

(1)图纸:图纸是制作活动必不可少的材料,也是制作作品的依据。通过图纸,可以了解制作模型的种类、名称、外形尺寸和比例、内部结构以及各个部件的制作方法和组装要求等。只有在看懂图纸的前提下,青少年才能实施制作计划,配备材料。科技辅导员对小学中高年级以上的青少年,可以适当讲解一些识图知识,如三视图原理、图纸上的基本线条和符号等。

(2)材料:材料要根据图纸和各个部件的制作要求进行配备。模型制作的材料十分广泛,包括纸、吹塑纸、木材、竹材、有机玻璃、金属材料和其他材料。不同材料的加工方法也不同。

①纸质材料:常见的纸质材料有卡纸、白板纸、铅画纸、蜡光纸等。它们都可用剪子和刀片进行剪刻加工,制作比较方便。吹塑纸也经常用来制作模型,它的加工要用锋利的刀片,粘接时用白胶。

②木质材料:这也是制作模型的主要材料,常用的有松木、桐木、三合板、五合板等。挑选木料时,要注意选择无裂缝、质较软、节疤较少且已经干燥者,取材时还要注意木材的纹路。木料的加工用刀子、弓锯、木砂纸和锉刀等进行。

③金属材料:常用的金属材料有白铁皮、铜片、钢丝、漆包线、大头针等。金属材料可用剪刀、钢锉、手摇钻、焊接等方法进行加工。

④代用品:由于有些制作模型材料比较昂贵或者一时难以买到,这时就要考虑采用代用品,或用废旧物品和边角料进行制作。如船模中的螺旋桨轴可以用自行车辐条代替,轴套可以用废圆珠笔芯代替,舱面建筑上的探照灯可用旧灯珠代替,或用废发光二极管或牙刷柄的一端代替等。

(3)工具:工具的配备要依据制作要求。一般只要配有尺子、刀子、锉刀、锯子、剪刀、钻、榔头就可以了。有些工具可以自己制作,如小榔头用旧水龙头横柄和木棍就可制成;

刻刀用废钢锯条经砂轮磨制即可制成等。科技辅导员也可以发动青少年从家里自带现有的工具,如螺丝刀、钳子等。而其他如木工工具、台钳、电烙铁等,除学校购置一些外,也可以依靠社会力量,如争取附近工矿企业的支援。

(三)电子制作和无线电测向活动培训单元

电子制作和无线电测向体验活动,是在我国广泛开展的青少年科学体验活动的主要形式之一。电子制作活动可以追溯到20世纪50年代的制作电子管收音机活动,而无线电测向活动则于1962年就举办了全国首届锦标赛。

1. 电子制作和无线电测向活动概述

(1)什么是电子制作和无线电测向活动:电子制作活动是指青少年在初步理解电子科学知识的基础上,从识别电子元器件和电路图入手,逐步掌握电子元件性能、焊接操作、仪器测量调试、电子电路设计等相关技术,最终制作完成如收音机、单放机、电子门铃等电子器材的实践活动。

无线电测向活动是指青少年在初步理解无线电学科的基础上,运用测向技术,在野外使用测向机来寻找能自动发射无线电波的小型信号源(发射机),并以找到的发射机数量、所用时间来判定成绩的竞技活动。不言而喻,这是一项现代无线电通信技术与传统捉迷藏游戏相结合的活动。

(2)开展电子制作和无线电测向活动的目的:开展电子制作和无线电测向活动,其目的是使青少年学习与电子和无线电学科等相关的知识,掌握电子制作、电路设计、无线电测向等方面的技术技能,训练和强化他们的观察能力、动手能力和科学思维能力。在上述活动特别是无线电测向活动中,还充分体现了理论与实践、动手与动脑、室内与户外、智能与体能的结合。

(3)电子制作和无线电测向活动的类型:按其活动内容不同,电子制作和无线电测向体验活动可分为电子制作与无线电测向两大类。每一大类又可以根据不同的项目进行细分。如电子制作活动可以细分为电子基础理论知识竞赛、电子元器件识别及测量、电路图识别、电子器材制作及电路设计等,无线电测向活动可分为测向机制作、短距离测向等。

(4)科技辅导员在电子制作和无线电测向活动中的作用:在电子制作和无线电测向活动中,科技辅导员既要向青少年传授电子知识,又要辅导其操作方法。具体来说,科技辅导员就是要成为青少年从理论知识跨越至实际操作间的桥梁:通过示范和指导,帮助青少年逐步掌握电子元器件性能、电路识图、焊接操作、仪器测量调试、电子电路设计等各种运用电子技术的方法和技能,培养他们理论联系实践和手脑协调的能力,使其逐步养成独立思考和自主探究的科学习惯,不断提升自身的科学素质。

2. 科技辅导员对电子制作和无线电测向活动的指导

(1)对电子制作活动的指导

①使青少年了解电子制作活动的评价标准:为贯彻党中央和国务院提出的科教兴国和可持续发展战略,激发广大青少年对电子技术的学习和探索兴趣,培养其设计、绘图、制作等各项运用电子技术的技能和创造能力,促使更多的青少年在科技实践中逐步锻炼成

长为跨世纪的合格人才,从 1998 年开始,中国科协青少年工作部与中国电子学会《无线电》杂志编辑部联合举办了全国少年电子技师等级证书认定活动,并制定了少年电子技师三级、二级和一级认定标准。许多省(自治区、直辖市)依据上述评价标准,以中小学青少年为对象,在课外校外开设了电子制作课程或组织了相应活动。一些小学中、高年级的青少年,经过约 60 课时的学习或活动,就基本能达到少年电子技师三级水平。

在开设上述课程或组织相应活动的过程中,科技辅导员应首先使青少年了解电子制作活动的评价标准。例如,三级少年电子技师的认定标准为:

A. 能识别常用电子元器件及其符号,包括电阻器、电容器、电感器、变压器、保险丝、发光二极管、晶体二极管、晶体三极管等。

B. 会看和绘制最基本的电路原理图,能按图组装两组以上不同的小型电子装置(包括使用简单的语音集成电路),并能简述所装电路的基本工作原理。

C. 能正确使用万用电表进行直流电压、直流电流和电阻的测量,能用万用电表检测元器件的好坏。

D. 能使用电烙铁、尖嘴钳、剪线钳、改锥、钢锉、镊子等工具。

E. 懂得安全用电的基本知识,包括一般家用电器的安全操作。

《三级少年电子技师的测试纲目》包括:电工基础知识、常用电子元件知识、常用电子器件知识、无线电波的发射与接收原理、焊接装配基本技能。一级和二级少年电子技师认定标准和测试纲目可根据青少年的年龄和知识基础相应提高要求。

②对电子制作活动的具体指导

A. 科技辅导员首先要对青少年强调课堂或活动纪律要求以及进行安全教育,包括安全用电常识和遵守安全操作规程。同时,每次上课或活动都要求青少年尽可能提前到达教室,准备好实验器材,为正式上课或活动做好准备。

B. 对于尚不具备电子制作知识的中小学青少年来说,其动手实践的欲望非常强烈,对理论知识的讲授不太感兴趣。但没有必要的理论知识作为基础,青少年又很难全面理解和掌握电子制作的技术。为了解决这个问题,科技辅导员可以考虑采用以下方法:

(a)对于小学阶段的青少年,科技辅导员可以用对比的方式讲授抽象概念。如在讲授电流和电压的概念时,可以把青少年熟悉的水流与电流相比,把电压与水压、血压相比,让他们对电流、电压有一个初步的直观了解。在讲授电容的概念时,科技辅导员则可以先讲水桶是用来盛装水的,饭锅是用来放置饭的,而电容是用来容纳电的,这样青少年就比较容易接受和建立上述概念。

(b)科技辅导员还可以讲故事的形式,向青少年讲授科学发展史及相关科技趣事,让他们对所学的知识有更深的理解。例如,在数字电子钟的制作过程中,可着重讲授日本科学家在抽烟间隙利用火柴杆的排列发明七段数码管的故事;在节能灯的制作过程中,讲授爱迪生发明电灯的故事,并引出照明灯的发展过程及各自的优缺点;在收音机和对讲机的制作过程中,讲授无线电和收音机的发展史,启发青少年在学习和生活中多观察、多思考,培养创新思维。

(c)在每个制作结束前,科技辅导员可结合时代主题,引导青少年关注知识的拓展和延伸。例如,在节能灯的制作结束前,科技辅导员可以结合目前国际和国内的节能减排现状,向青少年讲授节能灯的发展趋势和应用前景以及与太阳能应用有关的知识,帮助他们理解先进的科技发展理念。

C. 在具体的教学或活动过程中,科技辅导员要特别注意青少年技术素质的培养。如从电子制作安装工艺要求、电子元器件测试方法、课后工具器材的摆放、实验室的整理等入手,让青少年养成严谨细致的技术操作习惯。

(a)在具体制作过程中,科技辅导员要强调安全操作规程,促使青少年养成严谨细致的良好习惯以及小组合作的团队精神。在开始制作前,科技辅导员可要求青少年注意工具的摆放;在制作过程中,引导青少年规范制作步骤,注重各种不同制作方法产生效果的对比。如在前面所述的数字电子钟电路制作中,有些青少年因为心急,没有按照所要求的顺序操作,结果导致小的元件装不下去,必须拆下重来,这个例子可让青少年体会到遵守操作规程的重要性。

(b)科技辅导员还要引导青少年注重知识的小结和延伸。每个电路制作完成后,都要启发青少年去思考:这个制作还有哪些应用和不足以及如何去改进?如在制作微型调速风扇后,科技辅导员可让青少年思考如何在作品原有的功能上做一些改进,或者增加一些功能,以增强他们的技术创新意识。同时,科技辅导员亦要教育青少年对一些废弃的电子元件不要随意丢弃,最好能废物利用,节约资源。最后,则是要求青少年在课程或活动结束前,一定要整理好器材。

众所周知,一件电子作品从构思、电路与印刷板设计、元器件采购准备、焊接制作到调试完成,是一项系统性很强的技术工作。因此,电子制作除了帮助青少年掌握系统的理论知识外,还对培养他们的思维能力、观察能力、创造能力和动手操作能力都有很大的帮助。因此,科技辅导员要依据相关活动目标,对青少年进行有针对性的具体指导。

(2)对无线电测向活动的指导

①向青少年介绍基本活动方式和器材

A. 无线电测向活动的方式

(a)按活动的项目来分,无线电测向活动可分为80米波段测向(短)、2米波段测向(短)和阳光测向等。

(b)按活动的组织者来分,无线电测向活动可分为由学校组织的无线电测向课外活动、由青少年科技馆(站、宫、活动中心)组织的无线电测向培训班等。

(c)按活动的形式来分,无线电测向活动可分为无线电测向竞赛活动(包括各级别团体赛、接力赛、个人赛等)、青少年无线电测向夏令营等。

B. 无线电测向器材及使用要求

(a)PJ-80型3.5MHz频段(80米波段)普及型测向机的使用方法:首先是方向性。立起测向机,与磁棒垂直的两个方向为大音面,磁棒所指的直线方向为小音点(或称哑点线);平放测向机,拉出天线,按住单向开关,则单向天线所指的方向为大音面。其次是持机方法。一般右手持机,大拇指靠近单向开关,其他四指握测向机,手背一面是大音面,将测向机举起至胸前,距离人体约25厘米,尽量保持测向机与地面垂直。测单向时,可将持机手臂伸直,将测向机抬高至与眼部齐平,进行瞄准。

(b)PJ－2A 型 144MHz 频段(2 米波段)测向机的使用方法:首先是方向性。平放测向机,引向器(引申部分)指向的方向为大音面。其次是持机方法。一般右手持机,左手调整旋钮和开关;将测向机举起至胸前,并使天线所在平面与地面保持平行(或垂直),引向器要始终处于前方,一边准确观察电台方向线,当信号弱或收不到信号时,可将测向机举过头顶。

(c)PJ－80B 型 3.5MHz 频段测向发射机(80 米波段测向信号源)的使用方法:首先是架设天线:将 3 米天线(棕色)拧紧在天线柱上,另一端按设台环境尽量垂直悬挂在树上或其他物体上。其次是设置地线:将 2 米地线(黑色)插入地线插孔内,并将其伸展放置于地面(勿与大地真正接通)。地线的作用是提高调谐的稳定性和发射功率。第三是插入外接电源,按下电源开关,再按住调谐按钮,同时立即旋转调谐旋钮,使调谐指示表针停在最大处后,放开调谐按钮。第四是工作完毕时,关闭电源,拔下电源插头。

(d)PX－2P 型 144MHz 频段测向发射机(2 米波段测向信号源)的使用方法:首先是安装电池:拧下机壳底部螺钉,从盒盖处拔出机芯,将四节干电池装入电池夹(弹簧为负极),套回外壳,重新拧上螺钉。其次是将发射机天线上端的钩子挂在适当的树枝等固定物上,发射机自由下垂,使天线垂直伸展。第三是将电源开关拨向标有"ON"的一方,进入工作状态,指示灯随拍发电码闪烁。第四是使用完毕时,将电源开关关上,收好天线,将所有物件妥善装入人造革包。

②对上述活动的具体指导:无线电测向活动的内容,主要包括理论学习、身体训练、基本测向技术训练和外场训练。科技辅导员要指导青少年认真完成这些学习和训练。

A. 理论学习:这部分的主要内容是要求青少年学习无线电测向的基础知识以及无线电测向器材的原理及使用。

B. 身体训练:这部分的主要任务是在全面发展青少年身体素质的基础上,提高他们的专项身体素质,增强其对野外环境的适应能力和预防伤害的能力。

C. 基本测向技术训练:青少年的基本测向技术训练,可按下述具体要求,在校园开阔处或操场上进行。

(a)收听电台信号训练:青少年调收电台信号的速度将直接影响训练和竞赛成绩,特别是对于隐蔽电台工作在不同频率上的短距离测向,此训练更显重要。

——识别电台呼号训练

目的:建立收测信号必须首先分辨台号的概念。

方法:训练指导员掌握可拍发不同电台呼号的信号源数部,青少年准备好测向机、笔、纸,听指导员口令调收信号,分辨出电台台号后记录下来。每个台号的拍发时间可由 20 秒逐步减至 5 秒。此训练可在教室内进行。

——调收电台信号训练

目的:提高收听电台信号的质量和速度。

方法:训练指导员操纵可拍发不同电台呼号的信号源一部。

按事先计划的顺序(每次跟换频率)轮流发信号,青少年依次记录好收听到的台号,以便检查。每台工作时间由 20 秒减至 5 秒。

多设 1～2 部电台同时发信号,告知多设电台信号,青少年还是依次记录好收听并记录。时间由 40 秒逐步减至 10 秒。

以上训练还可采用缩短信号源天线的长度或加大收发距离的方法,使发射信号由强变弱,以增加调收难度。

最后,由训练指导员宣布结果、进行评分或青少年自己核对打分。

(b)收测电台方向线

目的:以获取准确的电台方向线。

方法:可视场地、器材、人员等情况,从下列方法中灵活选取。

——蒙眼训练

在空旷平坦的场地(操场)上,设一部连续发信的信号源,青少年在距电台 50~100 米处,原地蒙眼转圈后测定方向线,然后睁眼检验。

场地及信号源工作方式同上。青少年蒙眼测定方向线后,边测边前进,看谁距电台最近或谁先进入指定区域。为避免相互碰撞,青少年(两人一组)应在不同方向或拉开间距分批出发,并在电台附近配备一名操纵员,防止有人踩踏电台。

场地同上。青少年蒙眼站在场地中央,周围设同频率轮流发信(由操纵员按训练指导员指令掌握开机)或不同频率连续发信的隐蔽电台数部,要求青少年在规定时间(1 分钟、30 秒)内,测定各台方向线,并由训练指导员和青少年验证其准确性。当场地受限制时,青少年可在教室内进行训练(室外不同方向设台)。

场地及青少年站位同上,周围设同频或不同频连续发信的信号源数部,每次 1 名青少年蒙眼测向,每测准 1 台的单、双向得 2 分,只测准双向的 1 分,全体测完后进行评比、小结。然后移动信号源位置,再重复进行训练。

——单台计时训练

电台呼号任选、连发,低(短)天线架设,距离百米左右。青少年各自收测电台信号(指导员观察)或分组计时练习,要求步骤准确、迅速地测出电台方向线,并相互检查核对。

——多台计时训练

在百米左右的不同方向上,设置不同频、连发、低(短)天线架设的数个电台。青少年分若干组,先不计时练习 2 次,再相互计时练习(由训练指导员统一发出开始口令)。

(c)方向跟踪训练

目的:使青少年在电台发信时,能按所测方向线快速、准确地跟踪到电台。

方法如下:

单人单台跟踪训练

视青少年水平设单台。青少年在距电台约 100 米处单个出发,每次出发 1 人(其余青少年在看不到出发者的地方等候),要求带信号快速跟踪奔向电台,有效时间约为 3 分钟。找到电台打卡或盖章后应迅速反向起点,找不到也应在规定时间内返回(待教练重新安排),以免影响下一名青少年出发。进行完一轮后,电台可移位或逐步把距离拉长,重新进行。为提高训练效率,可在起点四周设 2~5 个隐蔽电台,仍要求每名青少年在规定时间内只找一台。返回起点再听从训练指导员安排寻找下一台。最后以在规定时间内的找台数和使用时间来评定成绩。

单人多台跟踪训练

根据场地设置 2 ~ 5 部电台,台距视青少年水平而设定。每次出发 1 人,其余青少年在看不到出发者的地方等候。看青少年在一轮发信号中各能找到几个台以及需用几轮信号可找完全台。

(d)交叉定点训练

目的:掌握交叉定点的方法,以获得较准确的台位。

方法如下:

隔墙定点训练

选远离电线的矮围墙一道,按要求内设 1 部电台,标准架设,由操纵员控制发信时间,每次 30 秒至 1 分钟。青少年分批、逐个在墙外 10 米左右的道路上跑动测线及交叉定点。电台发信中止后,操纵员将竹竿、旗子等标志物举过墙头以示电台位置,供青少年对照验证。电台移位,重复进行(根据实际情况而定)。

密林定点训练

选稠密矮树林一片,设隐蔽电台 1 或数部(连发工作)电台,要求发射天线的架设务必与地面垂直。青少年员利用林边道路进行交叉定点及报告自己所测得的电台位置。由电台操纵员举旗验证或由青少年逐个带信号找台验证。

(e)体会音量变化

设一连续发信电台,青少年从几十米外按所测方向接近电台,再跑过电台 10 米,体会音量旋钮应放的位置和音量变化与距离电台远近的关系。特别是电台附近的音量情况。以上基本技术的训练内容可视青少年情况酌情安排,训练方式亦可根据实际条件参考实行。

D. 外场训练

(a)训练场地:可以选择就近的公园作为外场训练的场地,选择时要考虑好交通和安全问题。

(b)训练器材:包括信号源、测向机、对讲机(条件允许时)、计时器(秒表)、卡片、出发顺序表、成绩登记表等。

(c)训练方法:按竞赛规则要求选择场地范围和设置电台。短距离测向电台设置一般起伏不超过 100 米,设 4 ~ 10 台,不同频连发,均正常架设,设点标和打卡器。信标台可酌情设置。

布台方式及总指向距离依场地及训练需求酌定,尽量由简到繁,形式多样。出发时按批出发,每批来自不同组别男女青少年,间隔 2 ~ 3 分钟。规定时间根据地形、布台难度和总距离等综合考虑,一般在 35 分钟左右。

每场训练应目的明确,有针对性,要提出具体要求。

(四)电脑制作和 DV 拍摄活动培训单元

电脑制作和 DV 拍摄体验活动是为落实教育部提出的"以信息化带动教育现代化"的战略部署、扎扎实实地普及和推进中小学信息技术教育、实现我国基础教育跨越式发展而产生的新型青少年科普活动,是构成全国中小学生电脑制作活动和全国青少年科学影像节活动的主体。

1. 电脑制作和 DV 拍摄活动概述

（1）什么是电脑制作和 DV 拍摄活动：电脑制作是一项青少年使用计算机设备开发、创作、设计和制作数字化产品（电脑作品）的活动，体现了广大中小学生在计算机应用方面的创新精神、实践能力和应用水平。

DV 拍摄活动是指青少年运用 DV（用数码摄像机 Digital Video 拍摄、制作的动态影像的简称）技术记录自己亲身经历的一个科学探究活动，是一个基于探究式课题研究的拍摄，是科学探究与 DV 技术的完美结合，并有助于青少年在拍摄过程中提高自身的科学素质。

（2）开展电脑制作和 DV 拍摄活动的目的：电脑制作活动和 DV 拍摄活动旨在培养青少年观察、分析和解决问题的能力，激发他们对科学探究活动的兴趣与热情，结合学习实践活动和生活实际，积极探索，勇于创新，丰富课余生活。该项活动重在过程，重在参与，重在诠释"孩子眼中自己的事"，通过引导青少年学习和使用电脑、网络和多媒体技术，展现科学调查和科学探究过程，使他们掌握必要的知识与技能，体验科学探究的过程与方法，培养科学的情感、态度和价值观。

（3）电脑制作和 DV 拍摄活动的类型：电脑制作从作品形态上可界定为电脑绘画、电脑艺术设计、电脑动画、电子报刊（包括电子报和电子期刊）、网页设计及程序设计。电脑绘画指运用各类绘画软件或图形、图像处理软件制作完成的绘画作品；电脑艺术设计指运用图形、图像处理软件，用电脑原创设计制作完成的系列作品；电脑动画指运用各类动画制作软件，通过对角色和场景的绘制、音效处理与动画制作，运用动画画面语言完成的电脑动画作品；电子报刊指运用文字、绘画、图形、图像等素材和相应的处理软件创作的电子报或电子期刊；网页设计指使用 HTML 语言或网页制作工具编制的、阐释某个主题或传递某类专题信息的网页作品，一般在 20 个页面以上；程序设计指以各种计算机程序语言编写的程序软件，可以是管理系统类软件、工具类软件、辅助学习类软件和益智游戏类软件等。

DV 拍摄活动从提交的作品形式上可划分为科学 DV 作品、科普动漫作品和科技摄影作品。其中，科学 DV 作品是利用影像技术，制作完成的记录青少年亲身经历的一个科学探究活动过程的视频短片，片长一般为 3～10 分钟。科普动漫作品含科普动画及科普漫画两种，科普动画是围绕活动主题创作的 Flash 动画、三维动画、影视动画等，片长一般为 1～5 分钟；科普漫画是围绕活动主题创作的单幅漫画、四格漫画、多格漫画等。科技摄影作品是指围绕活动主题拍摄完成的彩色或黑色、单幅或多幅摄影作品。

（4）科技辅导员在电脑制作和 DV 拍摄活动中的作用：科技辅导员在电脑制作和 DV 拍摄活动中，首先应协助青少年发现问题，再按照科学探究的过程提出假设、进行调查或实验验证，最后得出结论。其次，要帮助青少年通过学习和实践，完成高水平电脑制作及科学 DV 作品的选题策划、脚本创作、拍摄制作、后期完善等任务。同时，要注意保持青少年的兴趣，发挥他们的想象力和创造力，举一反三，把学到的知识、方法和电脑技术、DV 技术融会贯通，制作出富有创新的作品来。

2. 科技辅导员对电脑制作和 DV 拍摄活动的指导

（1）对电脑制作活动的指导：电脑是推动现代社会发展的重要工具，对广大青少年产生着重要的影响。如何抵制电脑和网络带来的负面影响，引导青少年健康、正确地使用现代信息技术，是整个社会关心的问题，也是科技辅导员在活动中需要把握的关键。电脑制作活动为青少年提供了一个良好平台，科技辅导员要指导青少年在科学运用信息技术中得到进步和成长。

①使青少年了解电脑制作作品的评价标准：在电脑制作活动中，科技辅导员的一项重要任务，也可以说是首要任务，就是使青少年了解电脑制作作品的评价标准。即如何判断一个电脑制作作品是否优秀，需要从哪几方面进行衡量。只有明确了评价标准，青少年才能够了解怎样去欣赏电脑制作作品，又该依据什么去设计和完成电脑制作作品，以及如何发挥自身精心打造的电脑制作作品的社会影响力。

科技辅导员可以通过讲授传播、案例分析或展板宣传等方式，让青少年理解以下评价标准的内涵。

A. 思想性、科学性、规范性：好的作品应该主题明确；内容健康向上，能科学、完整地表达主题思想，切合作者的学习和生活实际；文字内容通顺，无错别字和繁体字；作品的语音媒体应采用普通话（特殊需要除外）；所有非原创素材及内容应注明来源和出处。

B. 创新性：主题表达要求形式新颖，内容创作注重原创性，构思巧妙、创意独特，具有想象力和个性表现力。

C. 艺术性：电脑绘画要求作者有一定的审美能力和艺术表现能力；能准确运用图形、色彩等视觉表达语言，处理好画面空间、明暗，具有形式美感；构图完整、合理，具有较好的视觉效果，系列作品前后意思连贯。

电脑艺术设计：作者要具有一定的审美能力和设计能力；设计意识独特，画面空间和谐，作品前后意思连贯；表现形式美观、新颖、准确，具有艺术表现力和感染力，易于理解和接受。

电脑动画（适用于电脑动画二维和三维）：作者能运用图形、色彩、空间、动作、音效等视、听觉元素表达内容和思想，表达一定的审美情趣和故事情节。作品角色形象有特点、有性格，场景符合情节的需要，动画画面语言生动、引人入胜。音效与主题风格一致，具有艺术感染力；前后意思连贯，画面美观，色彩和谐。

网页设计制作：作者要有一定的审美能力和制作水平，能完美运用各种形式表现主题，有感染力。作品界面美观，布局设计独到，富有新意。

计算机程序设计：作者能完美运用有关形式表现主题。作品有实际意义，界面美观，布局合理，设计富有新意。

手机动漫创作：作者能综合使用角色、色彩、场景、动作、音效、叙事等动漫艺术语言表达情感或故事内容。作品角色性格鲜明，场景符合情节的需要。音效与主题风格一致，色彩和谐。内容完整，意思连贯，叙事流畅精炼，富有情趣。

D. 技术性：电脑绘画选用的制作软件和表现技巧恰当，技术运用准确、适当、简洁。

电脑艺术设计：选用制作软件和表现技巧准确、恰当，技术运用准确、适当、简洁，视觉效果好。

电脑动画(二维):选用制作软件和表现技巧恰当,技术运用准确、适当、简洁,画面播放流畅,视听效果好。

电脑动画(三维):模型创建规范,布线合理,贴图恰当;角色绑定正确,动画自然流畅,物体运动准确,镜头运用合理;光源设置合理,渲染后画面真实自然,后期制作完整。

网页设计制作:选用制作软件和表现技巧恰当;技术运用准确、适当、简洁;人机交互方便,结构清晰,导航和链接无误。

计算机程序设计:算法简捷,思路清晰,方法独特;兼容性好,维护方便,易于安装和卸载;使用方便,人机交互好。

手机动漫创作:选用制作软件和表现技巧恰当,能够在手机终端流畅播放,技术运用准确、适当、简洁。

②对电脑制作活动的具体指导

A. 引导青少年突出作品的思想性:从某种意义上看,电脑制作作品无论是电脑动画、电脑绘画,还是网页设计制作或手机动漫创作等,都是具有一定科技内涵的文艺作品。而就优秀的文艺作品而言,其展现给受众的应是这个时代完美的人生观、价值观和精神状态;同时,它也要以积极健康的思想鼓舞人、教育人,以高尚的情操引导人、塑造人,这正是文艺作品的时代性和思想性的具体体现。因此,科技辅导员要在活动中通过言传身教,使青少年所创作作品的主题积极、健康、鲜明,引导他们树立正确的人生观、科学观,促进其良好思想品德和科学精神、态度与方法的形成。

在这里,案例分析也是科技辅导员一种较好的引导方法。例如,一位青少年创作了电脑动画《雪殇》,表现的是2008年年初我国南方地区突遇暴风雪,在人民群众遭受被困、受冻、离别、停电等巨大生活灾难的危急时刻,党和政府送来了温暖。许多年轻的英雄在风雪中为人们点亮了心中的"灯",以热血融化冰雪的感人事件。这部作品的立意很高,体现了小作者善于从身边的凡人琐事中发现闪光点的思维方式和观察方法。再如电脑动画《作茧自缚》中,小作者注意观察身边的生活,抓住影响市容的一些乱涂乱画的小广告,包括枪支、弹药、假币这样的严重违法小广告,用动画的形式表现出其严重后果,以此警示人们,其社会教育意义也是值得肯定的。这些案例都可以成为科技辅导员引导青少年关注作品思想性的他山之石。

B. 鼓励青少年增强作品的艺术性:在电脑制作活动中,作品的艺术性主要是从视觉和听觉来感受的。因此,科技辅导员要鼓励青少年在了解视觉艺术(通过视觉感知的艺术)以及听觉艺术(通过听觉感知的艺术)之基础上,努力增强作品的艺术性,即增强作品的视觉美感和听觉美感。具体而言,作品封面、首页和片头的画面要生动、有趣,富于吸引力;首页、片头及整个作品的音乐要有震撼力和感染力;造型、画面设计要形象、生动,色彩要和谐;尽可能使用丰富的音响、效果声和画面动态语言,增强艺术表现力和感染力;整体布局要合理、美观,风格要统一。

例如,一位青少年在电视里看到有些地方干旱的报道,心里很难受,真希望自己能飞到天上拉来云朵,让小苗喝到水。于是,在上述情感的激励下,这位小作者创作了电脑绘画《拉来云朵润小苗》。在这幅绘画作品之中,小作者充分运用了艺术表现力:受旱的谷物愁眉满面的拟人化表情,拉来的云彩洒下喜雨的场景,田里庄稼笑哈哈的神态以及鲜明、丰富的色彩和飞翔的孩子,都为画面增添了美感和视觉冲击力。科技辅导员可运用这些案例,引领青少年关注自身作品的艺术感染力。

C. 指导青少年把握作品的技术性:在电脑制作活动中,为了把握作品的技术性,科技辅导员应使青少年初步理解技术的内涵。实际上,我国早在明代就已经对技术有了更为清晰的认识,如宋应星在《天工开物》中提出了开物的说法,即把技术看作是对物(或材料)的加工。时至今日,人们对技术性质的认识更为完整——技术是物质因素和精神因素的动态结合。技术既可以表现为有形的生产工具、实体物质,也可以表现为无形的技能知识、精神智力,还可以表现为虽不是实体物质但却又有物质载体的信息资料(包括电脑软件)、设计图纸等。

在对技术概念梳理的基础上,科技辅导员应指导青少年,尝试将电脑技术、数字技术和网络技术等运用于电脑作品制作中。具体而言,在电脑绘画创作中,利用电脑技术创作画面,充分发挥电脑技术特长;在电脑动画创作中,利用运动的画面语言展示主题,形成计算机技术、绘画艺术及视听觉艺术的完美结合;在网页设计和制作中,突出资源共享和交互性;在电子报刊设计和制作中,使报刊要素与数字技术完美结合等。

例如,在一位青少年的脑海中,涌现出一群小鸟列队飞过正在冒着浓烟的工业区,高大的烟囱冒着浓烟,穿过烟雾,飞在前面的小鸟成为"黑鸟",后面的小鸟则误认为前面的黑鸟为乌鸦。于是这位小作者据此创作了电脑绘画《那是妈妈》。这幅作品运用 FLASH MX 2004(输出 JPG 图像文件)制作完成,图形简洁,主色调为黑、灰,凸显了环境保护的急迫性这一主题。科技辅导员可以列举一些类似的作品,如选用制作工具和制作技巧恰当,技术运用准确、适宜、简洁,画面衔接流畅且视听效果好,以此指导青少年关注自身电脑制作作品的技术性。

(2)对 DV 拍摄活动的指导

①使青少年了解 DV 拍摄活动的标准:科技辅导员可以通过讲授传播、案例分析或展板宣传等方式,让青少年理解以下 DV 拍摄活动评价标准的内涵。

首先是科学(science)——科学探究(探究选题与探究过程)。体现为探究选题的新颖性、探究方法的合理性、探究步骤的完整性、探究结论的创新性。一个完整的科学探究过程应包括观察与提问、猜想与假设、计划与组织、事实与证据、模型与解释、表达与交流等六步骤。

其次是技术(technology)——多媒体技术(拍摄、剪辑、制作)。体现为青少年学习和应用多媒体技术进行科学影像作品拍摄、剪辑与制作的各方面技能,包括拍摄画面是否清晰,拍摄镜头是否稳定以及在剪辑制作过程中,素材处理是否合适,配音配乐、字幕特效等技术。

第三是社会(society)——人文精神(情感、态度、价值观)。体现为培养青少年科学的情感、态度、价值观,包括尊重事实、敬畏自然、与自然和谐相处的观念;热爱科学的情感和好奇心,抓住不放、克服困难、坚持不懈的意志,合作的意识和乐趣;善于发现问题、解决问题,动手实践,理论联系实际的精神;了解社会、尊重劳动、强烈的社会责任感。

②对 DV 拍摄活动的具体指导

A. 引导青少年在 DV 拍摄活动中注重科学性:科学性是 DV 拍摄活动中最为关键的

要素,因此,科技辅导员要引导青少年关注上述活动中每一阶段的科学性。首先是选题的科学性,这主要包括,第一,所选的问题是否是科学问题,当然这里说的是大科学的概念,所以自然科学问题、社会科学问题、思维科学问题、数学问题和工程技术问题都可以;第二,所选的问题能够运用探究的方式来找出答案;第三,所选的问题与青少年科学 DV 团队的能力水平与可获得的资源相适宜。

其次,是过程的科学性,这主要包括,第一,探究过程的阶段性和完整性;第二,探究过程中方法应用的科学性;第三,探究结论的正确性。

最后,是 DV 作品形成的合理性,这主要包括,第一,计划的规范性;第二,拍摄的真实性;第三,剪辑的可靠性。

只有坚持上述要求,才能使 DV 拍摄活动中的科学名副其实。

B. 加强对青少年科学 DV 制作技术的指导:考虑到科学 DV 制作技术对于绝大多数青少年来说尚属新知识和新技术,因此,科技辅导员可与其他科学教师、专家学者联合,共同成立青少年科学 DV 指导团队,并在校本选修课程中开设科学 DV 专题课,重点向青少年传授 DV 制作技术。具体内容为:第一,学习 DV 拍摄技术,了解对电视图像的基本要求,理解 DV 基础,掌握 DV 拍摄技巧;第二,学习后期制作常用软件,诸如运用 Premiere 6.5、Photoshop 7、绘声绘影 12、ACDSEE 5.0、COOLEDIT 2.1、格式工厂、VEGAS 6.0。

C. 帮助青少年在 DV 拍摄活动中提升与人沟通的能力:在 DV 拍摄活动中,科技辅导员要注意加强对青少年与人沟通能力的培养。由于 DV 创作是一个团队合作的过程,需要青少年成员之间相互协作、相互帮助。另外,DV 作品的前期制作包括前期采点、采访、拍摄等工作,在这类工作中必须提升青少年的社会协调能力,包括与拍摄对象的人际沟通能力、人际理解能力、谈判能力等。

3. 电脑制作和 DV 拍摄重要活动介绍

(1) 电脑制作重要活动介绍:全国中小学电脑制作活动(官方网站:http://www.huodong2000.com.cn/)。该活动由教育部基础教育司指导,由教育部基础教育课程教材发展中心、教育部教育管理信息中心、中央电化教育馆、人民教育出版社联合承办。

该活动的主题为探索与创新。即鼓励广大中小学青少年结合学习与实践活动及生活实际,积极探索,勇于创新,运用信息技术手段设计、创作电脑作品,培养发现问题、分析问题和解决问题的能力。

(2) DV 拍摄重要活动介绍:全国青少年科学影像节活动(官方网站:http://casvf.cyscc.org:8000)。该活动作为青少年科学调查体验活动(由教育部、中央文明办、国家广电总局、共青团中央、中国科协主办)的组成部分,由中国科协青少年科技中心承办,活动的具体组织实施工作由河南省科协承担。

举办科学影像节活动的目的是创新青少年科技教育活动的形式,促进科学影像类科普资源的创作。具体体现在两个方面:一是体现"孩子眼中自己的事",鼓励青少年学习和使用网络和多媒体技术,体验和掌握科学探究的过程与方法,培养青少年科学的情感、态度、价值观;二是体现"大人眼中孩子的事",促进科技教师在指导青少年开展科学影像节活动的同时,积极创作科学影像作品,并向未成年人推介、展示、展映、展播,为提高未成年人的科学素质贡献力量。

三、综合类板块

(一)科学调查体验活动培训单元

由教育部、中宣部、国家广电总局、共青团中央和中国科协共同主办的全国青少年科学调查体验活动,是落实《全民科学素质行动计划纲要》的全国主题科普活动之一。该项活动紧密围绕"节约能源资源、保护生态环境、保障安全健康"这一主题,以提高全体青少年的科学素质为目标,以科学调查、科学体验、科学探究为主要方式,旨在使青少年进一步了解我国人口众多、能源资源有限的基本国情,了解与掌握有关环境科学的基本知识,掌握科学调查及节约能源资源的过程与方法,增强节约能源资源和保护环境的意识,培养青少年对科学的兴趣、求知欲及社会责任感,并通过他们的活动影响社会其他人群共同关注、参与节约能源资源和保护环境的行动。

1. 青少年科学调查体验活动的宗旨、内容和实施步骤

(1)活动宗旨:通过科学调查体验活动,使青少年了解我国人口众多、能源资源有限的基本国情,掌握基本的科学知识与技能,体验科学调查或科学探究活动的过程与方法,培养良好的科学态度,发展初步的科学调查或探究能力。

在提高青少年创新精神和实践能力的基础上,充分发挥青少年科学教育活动对于未成年人思想道德建设的促进作用,在活动中培养青少年的团队意识和协作精神,增强青少年的社会责任感,提高他们的思想道德素质。

(2)活动内容:参加科学调查体验活动的青少年,以研究小组的形式按照主办单位发放的《活动手册》要求,对身边、家庭、学校以及社会环境中的能源资源使用状况进行观察、记录和简单的数据统计和分析,经过研究后提出节约能源资源的具体建议,最后提交调查结果,经汇总分析后向社会公布。

(3)实施步骤

①活动启动阶段:每年5~6月,中国科协等主办单位会提出当年的活动主题以及全国青少年调查体验活动的具体内容和要求。各地区可根据本地实际情况,开发设计内容丰富、形式新颖的青少年科学调查体验活动。通常选择一个地区举行全国活动的启动仪式,并通过新闻媒体对活动进行宣传。

②调查体验阶段:各地区于每年6~8月组织青少年以研究小组为单位,按照主办单位发放的《活动手册》的指导,开展科学调查体验活动。同时,可以通过DV、摄影等形式记录科学调查体验活动的过程,还可以编成影像短片参加青少年科学影像节活动。

各地区即可以围绕当年的活动主题开展活动,也可以根据各地的实际情况结合往年开发的资源包或《活动手册》开展活动。

③活动成果提交阶段:各参与单位和青少年均可按照《活动手册》的要求,于每年8月15日前,通过网络或邮寄方式提交活动信息和活动成果。参加活动并按要求反馈信息和成果的单位和青少年,将获得相应奖励。中国科协等主办单位鼓励各地区有组织地提交活动信息和成果。

中国科协等主办单位将组织专家对提交的活动信息和活动成果进行汇总和分析。评选出的优秀作品将于当年9月的"全国科普日"活动期间向公众展示。

2. 全国青少年科学调查体验活动内容概述

全国青少年科学调查体验活动开始于2006年，至2011年已经连续举办了6届。

2006年以"节能在我身边"为主题，参与活动的青少年通过认识能源，学习有关能源的基本知识和处理调查数据的技能，观察记录身边、家庭、学校以及其他场所能源消耗的状况，进行调查数据的初步整理和数据分析，提出节约能源的方法，并向主办单位提交调查分析结果。专家对青少年提交的调查数据进行汇总和分析，并作为我国能源消耗状况相关调查的一项参考数据。

2007年以"节水在我身边"为主题，青少年通过活动学习有关水资源的知识，了解我国的水资源现状，理解并掌握节约水资源、保护水环境的知识。参与活动的青少年以小组为单位观察记录身边的用水情况，整理分析数据，提出节水的金点子，并提交结果。青少年通过上述过程做到了解水资源，爱护水资源，节约水资源。而专家则对参与活动的青少年的调查数据进行汇总、评价和展示。

2008年以"节粮在我身边"为主题，让青少年理解我国现阶段所面临的粮食问题，深刻认识节约粮食对保障我国粮食安全，促进经济社会持续发展的重要意义。活动通过一系列有关粮食的小实验和调查活动，提高青少年对粮食的认识，提高青少年动手动脑、观察分析问题的能力，培养他们节约粮食、爱惜粮食、合理膳食的行为习惯，促进其身心健康成长。专家对青少年提交的活动信息和活动成果进行汇总和分析。

2009年以"节约纸张，保护环境"为主题，青少年通过活动学习纸张的基本知识，了解纸张的生产流程，重要原材料，生产工艺以及资源、能源消耗情况，污染和治理情况；通过调查纸张消费，对家庭、学校以及社会存在的浪费纸张现象进行调查研究，在此基础上分析浪费纸张的原因；了解节约纸张的常用方法，提出节约纸张的金点子，做一名节约用纸小模范。专家对青少年提交的活动信息和活动成果进行汇总和分析。

2010年以"我的低碳生活"为主题，旨在让青少年了解人类活动导致全球变暖的事实，认识低碳生活的意义；学习调查的方法，开展低碳生活的调查体验；了解低碳生活建议，提出自己的低碳金点子；利用第一手资料，进行媒体创作，开展广泛宣传。同是节能活动，与2006年的"节能在我身边"不同，这次活动在于注重"低碳"的行为教育实践，它在学习低碳生活相关知识的基础上，开展家庭、小组、班级、网站等系列体验活动，探索低碳生活与节能减排之间的关系，对家庭、学校以及社会存在的与低碳相违背的现象进行调查研究，形成合理化建议和活动报告，提交活动信息和成果，从而引导青少年做一名低碳我行动的小标兵。

2011年以"珍爱生命之水"为主题。这次活动可以说是2007年的"节水在我身边"活动的延续和发展，通过活动，不仅让青少年认识到保护水资源就是保护人类自身的生存发展，而且有助于进一步加强青少年对水循环过程的科学认识，注意将水问题与人类社会和自然生态环境相联系，引导青少年认真聆听水的呼唤，重新认识人与水之间的关系，从根本上改变人类为满足自身欲望和发展对自然无节制索取的短视行为，让人类社会和自然生态环境能够共生于同一个可持续的发展环境中。

3. 青少年科学调查体验活动实施的主要原则

(1)普惠性原则:青少年调查体验活动是一项所有青少年都可以参与也应该参与的活动。该项活动的规模可大可小,内容可深可浅,形式多种多样,成果不拘一格,可以满足不同年龄、不同水平中小学青少年的参与需求。与此同时,任何青少年通过上述活动,都会在节约能源资源的认识上,在提升环境保护的意识和行动上,在科学方法的理解和运用上有所收获,显示效果。这也正是上述活动的普惠性原则。

普惠性原则,实际体现的就是教育公平,即教育平等和教育机会均等两个方面,其核心是教育机会均等。在这里,就意味着作为一项教育活动,科学调查体验活动一定要面向所有青少年,并通过活动让每一位参与活动的青少年受惠。实际上,早在 20 世纪 80 年代,联合国教科文组织就提出了"科学为大众"的口号,强调科学教育、传播与普及要面向所有的人。这主要源于科学和技术已影响到人类生活的每一个方面,与科学技术有关的社会问题和环境问题的数量与日俱增,科学技术已成为人类个体生存和发展的中心,因此各国政府应该也必须保证所有公民在基础教育阶段享有适当的学习科学的机会。至 20 世纪末,联合国教科文组织又明确提出了通过科学教育、传播与普及,提升所有人的科学素质的目标。因此,普惠性原则是科技辅导员在青少年科学调查体验活动中应把握的重要原则之一。

(2)自主性原则:青少年科学调查体验活动是以青少年为主体实施的活动。在上述活动中,青少年以研究小组的形式,自主对身边、家庭、学校以及社会环境中的能源资源使用状况进行观察、记录和简单的数据统计和分析,经过研究后提出节约能源资源的具体建议。因此,自主性亦是青少年科学调查体验活动的重要原则之一。

在科学调查体验活动中坚持自主性原则,并不排除科技辅导员的作用。科技辅导员是上述活动的主导者,是整个活动开展成功与否的关键和核心。因此,科技辅导员在活动中应充分发挥设计、引领和导航的作用,启发青少年在收集和选择信息的过程中完成对科学知识的学习和建构,训练青少年在规范操作和使用工具的过程中实现技能的掌握和养成,指导青少年在尝试亲历科学调查或探究的过程中加深对科学方法的理解和运用等。值得注意的是,科学教师或科技辅导员在活动中永远扮演的是顾问或参谋的角色,绝不应替代青少年的自主思维、操作和完成。

(3)科学性原则:在青少年科学调查体验的具体实践活动中,科学性原则是另外一条重要原则。科技辅导员要引导青少年以科学的态度学习自然科学、环境科学及与能源资源相关的知识和概念,帮助青少年掌握科学调查或科学实验等相关方法和路径,训练青少年应用统计、分析等方式处理相关数据,指导青少年运用科学思想对当前和科学、环境和社会相关的问题进行剖析与探究等。

4. 科技辅导员在青少年科学调查体验活动中的作用

(1)做青少年参与活动的引领者:作为科技辅导员,要善于激发青少年的主动性和参与性,引领他们积极地参与科学调查体验活动。例如,针对小学阶段的青少年,要联系他们的实际,引入其身边熟悉的事例为问题情景,激发其积极的思维活动,让他们在调查体验中通过感知、发现和分析问题,获得成功的喜悦,以激发他们对上述调查体验活动的兴趣,从而引领其积极主动地参与调查体验活动。

而对已有一定学科基础知识、具有发散思维和探究能力的中学青少年,则要通过开阔其视野,引导他们关注周围的环境,关注学校、家庭、社区乃至区域性和全球性的热点问题,以唤起他们调查或探究的兴趣。科技辅导员要鼓励青少年对具体的环境问题案例进行探究实践与思考,通过上网查阅资料、观察、调查、实验等多种科学实践方式,获得体验和感受,引领他们自始至终地参与到调查体验活动中去。

(2)做青少年学习科学知识的传播者:在青少年科学调查体验活动中,科技辅导员要作青少年学习科学知识的传播者。作为传播者,科技辅导员不仅仅是向青少年传播科学知识,同时还应当向青少年传播获得知识的方法和途径。例如,向青少年传授如何通过查阅资料获取科学知识,可向他们介绍用于参考的书刊文献和相关网址,让其认识并了解获取自己所需科学知识或信息的重要途径,以便其能在短时间内获得较大量的信息。此外,科技辅导员还可以组织青少年尝试与专家或有关科技辅导员直接在网上交谈,通过网上互动活动获取相关科学知识或信息。

在科学调查体验活动实施过程中,根据活动主题和内容,科技辅导员可利用当地的社会资源和人力资源,为青少年提供直接学习相关科学知识的服务。例如,请科学家为青少年进行与专题相关的辅导讲座,组织青少年参观当地的科普教育基地,促成青少年走访有关科学家和有关部门、考察当地环境等,为青少年参与科学调查体验活动做好准备。

(3)做青少年活动过程中的指导者:在青少年科学调查体验活动中,体验探究阶段为青少年活动的重点阶段。在这一阶段,他们要组成 3~5 人的研究小组,以小组为单位开展观察、调查、研究分析以及有关海报和媒体的宣传活动。青少年应为这一阶段活动的主体,而作为区域或学校的科技辅导员应该称为活动的指导者。在活动实施前,科技辅导员要指导青少年设计并制订活动实施计划和具体行动步骤。同时,科技辅导员还要指导青少年进行活动的媒体宣传制作和活动创意海报的设计制作。

在活动实施过程中,科技辅导员还要指导青少年树立科学态度,掌握科学方法。在上述活动的观察、调查或测量中,由于受到气候、社会环境等相关因素的影响,其信度或效度可能略有下降,科技辅导员应要求青少年据此分析原因。如果是比较重要的数据,还应重新进行调查取样,直至达到数据相对准确的要求为止。当青少年遇到各种障碍时,科技辅导员要及时指导他们学会处理预料之外的问题,同时帮助他们学会根据实际情况修正、补充原计划中的缺陷与不足。科技辅导员亦要指导青少年对调查数据进行整理和分析,并在其自主讨论的基础上,取得科学事实,提出自己的见解,最终完成调查报告。

(4)做青少年科学素质的塑造者和培养者:在青少年科学调查体验活动实施的过程中,科技辅导员要让青少年在实践过程中了解世界和我国的科技发展现状,掌握与主题活动有关的自然科学、环境科学和能源资源等相关知识;激发他们对科学的兴趣和求知欲,熟悉科学调查和科学实验的过程及科学方法;掌握观察、实验操作、团队合作沟通、科学思维和语言表达等参与社会科学实践活动的技能;升华青少年的科学思想和科学精神,培养他们的社会责任感,并内化为自觉的行为。总之,通过活动塑造和培养青少年的科学素质,为他们未来成长为中华民族复兴的建设者和开拓者打下基础。

因此,在青少年科学调查体验活动中,科技辅导员要成为青少年科学素质的塑造者和培养者,这是上述活动的需要,也是时代赋予科技辅导员的社会责任。愿更多的科技辅导员带领青少年参与到这一活动中去!

(二)"科技馆活动进校园"培训单元

为深入贯彻《中共中央国务院关于进一步加强和改进青少年思想道德建设的若干意见》(中发〔2004〕8 号)、《国务院关于印发全民科学素质行动计划纲要的通知》(国发〔2006〕7 号)和《中共中央办公厅国务院办公厅关于进一步加强和改进青少年校外活动场所建设和管理工作的意见》(中办发〔2006〕4 号),中央文明办、教育部和中国科协于2006 年,共同在全国发起并倡导"科技馆活动进校园"。该项活动充分发挥科技馆作为公益性科普活动场所的先进性、教育性和示范性,通过与中小学校园、课程和学生衔接的特色活动,对全面加强青少年的科学教育、传播与普及,激发他们的科学兴趣,促进他们对与科学相关的知识、技能和方法的掌握,培养其科学素质和思想道德,发挥了非常重要的作用。

1."科技馆活动进校园"概述

(1)"科技馆活动进校园"的目的:"科技馆活动进校园"是由中央文明办、教育部、中国科协于 2006 年共同发起并倡导的一项重要工作,旨在促进科技馆、科普类博物馆、青少年科技活动中心等校外科普场馆增强其科技教育功能,设计组织各类科普活动,加强青少年的参观体验,促进校外科技教育与学校科学教育有效衔接,把科普场馆的教育资源和活动与学校科学课程、综合实践活动、研究性学习的实施结合起来,让更多的青少年享有参与科普活动的机会。

2006～2009 年,全国累计 48 家科普场馆、青少年科技中心参加了试点工作。从 2010年起,"科技馆活动进校园"在全国 15 个省、自治区、直辖市已设立 36 个示范推广区,并在 19 所科普场馆开展深化试点工作,为我国青少年通过科普活动增强科学素质,提供了越来越多的优质资源。

(2)"科技馆活动进校园"的意义:"科技馆活动进校园"遵循以青少年身心发展为本,以科普讲座、展览、社会实践等多样化方式呈现,创造一个自由、自主、生动活泼的宽松的学习环境,将复杂深奥的科学原理简单化,将抽象空洞的书本知识具体化,弥补课堂教学的不足,完善青少年的知识结构,由浅入深、循序渐进,最大限度地调动青少年的积极性,使青少年在上述活动中体验科学、学习科学、领悟科学的真谛。"科技馆活动进校园"的具体意义可概括如下。

①让更多的青少年享受优质科普资源的服务:全国、省(区、市)、地(州、市)和县(市、区)所属科技馆,均为各级政府及相关科技、科协和教育主管部门精心打造的科普活动场所,是其所在区域不可或缺的校外优质科普资源。通过"科技馆活动进校园"的开展,中小学科学教师(或科技辅导员)可使更多的青少年在校园内就可与科普馆的展教资源、实验资源、探究资源等近距离接触,促进他们更直观地观察科学,从多元的角度思考科学,在实际的操作中践行科学。上述活动使青少年不再局限于从书本中"理解科学",而是从实践中感受科学的奥秘,增强他们的创新意识和实践能力,直至提升其科学素质。

②促进校外科技活动与学校科学教育的衔接:科学不仅仅是书本上的知识,也并非只是局限于实验室里的模拟过程,它还是以事实为依据、以发现规律为目的的社会活动。社会场所成为课堂,有益于学生通过实践真正理解科学。通过"科技馆活动进校园"的开展,促进了科学课堂向科技馆的迁移,引导科技馆科普工作者与中小学科技辅导员相互协作,共同探讨培养青少年成长的有效模式。实践表明,"科技馆活动进校园"促进了校外科技活动与学校科学教育的衔接,有益于广大青少年科学素质、人文素质和其他心理品质的整体培养。

(3)科技辅导员在"科技馆活动进校园"中的作用:在"科技馆活动进校园"中,科技辅导员的作用主要体现在以下三个方面:

①成为科学教育先进理念的传播者:这意味着,科学教师(或科技辅导员)要通过引领、讲授和践行,使青少年理解早期的科学教育课堂仅限于传播一般科学常识,这是因为,当时的科学教育教材仅仅介绍一些已得到科学家群体所公认的科学知识,而教师据此授课,只能向青少年进行相关的科学知识的传播,这就是传统科学教育主要重视知识传播理念的由来。

而当科学教育的教材开始包含实验操作时,就要求学校有相应的实验设施和专门的实验室。而此时教师授课,则需要向青少年展示或让其亲自动手体验实验过程和相关科学方法,此时的科学教育理念则变革为不仅重视知识传播,亦重视技能的传授以及过程与方法的理解。

直至科学教育课堂得到拓展,科技馆、植物园和工农业生产园区等社会场所成为课堂,青少年能够在实践中理解科学,此时的科学教育理念则是不仅重视对青少年知识与技能的传授,亦强调使他们理解过程与方法,同时更趋向于培养其与科学相关的情感态度价值观。

上述科学教育先进理念的传播,有益于调动青少年的主体精神,激励他们积极、主动地参与"科技馆活动进校园"这一具有先进性、教育性和示范性的科学教育、传播与普及活动。

②成为科技馆资源的开发者与利用者:科普场馆的展示教育是学校科学教育的有益补充,科技辅导员要结合科普场馆的内容和现状,积极研究、策划、设计、开发与科学课程相适应的活动内容,并制定规范化的活动方案,以任务为驱动,让青少年在完成任务的过程中学习、研究、发现、体验,获得成功的快乐,真正成为学习的主体。

具体而言,科技辅导员可以科学课程作为连接学校和科技场馆的主线,形成"两点一线"。围绕不同科普场馆所展示的不同主题,与科普场馆专家一起合作,突出科学课程内容的发展性、现实性和生活化,赋予静态的课程内容以新鲜的活动气息,开发内容丰富、有一定质量的科学课程。开发成果包括:制订学校实施科学课程的计划;编写相关的科学课程资料包(设计场馆导读、开发科技课程、编撰学生和辅导员实践手册、制作多媒体 PPT、多媒体益智课件、选择研究课题、开展科学活动、进行配套小实验等);初步建立与活动相关的网页;建立学校"小小科技馆"等,使之成为"科技馆活动进校园"项目的校内实践场所。

科普场馆是一个开放的、生动的、丰富的、形象的课堂,科技辅导员要结合不同的学科,建立资料信息库,为组织普及活动和为青少年解疑、阅读指导提供丰富的背景材料,自行编制成校本教材,借助科普场馆专家等社会资源,把有些科学课程放到科普场馆中去,将课上成问题课、情景课,而不是一般的知识课,要让这种教学活动更具有实践性、探究性和开放性。

具体而言,科技辅导员可以让科技馆资源走进校园,如发挥科普场馆的科技专家或科普志愿者等科普人才的优势,把形式多样、内容丰富的科普活动送进校园,推动学校开展研究性学习,开展诸如趣味科学表演、科学主题的综合实践活动、科普剧表演、科学知识讲座和青少年科技爱好者的研究项目指导等。科技辅导员还可以利用科普场馆器材和设施的优势,配合科学课程开展科学实践活动,如将科普场馆的科学实验引进课堂,让流动科技馆(科普大篷车)巡回农村学校等。

此外,科技辅导员亦可以带领青少年走出校园进科技馆,利用科普场馆的资源优势开展科学教育活动。如组织青少年到科普场馆参观科普展览,参加科普活动;组织青少年到科普场馆开展社团活动或科普夏令营活动以及其他校外科学探究活动;在科普场馆开设科学实践课堂,把部分科学课程安排在科技馆中进行,延伸学校科学课程以及开展综合实践活动和研究性学习等。

③成为"科技馆活动进校园"的评价者:为促进"科技馆活动进校园"的健康发展,使其充分体现先进性、教育性和示范性,切实提升青少年的科学素质、人文素质和其他心理品质,科技辅导员要善于运用评估的方式,成为上述活动的评价者。科技辅导员要通过设计和使用学习单、开展活动的总结和交流等方式,体现和实施青少年的自我评价和活动过程的评价。

当然,如果要使上述评估体现客观性,首先就需要科学的评估指标。评估指标的科学性有两点非常重要:一是要注意定性指标与定量指标的结合,即评估指标中不但要有定性指标,也要有定量指标;定性是定量的前提和依据,定量是定性的基础和准确化;相互结合则体现出客观性。因此,科技辅导员要尝试建立相对科学的自评估指标,在"科技馆活动进校园"的实施过程中以及某一阶段结束时,对其进行预测性评价、过程性评价和总结性评价,以了解上述活动对青少年成长的具体效果,不断促进"科技馆活动进校园"的成熟与发展。

2. 科技辅导员对"科技馆活动进校园"的指导

"科技馆活动进校园"不是科普场馆或学校单方面的行为,而是要整合科普场馆展示教育和学校科学课程,采取"互补"策略,以科普场馆展示主题或来自生活实践的主题为核心建设主题性的综合科学课程,与学校科学教育一起全面实现科学教育目标。科技辅导员在课程的实施以及青少年的实践过程中,指导他们恰当地运用文献法、调查法、发现法和实验法等,会收到事倍功半的良效。

①文献法:在"科技馆活动进校园"中,科技辅导员可以结合不同科普场馆展示的不同主题,先设计活动主题,让青少年通过查找资料、整理所获信息,培养他们自主获取知识的能力。另外,亦可引导青少年再有意识地挑选一些有研究前景的文献内容作为活动参考,满足其参与研究型学习的需要。

②调查法:在"科技馆活动进校园"中,科技辅导员可以结合不同科普场馆展示的不

同主题,第一,明确调查任务,在确立调查课题后,让青少年共同探讨找到调查的切入点,并正确选择和共同研究调查的重点和难点。在进行初步探索时,科技辅导员要指导青少年充分运用两大途径,即多查阅相关文献资料、多向老师和专家咨询。第二,指导青少年设计调查方案,例如设计调查指标、明确调查总体方案等。第三,帮助青少年确定调查类型和方法,例如,普遍调查、典型调查、抽样调查等,并采用各种调查方法收集资料,例如,文献调查法、实地观察法、集体访谈法等。第四,引导青少年梳理、统计或归纳调查数据及其他成果,例如,整理资料、统计数据和分析研究等。第五,撰写调查报告,总结调查工作。

总之,科技辅导员在活动中指导青少年应用调查法,有利于培养他们"求真、求实、探索、创新"的科学精神,提高其综合素质。因此,在实施活动课程的过程中注重指导青少年使用调查法,应该成为广大科技辅导员的共同选择。

当然,在"科技馆活动进校园"中,为加强学校的科学教育,也为了了解青少年参加科普场馆相关活动的有效性,科技辅导员也可以开展问卷调查,可分为教师问卷、青少年(中学生和小学生)问卷两部分。

③发现法:发现法是指青少年在科技辅导员的指导下,结合科普场馆的展教设施、实际场景或其他资源,尝试像科学家发现自然界的变化规律那样,通过自己的学习和探索,发现事物变化的因果关系及其内在联系,从而形成概念,获得原理的一种方法。发现法的核心是以青少年为主体,独立完成认识过程,发现事物发展的起因和事物的内部联系。同时,青少年在这个过程中尝试掌握科学方法,体验科学形成的过程,并可以升华他们爱科学、学科学、用科学的情感态度和价值观。

考虑到在现代科学的发现过程,常常依赖集体的发现,而不仅是个体的发现。因此,科技辅导员在应用发现法时,要注意培养青少年的交流与合作意识,即学会用语言或非语言的方式,促进思维的互动、想象的驰骋和灵感的萌生。在相互尊重的基础上各尽所长,共同探索和发现。

④实验法:科学实验是人类运用一定的物质手段,通过人为控制或模拟自然现象,开展探索自然界本质及其规律的一种研究型实践活动。这里所说的实验法则是特指在科技辅导员的指导下,应用科普场馆的实验设施、药品或器材,青少年尝试像科学家一样,通过一定的科学程序进行独立操作,观察、记录、分析和研究科学现象及其变化,进而探索科学规律的方法。此方法是科学研究的基本方法之一,也是被誉为最严谨、最科学的研究方法。

实验法的特点是有较强的直观性、科学性和实践性。而上述的直观性,在"科技馆活动进校园"的实施过程中,恰恰有助于青少年了解并学会科学观察,即借助人的感官或仪器来感知科学事实,这在推动人类进步的科学发现和技术发明中具有非常重要的作用。

例如,科学家往往从不同的角度来观察他们周围的世界。正如许多科普场馆中所展示的那样:人们拍下夏威夷火山爆发的情景,地质工作者可以利用影片仔细琢磨火山的爆发。再如,人们在实验室里检验特殊的光导纤维,它是用在新式的电话系统上面的。这些光导纤维像人类的毛发一样细,必须使用显微镜才能看清楚。而显微镜和望远镜在科学工作中也是至关重要的,借助它们,科学家才能在我们周围的世界中以及远离我们的宇宙中发现新事物。

实践表明,在"科技馆活动进校园"中应用实验法,有利于青少年从对科学的感性认识上升到理性认识。同时,在实验操作过程中,青少年的观察能力、独立思考能力、动手能力以及求真求实的科学态度、探索科学的大无畏精神和热爱科学的情感都能得到培养。

第七章　青少年科技创新活动的教学

一、自然科学类板块

科学探究及论文撰写活动培训单元

科学探究及论文撰写活动,是在北美、欧洲等发达国家和亚洲一些发展中国家广泛开展的青少年科技创新活动的主要类型之一。在我国,上述活动是构成县(市、区)、地(市、区)、省(区、市)以至全国各级青少年科技创新大赛的主要系列活动之一。

1. 青少年科学探究及论文撰写活动简介

(1)青少年科学探究及论文撰写活动的界定:1996年,美国国家科学院推出的《国家科学教育标准》中指出:"科学探究指的是科学家们用以研究自然界并基于此种研究获得的证据提出种种解释的多种不同途径。科学探究也指的是学生们用以获取知识、领悟科学的思想观念、领悟科学家们研究自然界所用的方法而进行的各种活动。"

显然,科学家们所从事的科学探究与学生所开展的科学探究是有着本质的不同的。表现在英语词汇中,前者多用"research",体现为研究工作中的探索,寻找某种事实和规律;后者多用"explore",意为学习中的探索、钻研。

因此,这里所说的科学探究及论文撰写活动,系指青少年参与的、以尝试探索和解决身边科学问题、并通过文字将结论与过程进行描述的活动。从某种意义上看,这属于一种与科学相关的创造性活动。

(2)开展科学探究及论文撰写活动的目的:开展科学探究及论文撰写活动,其目的是使青少年理解科学知识,熟悉科学方法,掌握科学技能,形成科学态度,树立科学精神,升华科学思想,培养他们解决科学问题,以及参与科学、技术与社会相关问题决策的能力。而其中最为关键的,就是培养其了解科学研究的过程,掌握科学的方法论。

(3)科学探究及论文撰写活动的类型:青少年科学探究及论文撰写活动,可以从不同角度进行分类。例如从大科学的视角来看,可分为自然科学、数学、社会科学和思维科学等不同领域的科学探究及论文撰写活动。就自然科学而言,如果再细分的话,则有物质科学、生命科学、地球与空间科学、环境科学等不同类型的科学探究及论文撰写活动。

如果从探究所应用的科学方法来分类,则有调查、观察、实验、演绎或归纳等不同类型的科学探究及论文撰写活动。当然,在某些科学探究及论文撰写活动中,也会出现同时应用两种或多种科学方法的情况。

至于科学探究完成后最终撰写的论文,其基本结构一般都由题目及署名、内容摘要、绪论、正文、结论、引文或参考文献等几部分组成。

（4）科技辅导员在青少年科学探究及论文撰写活动中的作用：在科学探究及论文撰写活动中，科技辅导员所起的作用不是传授知识，而是传播方法；不是直接灌输，而是启发引导；不是包办替代，而是点拨指导；不是随意打分，而是客观评价。

总之，就是要以青少年为主体，使他们逐步掌握科学探究的技能，善于应用行之有效的科学方法，独立思考，自主探究，不断形成和发展自身的科学素质以及良好的创新精神和实践能力。

2. 对青少年参与科学探究活动选题的指导

在科学探究及论文撰写活动中，选题是最为关键的一步，也是最具挑战性的一步，正如爱因斯坦所描述的："提出一个问题往往比解决问题更重要。因为解决问题也许仅仅是一个数学上或实验上的技能而已，而提出新的问题、新的可能性、从新的角度去看旧问题，却需要有创造性的想象力，而且标志着科学的真正进步。"

如何引导青少年了解选题的规律，逐步形成"智以择向"——选择正确研究方向的能力，是科技辅导员肩负的重要任务。而要做到这一点，需要向青少年传播下述的相关选题原则及应用规律。

（1）选题的科学性原则及应用规律：客观物质世界的结构和运动、人类社会的产生和发展，都是遵循着一定规律的，科学探究的任务就在于认识和揭示这些规律，并且利用这些规律为人类服务。任何违背客观规律行事的人一定得不到预期的结果，这即是科学探究课题选择的科学性原则。科技辅导员在指导青少年选题的过程中，特别要注意以下科学性原则的具体应用。

①所选课题不能违背科学原理：课题的选择要以科学思想为指导，以事实为依据。首先，以科学思想为指导，使所选课题具有理论基础。所选课题不能和已经经过实践检验的科学原理相违背，只有这样，才能保证其科学性。其次，以一定的事实为依据，使所选课题具有实践基础。科学研究就是要研究事实，研究客观实际存在的现象。

在这里，需要注意一个问题，即怎样看待违背传统观念与常识的新问题。传统和常识并不一定是科学的，其背后很可能隐藏着人们还未发现的科学规律，需要随着科学的发展而更新。因此，研究者要敢于怀疑和批判，敢于运用已证明的科学原理对这些问题提出质疑。这同样也是尊重科学性的表现。

②所选课题要具有实施研究的可行性：青少年所选的科学探究课题要具有可行性，这亦是坚持科学性原则的具体体现。首先，科学探究课题要与青少年自身的知识基础、认知水平和能力发展相适宜；其次，所选科学探究课题主要依赖中小学自身的科技资源条件就可以实施，当然个别的也可依托中科院、部（委）或高校科研院所的科技资源条件辅助实施；第三，所选科学探究课题研究所需经费不高，且主要由相关科教机构支持，而不由青少年个人负担。

③所选课题研究应不违背科学伦理道德：青少年所选课题在实施过程中，应不违背科学伦理道德，这也是坚持科学性的具体体现。例如，不应对动物进行中毒或致死实验，不应对环境造成污染或破坏等。这是因为，青少年参与科学探究是科学教育的组成部分，而教育的任务就是在作为方法的科学技术与作为人类生活和行动目的的价值观之间建立平衡。正如拉伯雷所说："没有良知的科学只会是灵魂的废墟。"在现代社会，态度和信念影

响着人们的行为及生活方式,而一定的价值观是构筑青少年特别是科技创新后备人才态度和信念的基础。

(2)选题的实用性原则及应用规律:青少年所选的科学探究课题,要考虑其实际应用是怎样通过它创造有关学科或自己所生活的世界的知识以及如何改善这个世界。一个研究项目价值的侧重点可以有所不同,但必须要体现它的价值。例如,所作的探究是否是相关的社会热点问题或是科学界探讨的前沿问题。这些正是科技辅导员所要向青少年进行传播的。

①所选课题要来源于身边实际:青少年科学探究的选题,主要应来源于身边实际,如来源于与自身健康生存相关的实际,来源于与自身生活和学习相关的实际,来源于与自身未来从业相关的实际,来源于自身所处社会和自然环境的实际。只有着眼于身边的实际,才可能激发青少年探究的兴趣,并使他们的探究成果具有实用意义。切忌一味追求高、精、尖的选题,因为青少年毕竟不是科学家,他们的探究主要还是尝试和体验。

②所选课题应有助于解决实际问题:青少年科学探究的选题,应有助于解决自己身边遇到的实际问题。这是因为,从某种意义上可以说,科学探究始于问题,科学本质上是一种解题活动,但这种解题不是单纯的解题,而是基于解决实际问题的解题。通过科学探究,青少年要用获得的科学结论回答自己身边诸如健康生存、生活和学习、未来从业以及所处自然和社会环境中出现的问题。这亦正是实用性原则的具体体现。

③所选课题应具有一定经济价值或社会价值:青少年所选的科学探究课题,从价值上看尽管与科学家的研究课题无法相比,但亦应有一定的经济价值或社会价值,而做到这一点实际上也并不难。例如,上海市格致中学一位青少年在科学探究活动中,对上海轨道交通车站出入口的布局与周边道路、人群集散点之间的联系、车站出入口与其他交通工具之间的衔接、车站出入口编号的设置、车站出入口开放时间的设置、车站出入口及周边设施导向标识的设置、车站出入口扶梯的设置、车站出入口视觉风格的设置的现状进行了调查和分析研究,撰写了《上海轨道交通车站出入口布设的现状分析及优化浅析》一文,对运营公司、规划部门的决策具有较强的参考价值。

(3)选题的创新性原则及应用规律:科学总是把目光投向新的问题、新的领域,总是追求新的发现、新的理论、新的创造。从一定意义上来说,没有创新也就没有科学,创新是科学研究的灵魂,选题的创新首先体现在要有新的目标。科技辅导员在引导青少年确定探究目标以前,必须使其了解:在问题所涉及的相关领域中,现在已经有哪些成果? 还有什么问题? 这些问题中有哪些是已经解决了的? 哪些问题还没有解决? 哪些问题还需要从哪些方面作进一步探讨?

①对有关领域中的旧观点提出新见解:爱因斯坦的狭义相对论提出了物质及其运动的时间、空间相关联的相对时空观,对牛顿力学的绝对权威提出了挑战。青少年的科学探究虽然不能与那些世界级的科学伟人相提并论,但是仍然会有相当数量的青少年,经过自己的研究与探索,敢于对现有的思想和观点,提出自己新的见解。例如,长期以来,人们借助磁铁判断不锈钢材质,认为不锈钢是没有磁性的,可杭州第十四中学高二的一位青少年却通过科学探究推翻了这种传统观念,提出不同成分的不锈钢磁性不同,因而用磁铁未必都能检测不锈钢,并以此成果获得第23届浙江省青少年科技创新大赛一等奖。

②把分散的材料系统化并归纳为新观点：在科学与技术飞速发展的时代，中小学青少年获取信息的渠道非常广泛，许多中小学青少年在阅读浏览中，在各种媒体发布的信息中，找到能激起自己兴趣的研究题目，用自己创造设计的研究方法，进行调查、分析、归纳整理后，提出了自己新的观点和见解。例如，华东师范大学第二附属中学的一位青少年，在分析上海独特的地理位置以及台风水灾主要影响因子的基础上，从人工智能的角度提出了一种新的台风水灾预报方法，利用人工神经网络算法来模拟人工预报员的经验，并通过计算机实现上海地区台风增水的智能预报，其预报精度不逊于目前业务应用中的人工经验预报精度，可以在预报业务实践中应用。

③经过自己的观察实践取得新的发现：所谓新的发现，应该是在这之前别人还没有提出过的发现与发明，其鉴定的标准是：在书刊中、市场产品中、专利公报上以及各种公开的场合中都没有出现过类似的发现和发明。例如，合肥市 38 中学的一位青少年，通过设定不同重量的食物观察小家蚁的负重能力，从而了解到小家蚁搬运食物的最大重量以及搬运行为上的策略。通过对专利公报和情报资料的查询后，这一新的发现获得第 25 届全国青少年科技创新大赛一等奖，同时被大赛授予中国科协主席奖。

3. 对青少年参与科学探究活动过程和方法的指导

（1）对青少年参与科学探究活动过程的指导：美国印第安纳大学的威廉姆教授在这里提出的科学探究过程中的新模式，是建立在对来自广泛学科的 50 多名科学家的访谈基础之上形成的。这种新的探究模式，成功地指导了真正科学的开展。威廉姆所提出的科学探究的模式包括 10 个关键环节。通过这些环节，科学家能够真正有效地参与到科学研究活动的过程中。当然，科学家还可以根据自己的特殊需要选择上述工作环节的组合。实践表明，科技辅导员参照威廉姆所提出的科学探究的模式，就能够指导青少年像科学家那样建立和执行探索过程的有效途径。

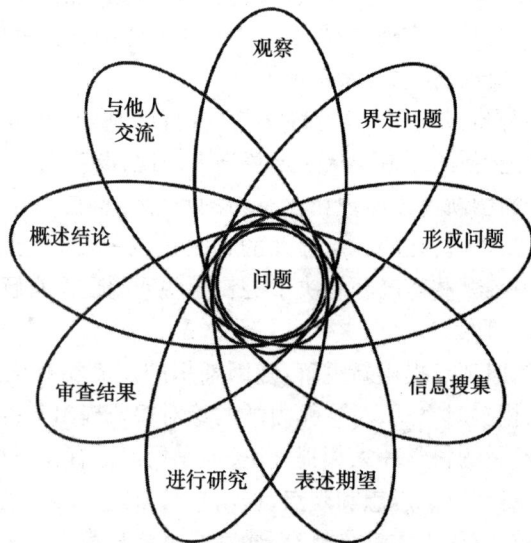

图 2.1　包含有 10 个关键环节的科学探究的过程模式

①对科学探究模式的正确诠释:如前所述,科学探究的模式包含了 10 个主要关键环节,其中 9 个关键环节均围绕着"问题"这一最重要的关键环节而运行。将"问题"置于科学探究模式的中心,意味着无论是宏观的问题还是微观的问题,不管是多元的问题还是单一的问题,"问题"都是科学探究的中心。

另外 9 个关键环节分别是界定问题、形成问题、信息搜集、表述期望、进行研究、审查结果、概述结论、与他人交流以及观察。需要指出的是,这 9 个关键环节并不完全相互独立,而是交叉在一起,例如,有些环节就可能反复贯穿于整个科学探究的全过程了。

具体而言,界定问题是指限制青少年想要探究的范围。例如,"全球性气候变化的影响是什么"这个问题相对比较宽泛。为了缩小目标,青少年可以研究全球气候变化对海洋的影响或是全球气候变化对植物多样性的影响。

形成问题是指发展一个可以驱动科学研究的问题(这是个交叉过程)。信息搜集是指青少年查阅书籍和文章,尽可能在感兴趣的领域了解他人已做的探索。信息搜集经常被频繁地运用在科学探究的过程中。

在表述期望中,青少年要为其研究树立一个期望(值)。对于有些青少年来说,这可能是个正式的假说,但对于更多的人来说,这可能只是个预测或是不用说明的希望。在最有关联的进行研究中,青少年选择研究问题的方法和工具,收集或创造材料,并整理数据。在这期间,青少年会遇到很多问题和挑战,这就经常要求他们再次投入到其他关键环节中去。

根据研究形式,可以有多种数据收集方式。但是青少年需要确定这些数据的合理性,并且审查结果。如果科学家不能保证数据的合理性,那么,这项研究将被重复进行一次,或者在重新修改设计后再进行。

一旦数据被确定下来,下一步就是概述结论。青少年通常花大量的时间思考这些结果的意义——这些结果与已有的探究有何联系?如何向他人解释?这亦说明与他人交流是非常重要的。在整个探究过程中,青少年不管在哪里都会相互交流。事实上,很多探究都涉及几个人或是青少年群体的合作,这就需要彼此具有很好的交流技巧。通常来说,科学探究中的最后一个关键环节,就是通过口头或文稿演示的方式,与同龄人、老师或专家进行正式的沟通。

在整个科学探究过程中,应特别强调观察的重要作用。观察可能是一些探究活动的开始,但也在进行研究和信息搜集时使用。

②如何指导青少年运用科学探究模式:探索没有简单的路径,但即使不同的探究模式,也可以围绕上述模式来解释。科技辅导员也可以在科学课堂上,用这种模式作为设计课程和单元的个人框架。他们还能以此关注青少年开展与探究相关的具体技能。例如,在准备"互联网是进行信息搜集的主要途径"这个课题时,指导青少年怎样读日志、寻找网页或通过电子邮件与专家联系,都是进行有效信息搜集的必备技巧。

关注上述模式中的各个关键环节,使青少年有机会发展成为一名科学家,并获得一些必要的技能。以往,他们需要参加一个为期几周的完整的探究计划才能获得这种技能。例如,科技辅导员为青少年提供一个探究案例,直接给出通过探究得到的数据,并且要求他们进行审查结果这一步骤。数据合理吗?你们怎么知道的?而概述结论这一步骤通过提供一系列数据而进行,这比一个简单的预测更重要。青少年是如何应对挑战的? 他们该做什么来归纳发现?

这个模式还可以为指导或开设科学探究课程提供一个框架。例如,在一堂公开的科学探究课上,这个模式可以帮助科技辅导员了解青少年是否投入到必要的思考中,进而还可以了解他们是否从思考一般性问题,转移到思考针对探究课题而建立的关键性问题上? 他们有没有寻找所需的信息来促进探究呢? 他们对探究有明确的期望吗? 他们在探究中相互交流吗?

科技辅导员还可以将这个模式作为导向,提供明确的关于如何探究科学的反馈。当青少年在进行界定问题或是形成问题时,他们并没有准备探究科学,但却已经投入到科学活动中来了。按科学家的说法,探究科学并不是简单的收集和控制数据。上述模式显示出更多的思考和努力工作是必不可少的。

传统的科学探究模式的另一个主要弊端,即认为科学家参与交流的唯一机会,体现在完成探究最后的报告中(口头或是文字)。这与现实相距甚远,科学探究经常是以小组形式进行的,每位科学家分别负责研究不同方面,他们要经常讨论设计、收集的信息和预期的结果。同样,当青少年就探究中的一个问题或一些方面与别人进行交谈时,他们都是在与他人交流。交流与沟通并不意味着仅仅出现在最后报告的评价上。科学家从不单独工作,而是善于依靠同行(无论是在实验室里还是走出实验室)的学识,相互交换想法和讨论工作。

(2)对青少年参与科学探究活动方法的指导

①自然科学探究活动的常用方法及指导:对青少年而言,涉及自然科学探究活动常用的方法,首先是科学观察,即借助人的感官或仪器来感知科学事实。这一方法也是科学家在研究中常用的方法——他们从不同的角度来观察自己周围的世界。例如,人们拍下夏威夷火山爆发的情景,地质工作者可以利用影片仔细琢磨火山的爆发。科学工作离不开细致的观察。再如,人们在实验室里检验特殊的光导纤维,它是用在新式的电话系统上面的。这些光导纤维像人类的毛发一样,必须使用显微镜才能看清楚。显微镜和望远镜在科学工作中也是重要的,可以帮助科学家在我们的世界中以及远离我们的宇宙中发现新事物。

科技辅导员应指导青少年学会科学观察的方法,如训练他们在野外考察的时候用素描的方法画出所见植物的形态、动物的主要特征以及周围环境的生态分布;鼓励他们尝试运用数码相机拍下物体运动的轨迹、花朵绽放的瞬间以及化学实验中稍纵即逝的中间产物;使青少年能够熟练运用科学观察的方法,在科学探究活动中借助自己的感官或仪器感知科学事实。

对青少年而言,涉及自然科学探究活动的另一种常用方法为实验,这是他们验证自己提出的假说的主要方法。这一方法也是科学家在研究中常用的方法。例如,为了保护人们不受恶劣气候灾害的影响,如时速320千米左右的龙卷风侵袭,科学家有时在野外观测,有时就在实验室中做试验,实验室里的各种条件都是可以控制的。一位科学家在他的实验室中,利用他设计的机器来考察龙卷风。他把干冰放进水槽里,创造一个小型的龙卷风。水在冒泡,气体从干冰中冒出水面;顶上有许多杯形的仪器在转动,它能产生一种漏斗似的旋风,把蒸汽卷成龙卷风一样。像这一类的实验,会帮助科学家了解龙卷风和其他恶劣气候的成因。

科技辅导员应指导青少年学会科学实验的方法,特别是做好实验的设计工作,形成比较细化的实验方案。例如材料的选取是否可行,选择处理方法是否使混杂变量减少到最小,实验中较多的有效对照,重复次数以确保实验的准确。例如,上海市延安中学一位青少年在"葡萄降低油炸食品毒害的实验探究"中做了以下的实验设计:对将薯片、纯丙烯酰胺、薯片＋葡萄汁、纯丙烯酰胺＋葡萄汁及纯葡萄汁控制浓度分别添加到果蝇的培养基中,通过果蝇实验进行探究,观察其生命指标。利用富含类黄酮物质的常见水果——葡萄,缓解丙烯酰胺的毒性,以此希望达到以下的目的:了解油炸食品及其中的丙烯酰胺对果蝇生长发育的影响;验证葡萄汁能够在一定程度上降低油炸食品中丙烯酰胺对果蝇的危害。这个试验计划里包括了实验过程中要测定的自变量、测定方法、实验结果的统计分析等内容。

②社会科学探究活动的常用方法及指导:对青少年而言,涉及社会科学探究活动的常用方法首先是文献研究法。文献研究法属于定性研究的方法,是指某一社会现象以现有的文献资料或经验材料为依据,运用演绎、归纳、比较、分类、矛盾分析等方法,对某种事物进行研究的一种类型。它可以从纷繁复杂的事物中探寻其本质特征和要素,从个别的、典型的材料中得出结论,所得出的结论多具有概括性或概貌性。

对青少年而言,涉及社会科学探究活动的另一种常用方法是社会调查法。社会调查法包括访谈法、个案调查法和问卷调查法等。这里主要介绍青少年最常用的问卷调查法。问卷调查法属于定量研究的方法,通过设计调查问卷,运用概率、统计原理对社会现象的数量特征、数量关系和事物发展过程中的数量变化等方面进行研究。它在实地调查搜集资料方面,强调运用抽样技术选择样本;在对样本进行调查研究中,运用变量、操作化、假设、检验等概念和方法对一些社会现象进行量化研究;它为认识社会现象的不同性质提供量的说明,由此来了解事物的性质,或者了解某一社会现象各要素之间量的关系。

科技辅导员要使青少年理解,社会现象不仅具有质的规定性,而且还有量的规定性。质的规定性是说明事物是什么,量的规定性则是说明多少的问题。只有对社会现象进行定性和定量的研究才能正确认识某些事物。从定性出发,经过量化过程,再返回到定性,以达到正确认识社会现象的目的。

4. 对青少年撰写科学探究论文的指导

科学论文是青少年在科学探究的基础上,运用观察、实验、调查和数理统计等科学方法,对自然科学、社会科学、思维科学、技术和工程学等领域里的某些现象或问题进行专题研究,并依据所揭示出的其本质和规律性而撰写完成的科学论述。因此,只有当科学论文写成之后,科学探究课题才算基本结束。

上述论文是论述科学研究成果和科学研究新进展的一种理论文体。它不同于文艺小说、科幻作品,可以任凭想象、随意发挥。它必须重视内容的科学性,要求格式的规范性,此外还有两个显著的特点:一是创新性,即要有新发现、新观点、新发明。具体表现为:在实践上,采用的方法是先进的,效果良好;在理论上,提出了新观点,达到了一定的深度和广度。二是理论性。论文要对实验、调查所得的结果,从理论高度进行分析,形成一定的科学见解,包括提出一些有科学价值的问题。另外,对其见解和问题,用事实和理论进行符合逻辑的论证。

青少年科学探究的涵盖面很广,研究的形式也多样化,或是学术探讨,或是科学实验,或是对一个事件的调查等。因此,最后形成的科学论文的形式也各不相同,但不论是何种形式,其论文的写作都要做到主题鲜明,重点突出,着重阐述对社会发展有意义的、有创造性的见解或发明。行文要思路清晰,论证严密、前后贯通。语言表达要准确、简明。上述科学论文大致应包括如下几部分内容:

(1)题目:论文的题目要求简洁、明确,使人一目了然,字数不宜过多,一般不要超过20个汉字。题目可以在选题时确定,但随着研究内容的展开和深入,会在研究过程中发现新问题,甚至出现与预期不一致的情况,这就需要对原来的题目进行修正。题目的用词要能鲜明、具体、准确地反映出论文所研究的内容、范围和目标。

(2)摘要:摘要是论文的缩影,书写摘要的要求是:精练,用高度概括的语言说明研究本课题的目的、实验方法、实验结果和最终结论,文字要做到"多一字则无必要,少一字则嫌不足"的程度;完整,它是一篇结构严谨、内容实在、逻辑性强、独立成篇的短文,不要简单地将条纲罗列在一起当作摘要;简短,行文简明扼要,一般不超过300字,不用图表、化学结构式和不规则的符号和术语;摘要不加评论,只对论文的内容作忠实介绍;摘要中一般不出现第一人称,并不以第一人称的口吻书写。

(3)关键词:关键词是一种表达论文要素特征并具有实质意义的检索语言。它能够反映论文的中心内容或主题,显示论文的特征。它意义单一,指向性强,特异性高,适用于编制二次文献,也可用于计算机和人工检索。

一篇论文可以选取3~8个关键词。关键词不必讲究文法上的结构,不一定表达一个完整的意思,仅仅是将一个或数个词简单地组合在一起。每个关键词都可以作为检索论文的信息。

(4)前言:前言是论文的开头,又称引言、序言。其目的在于引出正文。前言的内容包括:课题来源;研究的目的、范围和相关领域的前人工作和知识空白;本课题的研究过程、研究方法和实验设计及其理论基础与实验依据;获得的研究结果及其预期效果和意义。

这部分通常要写得简明扼要,直接入题,一般不要超过500字。有些青少年本意是想把问题说得清楚些,花了许多笔墨来陈述,其效果往往适得其反,使读者觉得累赘,淡化了主题。在介绍前人贡献时,不要大段引用他人的原文,要用自己的话概括叙述,并注明参考文献号。

(5)正文:科技辅导员在指导中应使青少年明确,正文要充分阐明科学论文的观点、原理、方法及具体达到预期目标的整个过程,并且突出一个"新"字,以反映科学论文具有的创新性。正文一般由研究过程和方法、结果与分析、讨论、结论四部分构成。

①研究过程和方法:这部分是作者从事本课题研究工作的思想方法、技术路线和创造才能的具体反映。应如实写清楚研究所用的器材、材料、研究对象、研究环境以及方法步骤,使研究结果经得起别人的推敲和重复验证。包括实验(观察、考察)的时间、地点、步骤;考察(观察)的对象或实验材料来源;使用的工具器材、仪器设备;研究方法(需说明是

自己设计的还是利用或改进他人的);操作过程和进度等。实验设计需要有对照、有重复,整个实施过程科学、规范、可行。如果用自己设计的仪器或设备进行实验,则要详细说明并附上该装置图或照片。

②结果与分析:这部分内容集中在一个"精"字,即精确、精选、精粹。精确指对每一个现象乃至一切细节都不能有所疏忽,这样才能做出准确的描述;精选是不可照抄实验所得的全部资料和数据,必须选出能说明结论依据的那些必要的、关键性的、有代表意义的、准确可靠的资料和数据;精当指"结果"要按一定的逻辑顺序编排,条理清楚,恰到好处;精粹指用简洁明确的语言表述出来,必要时可以采用图表代替罗列大量数字和资料的文字表述。凡是图表已清楚表明的问题,不要再用语言文字重复,只要扼要归纳即可。结果一定要以数据或实验成果照片为依据。数据必须经过合适的统计法处理,有的可以通过绘制表格、曲线图,并配以必要的文字来表示。科学论文绝不是原始资料的简单堆积,原始资料可作为附件,出现在正文之后。

③讨论:这部分主要对实验现象或统计数据进行分析,开展理论上的讨论,得出恰当的结论。所得出的论点必须以科学的方法和研究的结果为依据,要言之有理,恰如其分。千万不可乱下结论,随意扩大研究结果,这样会失去研究的科学性。

④结论:这部分的内容通常包括:概括而简要地说明本文解决了什么问题,有何理论意义和使用价值,得出了什么规律,建立了什么方法;对前人或他人的相关研究做了哪些检验,与自己的研究结果相比,哪些一致,哪些不一致,自己做了哪些修改、补充、发展、证实或否定;自己的研究还有哪些不足,有哪些未解决的问题以及解决这些问题的设想等。结论的写作,要有严密的逻辑性,措辞必须严谨,要用肯定的语气和可靠的数字,不能含糊其辞、模棱两可。在肯定或否定某一论点时,不要使用"大概"、"可能"、"也许"之类的给人造成似是而非的感觉的词语。

(6)收获和体会:写出在实验过程中的收获、感想和体会。简洁明了,要求有感而发。

(7)参考文献:参考文献是学术论文的一个必要的组成部分。从所列的参考文献中,读者可以看出作者在本课题研究中对前人工作的了解情况,作者所作的研究是在什么样的基础上进行并完成的,从而为判断本课题的科研价值、创新点和重要性提供依据。

所列的参考文献应注意:所引文献必须是作者直接阅读过的、正式发表的出版物或其他有关档案资料,包括专利等文献,一般不从他人的文献中转引;所引文献要忠实于原著,著录时要仔细核对;文献著录要符合规范。

二、技术和工程类板块

(一)发明活动培训单元

从实质来看,发明属于技术领域的创新。而人们对技术并不陌生,早在我国明代,就已经对其有了相对清晰的认识。如宋应星在《天工开物》中提出了"开物"的说法,即把技术看作是对物(或材料)的加工。时至今日,人们对技术性质的认识更趋向全面——技术是物质因素和精神因素的动态结合。技术既可以表现为有形的生产工具、实体物质,也可以表现为无形的技能知识、精神智力，还可以表现为虽不是实体物质但却又有物质载体的信息资料（包括电脑软件）、设计图纸等。

青少年发明活动，亦是在北美、欧洲等发达国家和亚洲一些发展中国家广泛开展的青少年科技创新活动的主要类型之一。在我国，此类活动也是构成全国各级青少年科技创新大赛的主要系列活动之一。

1. 发明活动概述

（1）对发明的理解：所谓发明，是指运用相关的科学理论知识实现的技术创造。对上述界定狭义的理解，是指国家专利法所承认的发明，这类发明通常具有较高的实用价值，可以带来较明显的经济效益，并可经过审批获得专利权。广义的理解是指所有具有一定社会意义和价值的技术成果，包括那些未获专利授权的技术创新成果。诸如青少年科技创新活动中的发明，尽管有的相对成熟有的还需完善，但大都归于广义的发明的范畴。

（2）发明与技术设计的关系：技术设计是产品设计工作中的一个重要阶段。设计者在该阶段将对产品结构进行全面的技术规划，以使产品实现合理性、工艺性、经济性、可靠性和创新性等。从某种意义上来说，技术设计成果都可视为广义的发明。为培养未来具有良好技术素质的人力资源队伍，促进青少年对技术创新特别是发明活动的认知，英国等一些发达国家从20世纪80年代起，就已在中小学中开设了技术设计课程。

（3）对发明活动的界定：发明活动系将科学原理应用到生产和生活实践中，把计划、规划、设想通过特定的形式和方法（生存和生产工具、设施、装备、语言、数字数据、信息记录等）实现，是科技实践与创新的重要方面。

在发明活动中，创造是不言而喻的，因为发明就意味着具有新颖性、先进性和实用性产品的诞生，意味着创意向实际成果的转换。如果说科学探究主要是培养青少年逐步形成纵向的有序的思维，即强调因果关系的逻辑思维，那么，发明则是使青少年在纵向的有序的思维基础上进行横向的无序思维，"这个不行，换那个试试"，这种"火花"的闪现正是创造性思维在耕耘播种。

（4）开展发明活动的作用：在美国国家科学院推出的《国家科学教育标准》中指出："技术设计与科学探究是一种平行的活动。正如作为探究的科学之标准一样，本标准首先强调对设计过程的理解力以及解决简单设计问题的能力。"由此可见，技术设计和科学探究有着同样重要的作用。

以技术设计为基础的发明活动，其目的是为了培养青少年自己发现和描述问题的能力，设计解决方案，提出不同的设计建议并根据所选择的判别尺度进行比较；考虑到各种限制（例如成本、时间、利弊的权衡和需要的材料），并且通过图纸和简单模型交流其设计，以提高评价解决方案的能力；最终实施提出的解决方案可以培养他们独立工作或合作的能力以及在适当条件下运用合适的工具、技术和定量测定方法的能力。

（5）发明活动的类型：从学科上来划分，发明活动包含土木、机械、航空、化学、交通运输、环境、电子、电气、人工智能和计算机等不同领域的发明。

从发明活动的过程来看，大都包括以下步骤：首先，应明确发明的目的，调查前人已经做过什么；然后，开始创意设想及方案设计，分析并完成发明设计的一些限制条件，进行发明设计方案的选择和测试；最后，检验发明设计方案的可行性并制作出实物或模型以及作品完成后最终要撰写发明报告。

在整个发明活动的实施过程中,制订方案、总体设计、制作样品、评估验证都会伴随着实施者构思的变化而改进并发展,而这四个过程也常常会反复交替进行。

2. 科技辅导员对青少年开展发明活动的指导

青少年生活的范围相对狭窄,受知识和技术力量的限制,在发明过程中他们会遇到意想不到的各种困难。因此,科技辅导员在活动的过程中要让青少年了解发现问题的途径与方法,例如观察日常生活、收集和分析信息、开展技术研究与技术试验等。同时,科技辅导员要注意培养青少年对技术问题的判断、选择、设计和实施能力。另外,发明活动难度大且周期长,一次成功率不高,而青少年由于年龄带来的心理特点,导致兴趣不巩固和注意力难持久。对于这些困难,单凭智力和创造力是远远不够的,还需要科技辅导员帮助他们逐步形成勇气、毅力和志趣等良好的心理品质和健康的人格。

(1)目标与方向的指导:青少年发明活动总是指向一定目标,虽然活动的总目标是培养青少年的科学素质、人文素质和其他心理品质,但这个目标是抽象的,缺乏操作性。对于发明活动而言,其目标又是十分具体的,它的确定是由辅导员在总目标的指导下,根据客观条件以及青少年个体的知识、经验和能力水平等因素,引导青少年自主选择确定的。目标确立后,为了确保目标的实现,还必须选择在目标条件下的相对科学与经济的实现方式,这同样需要科技辅导员及时进行指导与调控。

在发明活动中,科技辅导员通过相关指导,要重点培养青少年选择正确研究方向的能力,这种能力对其今后的发展是至关重要的。正如著名科学家爱因斯坦所指出的:"提出一个问题往往比解决问题更重要。因为解决问题也许仅仅是一个数学上或实验上的技能而已,而提出新的问题、新的可能性、从新的角度去看待旧的问题,却需要有创造性的想象力,而且标志着科学的真正进步。"

就发明活动而言,其核心就是创新,而创新点的确定,实质就是研究方向的选择。青少年随着自身受教育程度的逐步提高,其智力也在不断发展,而能够选择正确的研究方向,恰恰是智力提高的具体体现。正如《孙子兵法》所说的"智以择向",在发明活动中就意味着选择正确的研究方向,善于发现和提出具有探索意义的技术问题。

例如,安全剃刀是美国人金·坎普·吉列发明的,因为他有一次用剃刀刮脸时不小心把下巴刮出个口子。吉列想,如果有一把不会刮破脸的剃刀就好了。于是结合这一问题他开始潜心研究,最终设计出在刀片上加护挡的安全剃刀,很快就风靡全世界。参加全国青少年科技创新大赛的许多青少年,都和吉列一样,从问题入手,选择了适宜的研究方向,创造出从速调活扳手、脚踏鼠标直至助盲式"三态"电梯按钮等诸多具有社会价值和经济价值的发明作品。

(2)知识与技能的指导:青少年参与的发明活动,是在他们已有概念、原理等知识指导下的实践活动。在参与活动前,青少年已经具备了与活动内容有关的基本知识,这些知识是他们开展上述活动的前提条件。但是,青少年有了书本知识,并不一定就必然能够成功地进行活动。在这中间,还有一个知识的转化过程,即理性知识如何结合活动中的具体情境和具体条件,从而使活动沿着正确的途径运行。这时,科技辅导员就必须针对青少年转化过程中的困难进行指导,以及向他们传授有关的转化程序或转化策略等方面的经验知识,帮助他们尽快完成这一转化。

另一方面,发明活动作为一项实践活动,多数情况下,需要青少年动手操作。因而,操作技能的指导也是科技辅导员任务的一个重要方面。回顾1994年在南宁举行的第七届全国青少年发明创造比赛,为了倡导青少年自己动手制作出其发明的产品,组委会增加了对参加决赛选手的技能测试——分别测试其最简单的木工、钳工和电子电路制作技能。当时在测试现场,大多数青少年参赛者都不会熟练使用木锯、钢锯、锉刀和电烙铁,许多参赛者只能勉强做出蹩脚的产品,有的还弄伤了自己的手。不过,这毕竟是一个好的开端,在以后举行的全国青少年发明创造比赛(后来更名为全国青少年科技创新大赛)上,青少年参赛选手的动手操作技能就有了明显的提高。

当然,除了动手操作的技能,其他如思维的技能、撰写发明或技术报告的技能以及交流沟通的技能等,都需要科技辅导员关注并对青少年予以规范指导。

(3)方法与过程的指导:在青少年发明活动中,科技辅导员对过程的指导是不可忽视的。以发明为例,其创造的过程千变万化,丰富多彩,然而大体上都遵循着选题、准备、创造、验证和实施等主要过程环节。只有科学地把握上述全过程的每一个环节,才能保证最终成果的问世。因此,科技辅导员不仅要指导青少年做好每一项具体活动的过程设计,还需要在他们实施的过程中,对每一环节予以关注或点拨。

例如,要设计并制作一个低成本的简易水压机模型教具,青少年首先要依据其将演示的液压原理,根据参观一些工厂、港口和城市文化设施所获得的综合印象,构思出该教具的大致形状——体现个人创意的雏形,并画成样图,这即是设计。其次,青少年要为该教具选择合适的低成本材料:如可用胶合板作为支架和壁板,用两个直径不同的注射器分别作为大、小活塞,用玻璃管和橡胶管作为导管,用两块质量不同的铁块作为置于大、小活塞上的块状物,用细铁丝作为"箍",用胶水和钉子分别作为黏合剂和固定物,等等。最后,青少年要运用木锯、锤子、钳子、钻、钻头、凿子等,按照一定的程序,将该模型制作(装配)起来,最后涂上自己喜欢的颜色。

实际上,上述过程恰恰体现出现代技术教育的目标,即帮助青少年把头脑中的"创意"变为现实的"产品"。在这一过程中,科技辅导员要通过指导使青少年领悟:体现创意的"设计"是核心,操作技能是把"设计"变为"产品"的"桥梁",而"计划"则是在动脑的基础上动手的依据。

(4)情感态度与价值观的指导:在青少年参与发明活动的动机中,最现实、最活跃的成分之一就是求知欲。"知之者不如好之者,好之者不如乐之者。"正是指出了兴趣的重要性。因此,科技辅导员在引领青少年参与上述活动的时候,要利用技术产品多姿多彩的魅力,利用技术创新为人类生活带来无穷变化的重要影响力,抓住他们的好奇心,启发其求知欲,开阔其眼界,激励他们探索科技的兴趣。从某种意义上可以说,青少年对科学技术的兴趣,决定了他们是否愿意以及能否持续参与发明活动。

在发明活动中,科技辅导员不仅要引导青少年形成学科学、用科学、爱科学、讲科学的良好风气;而且也要积极引导他们建立科学、文明、健康的学习和生活方式,并倡导与全面建设小康社会相适应的社会精神风貌。在上述活动过程中,科技辅导员要通过言传身教,着重培养青少年严谨求实的科学态度,勇于创新的科学精神,鼓励他们奋发图强,积极向上,使其逐步形成正确的世界观、人生观、价值观,从而能够跟上科技、经济和社会发展的时代步伐。

无论是未来的科学家、技术专家或是普通劳动者,诚信都是必不可少的。正如杰弗逊所言:"诚实是智慧之书的第一章",而"信用如镜,一有裂痕,难以复原"(亚美路)。因此,科技辅导员要教育青少年从小就具有良好的科学道德观念,严防在发明活动中出现弄虚作假的现象。事实上,一些个案表明,确实有极个别的家长、辅导教师以牺牲青少年的诚信为代价,用成人的"介入"或是以成人的成果顶替青少年的作品参赛,这是需要警惕的。

发明活动的过程,既是培养青少年创新精神,提高他们科学素质的过程;也是形成其优良的道德品质的过程。发明活动基本上是一种集体活动,科技辅导员应鼓励青少年在活动中互帮互助,相互学习,取长补短,培养他们的团队协作精神和集体主义精神。另一方面,科技辅导员也必须引导青少年树立对社会的责任感,将灵魂的塑造贯穿整个活动的全过程。

3. 相关知识介绍

（1）开创性技术发明:这种发明,其新技术方案所依据的基本原理与已有技术有质的不同,又称基本技术发明。如蒸汽机技术的发明开创了热能向机械能的转化,在基本原理上区别于仅有机械能转化的简单机械。立足于电磁感应原理的电力技术的发明开创了电能与机械能的相互转化。从利用链式核反应原理到利用核聚变反应原理,可取得开创性的核技术发明。近代和现代的开创性技术发明大都以科学原理的突破为条件,自觉地应用新的科学原理来解决技术问题。科学上的许多重大突破,将会导致技术上的开创性发明。

（2）改进性技术发明:这种发明是在基本原理不变的情况下,对已有技术作程度不同的改变和补充,又称改良性技术发明。如电灯中用钨丝代替碳丝,用充氩代替真空,都是依据电热发光的同一原理。高压蒸汽机、汽轮机和多缸蒸汽机的发明,都是对蒸汽机技术的改进。改进性技术发明以开创性技术发明为基础,开创性技术发明靠改进性技术发明得到完善和发展。改进性技术发明可能以新的科学发现为前提,但在很多情况下是靠长期的经验积累和经验摸索。

（二）智能机器人活动培训单元

20 世纪 90 年代,随着机器人技术在国际范围的广泛应用,为了普及机器人的相关知识和技术,欧美、日韩等发达国家在青少年中开展了智能机器人活动。由于智能机器人技术融合了电子、造型、传感器、机械、软件和人工智能等技术,充分体现了当今信息技术等多项领域的先进技术,因而迅速成为世界范围内基础教育中信息技术教育的重要载体。

与此同时,智能机器人活动为青少年提供了表现、思索、研究、创造的机会,为多出人才、早出人才创设了广阔的空间,为培养科技创新后备人才开辟了良好的途径。在上述活动中,青少年不仅可以学到有关机械、电子、计算机等技术知识,还可以培养他们的创新精神、实践能力以及良好的心理品质和科学素质,因此上述活动也受到了我国和一些发展中国家的重视。目前,智能机器人活动已成为我国青少年科技活动的主要形式之一。

1. 智能机器人活动概述

（1）智能机器人定义：到目前为止，在世界范围内还没有一个统一的智能机器人定义。大多数专家认为智能机器人至少要具备以下三个要素：一是感觉要素，用来认识周围环境状态；二是运动要素，对外界做出反应性动作；三是思考要素，根据感觉要素所得到的信息，思考出采用什么样的动作。这些智力活动实质上是一个信息处理过程，而计算机则是完成这个处理过程的主要手段。联合国标准化组织采纳了美国机器人协会给机器人下的定义："一种可编程和多功能的操作机，或是为了执行不同的任务而具有可用电脑改变和可编程动作的专门系统。"即机器人是靠自身动力和控制能力来实现各种功能的一种机器。

（2）什么是智能机器人活动：智能机器人活动是指青少年根据不同工作任务和目标，自己设计和制作出相应的机器人，并且为机器人编写合适的计算机程序，然后通过操作控制，指挥机器人靠自身动力来完成指令任务或实现相关目标。小学阶段以机器人套件为主要活动材料，运用图形化的编程语言，设计开发功能简单、体现创新的机器人作品；中学阶段在现有机器人套件的基础上加以延伸、改装和开发，设计具有个性的机器人作品，提倡以课题研究的形式开展活动。

（3）开展智能机器人活动的目的：开展智能机器人活动，目的是让青少年接触机器人技术，了解与机器人工作相关的机械、电子和计算机原理以及相关知识；破除青少年对机器人的神秘感，培养他们对机器人技术的兴趣；让青少年学会机器人模块的搭建，掌握机器人控制程序的编程和调试，熟悉机器人的操作控制；通过活动还可以激励青少年的想象力和创造力，提高他们解决问题的能力和团队合作的能力。

（4）智能机器人的类型：智能机器人按控制形式，可以分为非编程机器人、遥控机器人和编程机器人三种。非编程机器人指机器人的控制程序已经编好并存储在单片机中，操纵者不能更改程序，只能改变机器人的外观和搭建；遥控机器人指操纵者通过无线或有线的方式发出命令，来控制机器人完成任务；编程机器人指操纵者编写控制程序输入机器人，由机器人自动完成任务。

（5）科技辅导员在上述活动中的作用：智能机器人项目是青少年非常喜爱的一项科技活动，无论是立足于编程的虚拟机器人，还是运用机器人套件设计、搭建、编程、调试的智能机器人，都给青少年留下了极大的想象空间和创造空间。这就要求科技辅导员在活动中，不仅要传授基础知识和基本理念，更要善于调动青少年的观察力、想象力和创造力，给予及时的引导和指导，帮助他们更好地体验以智能机器人为载体的活动。

2. 上述活动的教育定位

（1）对青少年个体的培养目标定位：通过参与智能机器人活动，可以使青少年接触机器人技术，了解与机器人工作相关的机械、电子和计算机原理及相关知识；破除青少年对机器人的神秘感，培养他们对机器人工程技术的兴趣；让青少年学会机器人模块的搭建，掌握机器人控制程序的编程和调试，熟悉机器人的操作控制；激发青少年的创造性、想象力和创造欲望，提高他们解决问题的能力和团队合作的能力。

（2）上述活动教学内容与模式的定位：从教学内容来看，智能机器人活动覆盖了信息技术的几乎所有内容。就知识的承载而言,智能机器人活动包含着信息技术领域中的传感技术、控制技术、程序设计技术、人工智能技术等多方面的内容,以及涉及信息的获取、存储、加工、传递、输出各个环节的内容。从教学模式方面看,智能机器人活动更适合采用探究式、体验式、合作式、整合式等新型教学与学习方式。

智能机器人还是一种开放性的教育平台,青少年可以充分发挥想象力去设计各种智能装置,实现自己的创意。在开发的过程中,激发出浓厚的兴趣,从而培养青少年信息素养。

(3)上述活动在中小学教育中的定位:智能机器人活动走进学校,不但为校园的科技活动内容增添了新的素材,同时也为科技活动的开展模式,提供了创新的舞台。在智能机器人活动中,通过介绍高技术领域学科发展前沿和我国科学家在能机器人开发过程中的艰辛,可以有效地实施思想品德教育,培养青少年爱国主义精神、科学精神和顽强拼搏的精神,激励中小学青少年确立正确的世界观、人生观和价值观。

日本、美国等一些发达国家对在青少年中开展机器人学科教育高度重视,已在信息技术课与课外科技活动中开设了有关机器人的教学内容。而智能机器人活动进入我国中小学,其教学内容、教学模式以及教育价值,对信息技术课程的发展已显现出重要影响,同时也必将对我国未来的科技、教育和社会发展产生深远的影响。

3. 对智能机器人活动类型及方法的指导

(1)活动类型:按智能机器人的活动内容,还可以分为机器人足球、机器人创意设计、FLL 机器人工程挑战、VEX 机器人工程挑战赛、机器人基本技能、机器人篮球等不同类型的项目。现就目前竞赛比较热门的几项内容予以简要介绍。

①机器人创意设计:一般机器人创意设计活动分为选题和研发两个步骤。选题一般围绕各项赛事的主题展开。比如第十二届中国青少年机器人竞赛中,机器人创意设计的主题是仿生机器人。科技辅导员就要组织青少年了解什么是仿生机器人,而仿生机器人的创新点一定聚焦在机器人与生物的结合点上,在那里才能生长出新颖性。还有的竞赛没有固定的主题,其选题就可以从生活出发,引导青少年发现生活中的问题,利用机器人的优势去帮助人类解决这些问题。

选题之后开始研发,研发步骤通常体现出研究的过程。一般需要经过下面几个环节:初设——初步设计出机器人所要实现的功能以及外形。抽象——从初步设计的方案中提炼主要因素,得到一个较为简化的模型。这个模型应该能够描绘出机器人所要实现的主要特质及原理。这样就确定了创新点。映射——把初步的模型映射成一个机械模型,一个具有工程可行性的实物模型,这就要求在原有基础上创新和提高。实验——经过实践—认识—再实践的多次重复,机器人逐渐实现其所需要的功能。

小学阶段开展机器人创意设计活动,建议利用现成的机器人器材套件开展设计和搭建,力求节省成本,避免比赛的成人化倾向。初中、高中组参赛作品中一定程度采用自制器材,且机器人的创意、设计、搭建、编程应由青少年独立或集体亲身实践和完成。

②FLL 机器人工程挑战:FLL 机器人工程挑战赛是一项青少年国际机器人比赛项目,FLL(first lego league)世界锦标赛是 1998 年由美国 FIRST 非营利性机构和丹麦乐高集团合作主办的针对 9～16 岁青少年国际性机器人比赛。由发明家 Dean Kamen 创立的

FIRST 机构(For Inspiration and Recognition of Science and Technology),目的是激发青少年对科学与技术的兴趣,也是目前中小学智能机器人活动开展的热门项目。

FLL 机器人工程挑战活动要求青少年以小组形式开展活动,要自行设计、制作机器人并进行编程。设计完成后的机器人要在特定的场地上,按照一定的规则进行比赛。队员们需要建设团队、解决问题和分析思考。

每年 9 月,由教育专家及科学家们精心设计的 FLL 挑战内容将通过网络,在全球各地同步公布。挑战任务由机器人竞赛和主题研究项目两个部分组成。挑战项目公布后,青少年们将在接下来的时间使用乐高机器人技术组件和软件加传感器、马达、齿轮、各种乐高技术积木件等来制作全智能机器人。他们也需要在网上查找资料、向科学家请教、查阅图书馆资料,完成一份 FLL 要求的调查报告。报告的内容通常是与当今世界面临的问题紧密相连。

FLL 在 2003 年引进中国,目前已经开展的活动主题为:2003 火星探险、2004 无限关爱、2005 海洋奥德赛、2006 纳米科技、2007 破解能源、2008 气候影响、2009 智能交通、2010 生命科技、2011 食品安全。

③机器人足球赛:机器人足球赛是模拟人类足球比赛的机器人制作活动,青少年要从设计、制作机器人,直至编程控制机器人。另外,青少年既要考虑机器人的进攻,又要考虑防守,还有开球、持球、进球、界外球等多个因素,是学习机器人制作综合知识的有效载体。

以中国青少年机器人足球竞赛为例,球场区长 1220mm、宽 1830mm,球场四周有宽度为 220mm 的白色边界区。边界区四周有宽 80mm、深 15～18mm 的沟槽。沟槽四周为高 160mm、厚 15～18mm 的挡板。球门内宽为 450mm,深度为 80mm。每个球门在距地面 140mm 处有一横梁。球门内有高度为 80mm 的后壁。球门内侧涂成天蓝色,地面为白色。球门外侧面应涂成亚光黑色。球门用厚度不超过 12mm 的木板制成。场上有 6 个发球点和 1 个开球点,采用能发射红外线的直径 75～80mm 的电子球。

机器人必须是启动后能够自动运行的机器人,禁止使用任何遥控方式。机器人必须能自由纳入内径为 220mm 的开口圆筒中,重量不得超过 2.5kg。机器人带球的控球区定义为机器人身上的任何突出部位形成的内部空间,控球区的深度不得超过 30mm。机器人的程序编写应由青少年自己完成。机器人使用 6 节 1.5V 专用干电池,电池盒必须位于机器人的上方或侧方,盒盖应便于开启或透明。除此干电池外,不能在机器人上使用其他电池或储电装置。

青少年可以分为红蓝两方进行比赛。比赛开始前,红方挑边,蓝方先开球。下半场交换场地后,红方先开球。每个半场比赛开始时或进球后,均须开球。开球时,所有机器人必须位于自己的半场并停止不动。球由裁判员放在场地中央的开球点。不开球的机器人必须有某一部分在本队罚球区(含上方)内;开球的机器人可以被放置在球的附近,距球至少 50mm,以保证它在裁判员鸣笛后最先接触到电子足球。裁判员可以要求双方青少年调整机器人的摆放位置。双方的机器人一旦摆放完成,就不得再移动。活动时以进球多者为赢,如果机器人利用某种装置或某个动作连续攻击或冲撞并不控球的对方机器人,可判其犯规。

(2)活动指导:由于机器人活动内容比较丰富,且各具特色,对于每个项目的指导方法各有不同,但总的来说要注重以下三点:首先注重激发青少年兴趣。不要一味追求技术与难度,而是应该根据青少年的实际情况设计趣味性的项目,引导他们持之以恒的参与活动。其次,坚持以青少年为中心。青少年只有亲身体验,才能获得真知,只有亲手去设计、去制作,才会真正了解机器人的特性,也才能真正从机器人活动中有所获得。第三,促进青少年协作学习。机器人活动通常是一个团队的项目,只有引导队员在活动中交流、讨论,甚至争辩,对问题进行充分论证,才能获得实现学习目标的最佳途径。同时,青少年在活动中互相帮助、互相鼓励,他们获得的不仅仅是应用技术的进步,更是人格的完善。

下面结合机器人创意设计,具体谈谈科技辅导员对青少年的辅导策略。

①用好网络,事半功倍:网络是智能机器人活动开展必不可少的学习工具,青少年通过网络可以获取专家的指导、学习相关知识,了解最新的智能机器人信息等。科技辅导员要引导青少年关注网络,同时可利用各自的学校网站发布比赛信息,征求青少年意见,组织他们开展讨论。例如可以利用校园网发布《机器人创新项目意见征询表》,在全校范围内征寻机器人创新方案,并从中选择容易实现的方案,组织青少年机器人项目小组的成员去完善,让它成为能具体实施的设计。

②分解项目,循序渐进:任何一个机器人项目对青少年来说都是一个挑战,不要期望他们很快完成所有任务,而应该先易后难。创新类项目尤其如此,在设计方案明确后,科技辅导员可以将其要实现的功能分解成各个小模块,让不同的活动小组分别承担一项模块的搭建和程序的调试,然后再引导青少年将它们组装,并在组装的过程中不断调整和修改。比如"琴童小助手"中,帮助青少年将整个设计分解为"吸纸部件""翻书部件""压书部件"三个部分,让不同的小组针对这三个部件的功能分别制作,再将这三个部件组合调试,这样即简化了难度,又节省了大量的时间。

③灵活答辩,主动出击:在机器人创意设计竞赛中,现场答辩环节非常重要,科技辅导员在赛前一定要对参赛选手有针对性地开展答辩训练。由于答辩时间的关系,青少年介绍时不必面面俱到,而是要重点介绍项目的创新点,重点突出作品的优势和与众不同的地方,讲清在设计制作过程中遇到的问题、解决的方法和难点的攻克,让评委切实体会到创作的过程。此外,还要指导青少年学会主动出击,主动将评委请到展台边为其讲解,甚至可以分发一些宣传资料,让他们对自己的作品留下深刻印象。

④反思过程,及时总结:竞赛结束后,无论成功与否,科技辅导员都要引导参赛的青少年反思竞赛过程,及时总结经验和不足。科技辅导员可以要求青少年写竞赛日记:把竞赛的过程、感受、体会及时记录下来。竞赛总结不仅有利于提高青少年的技术,还有利于提升他们的心理素质,学会正确地面对成功和失败,培养勇于拼搏、不断进取的精神。同时,没有参加竞赛的其他项目组的青少年,也可从总结中感受到竞赛的气氛而提升心理承受力。

4. 机器人应用介绍

近几十年中,机器人的发展异常迅速,它不仅在工农业生产中发挥着重要的作用,而且广泛应用于军事、医疗、娱乐等各个领域。

工业:机器人已经被广泛地应用于各种自动化生产线,代替或是辅助人们完成焊接、搬运、喷漆、零件加工、包装等工作。

农业:机器人在农林业生产中也有着广泛的应用。它能完成耕耘、除草、喷药、收割、剪羊毛、蔬果采摘、林木修剪、果实分拣等工作,使农业乘上了通往现代化的快车。

军事:机器人也可以用于军事目的。它可以完成地面侦查、排雷和攻击等各种任务;可以在水下进行探雷、扫雷、侦查等工作;还可以执行空中侦查、攻击任务。

医疗:机器人用于医疗可以完成高精度、高难度的外科手术,如脑神经外科手术、器官移植手术、内窥镜手术等;还可以用于无损伤诊断和精确定位、康复与护理等。

服务:随着人们需求的发展,机器人的应用领域的拓宽,机器人开始走进我们的生活,可以从事接待、清扫、表演、竞赛、导游、售货、建筑物清洗等工作。

科研:机器人还大量用于科研领域,帮助人们去探测水下和太空的资源,后者主要是进行一系列的科学实验。

5. 常用教育机器人套件厂家介绍

产品	厂商	网络链接
能力风暴机器人	上海未来伙伴	www. xpartner. cn
乐高机器人	西觅亚科技	www. semia. com
中鸣机器人	中鸣数码科技	www. robotplayer. com
未来之星机器人	上海求新教育科技有限公司	www. futurestar. com. cn
紫光机器人	南京紫光科技	www. robot-edu. com
慧鱼机器人	慧鱼中国	www. ft2008. com
纳英特机器人	杭州纳英特科技	www. robotedu. com
通用机器人	北京市通用依耐特	www. tyenet. com. cn

三、科学与艺术类板块

科幻绘画创作活动培训单元

科学与艺术是推动历史前进的动力,科学与艺术的融合是人们永不懈怠的追求。科幻画把两者有机地融合在一起,为青少年在学习和探索的同时插上了科学想象的翅膀。众所周知,历史上著名的文艺复兴时期的代表人物画家达·芬奇,同时就是一位科学家和发明家,他曾幻想般地设计了轮胎和直升机的草图。所以从某种意义上可以说,达·芬奇实际上就是科幻画的鼻祖。

1. 我国青少年科幻绘画创作活动概述

科幻绘画创作活动是一项参与年龄起点最低(幼儿园孩子即可)、参与人数最多的青少年科技活动。1996年,在第七届全国青少年发明创造比赛和科学讨论会(全国青少年科技创新大赛前身)举办的同时,首届全国少年儿童科幻绘画比赛也正式开幕。十几年来,该项活动已经成为全国青少年科技创新大赛系列活动的重要组成,也是各地幼儿园和中小学主要科技活动内容之一,深受广大青少年的喜爱。

(1)什么是科幻绘画创作活动:科幻绘画创作活动,是指青少年在已了解的科学知识和生活经验的基础上,通过科学的想象,运用绘画语言创造性地表达出对未来的宇宙万物、人类社会生活、社会发展、科学技术的遐想而产生的绘画作品。科幻画,是真实的反映青少年科学畅想的一种艺术形式,是他们对未来世界最直接、最朴素、最深刻的形象描述。科幻画蕴含了科学性和幻想性,富有鲜明的时代特征,带有很强的前瞻性,是情趣和心智的结晶,是形象思维与抽象思维的结合,是畅想美好未来的绘画作品。

(2)开展科幻绘画创作活动的目的:科幻画创作对于开启青少年智力的意义非常大,它将通过培育创新人才为21世纪的科技腾飞开路。黑格尔曾说:如果谈到本领,最杰出的艺术本领就是想象。爱因斯坦又说,想象比知识更重要。可见,想象对于人类是何等的重要!想象是开启智力特别是创造力的金钥匙,想象是科学的先导。而科幻画的核心内容就是要求青少年进行大胆的想象。因而这一活动,成为世界上许多国家青少年都乐于参加的一项有益的科普活动,它对于培养青少年的科学想象力和创新意识,使他们从小就尝试手脑并用,以及倡导科学与艺术的融汇交流,具有非常重要的作用。

(3)科幻绘画创作活动的类型:科幻绘画创作活动,可以根据不同的标准进行分类。如从作品所选题材来分,可分为对未来科学技术的描述;对未来人类社会以及相互关系的描述;对未知的宇宙万物、自然世界、人与环境以及相互关系的描述;对未来创新产品的描述等。

如果从作品涉及的领域来分,可分为宇宙探索(月球城市、太空城市、改造月球、火星等)、海底世界(海底生物、海底探矿等)、地球环保(植被、水土保持、防治污染等)、新型能源(太阳能利用、废品利用等)、人工气候(全球气候调控、居住环境气候调节等)、生物工程(克隆、基因工程等)、信息传递(新型电脑、远程信息传输等)和新型生活(未来居住、未来交通、未来工具等)等。

如果从作品的艺术形式分,可以分为国画、线描、油画、黑白画、蜡笔画、水粉画、水彩画、钢笔画、铅笔画、电脑画等。

(4)科技辅导员在科幻绘画创作活动中的作用:在科幻绘画创作活动中,科技辅导员的作用是引导和点拨,这集中表现在两个方面:一是在选题上,要引导青少年在日常学习、生活和活动中学会观察、注意观察,特别注重收集身边的新事物、新信息。通过组织青少年阅读科学幻想书籍、参加科学讲座、开展科技创新、参观科学展览等来启发他们的想象和幻想。鼓励青少年将已有的知识和大胆的想象结合,从中获取创作的灵感,特别要注意自身的独特感觉,不能太理性化和成熟化。二是在艺术表现形式上,要引导青少年及时抓住新颖、有意义、有价值的科幻绘画选题,考虑用什么样的艺术形式来表现。而科技辅导员一旦发现青少年科幻绘画的题材和构图有特色时,就要注意启发他们用多元化的艺术手法去尝试表现,并择优选之。

2. 对科幻绘画创作活动中青少年创新思维的培养

在青少年科幻绘画创作活动中,科技辅导员对他们创新思维的培养,首先要着眼于对其科幻灵感、科幻创意以及科幻兴趣的研究。灵感一词有点玄妙、难以捉摸,在心理学意义上解释为个体在独创性活动中,大脑皮层的高度兴奋所产生的一种特殊的心理状态;是在抽象思维和形象思维的基础上,有意识和无意识地相互作用突然激发的情绪亢奋的极富创造力的意念;从上述心理学意义上的概念出发,科幻灵感则可以解释为用绘画的形式来展示具有科学幻想内容的意念。科幻灵感、绘画创意和美术兴趣是彼此关联、作用的,是创造性思维机制的三大核心要素,抓住它们就抓住了打开青少年创新思维之门的钥匙。

(1)科幻灵感与科幻画创意:就科幻灵感与创意的关系而言,科幻灵感是科幻画创意的起点,一种主题创意的产生首先来自某种灵感意念,灵感如流星掠空,耀眼夺目又转瞬即逝,活跃萌动但不够稳定,要形成真正的创意则必须善于感知灵感,抓住灵感,并不断强化和放大灵感,使它最终成为可以感知的东西,成为画面所要表现的主题。

(2)科幻灵感与美术兴趣:就科幻灵感与兴趣的关系而言,兴趣是一种推动青少年学习与探索的内在动力,可激发他们的求知欲望,从而为灵感的产生奠定基础,灵感的基础是兴趣,兴趣是灵感的源泉和滋生土壤。

要让青少年对科幻美术创作产生灵感,就必须根据他们的心理特点,让科幻画真正走进他们的视野、走近他们的心灵、诞生于他们的笔下。在兴趣的推动下青少年用其带有童稚的美的原则,把心中的世界再造成为眼中的艺术世界。这会让青少年在科幻画的创作中丰富情感体验,领略成功带来的满足和欢乐,而科技辅导员的使命就在于发现、唤醒、引导他们的兴趣。

兴趣的产生可能来自青少年自然禀赋和生活环境的熏陶,但比兴趣的产生更为重要的是兴趣的维持。兴趣的维持在很大程度上取决于对兴趣的鼓励,特别是来自科技辅导员的鼓励,即罗森塔尔效应。美国著名的心理学家罗森塔尔心理学的研究成果表明,鼓励对青少年兴趣的维持具有显著的作用,这也构成了现代美术教育以及少儿科幻美术教育理论的基础。

科幻灵感产生的依据来自科学的引领。科幻灵感不是胡思乱想,应该遵循科学规律。青少年创作的科幻画不是表现神话或童话故事的绘画作品,它是富有时代性、前瞻性、科学性和技术性的青少年幻想绘画作品。青少年是不缺乏想象力的,但是丰富的想象则需要遵循科学的规律,而不能漫无边际。科技辅导员在鼓励青少年大胆想象的同时,还要注重对其想象力的科学化引导,即在帮助他们了解和学习科幻知识的基础上再进入科幻联想,同时对科幻联想也还需要加以积极引导,以促进联想效果的最终实现。

(3)科幻灵感、创意和兴趣三者的关系:如果一并考虑科幻灵感、创意和兴趣三者相互之间关系的话,可以得出如下简单的关系——兴趣是滋养灵感的内心源泉和动力,微弱闪现的灵感意念在兴趣之泉润物细无声地滋养下,催生出可以感知的创意之果,由此构成了创造性思维的运行机制。

上述三者的逻辑关系(创造性思维的运行机制)可以从下面的表述中看出:

兴趣(内心源泉和动力)

灵感(微弱闪现的灵感意念)

创意(可以感知的创意之果)

因此,在科幻画创作活动中对青少年创造性思维进行培养,从根本上说就是对他们在科幻画创作兴趣基础上的科幻灵感的关注、维护、强化和放大。

（4）从科幻画创作实例看青少年科幻灵感的运用：首先，以获得第19届全国青少年科技创新大赛一等奖的画作《奇特的树》为例。该画的诞生在于小作者有感于马路上的电线杆极难看又影响行人走路，于是灵感闪现，要用树来代替电线杆，后又想把电话亭、售货亭、商店等都搬进树里面，但这显然不科学，一棵树心怎么能容纳一个商店呢？怎样才能把商店压缩进一棵树呢？经过幻想的科学整理，小作者只把售货亭搬到树里面，从而确立了"奇特的树"的创作主题。

在创作过程中，小作者还产生过要把行道树用作公共汽车站牌的灵感，但指导教师并没有简单地否定她这个不科学的灵感，而是带她逛马路，让她仔细观察公共汽车站牌和行道树数量之间的关系，让作者对自己的科幻灵感经受科学和常识的选择。无数个与树有关的科幻灵感不断得到提炼、升华，最后诞生了具有公用电话亭、售货亭、广告招牌、街头地图、交通指示牌等功能的"奇特的树"，树叶白天收集太阳能，晚上用于树上水果灯的照明。

其次，以曾获第17届全国青少年科技创新大赛一等奖的画作《仿生鱼》为例。画面中三条环保鱼，一条鱼专吃垃圾，一条鱼专喝污水，第三条鱼给其它鱼看病。该画在构思上把被保护动物变成了具有环保能力的动物，这种动宾颠倒的奇思妙想充分再现了青少年无拘无束的思维空间，以及打破常规但又合乎情理的童趣。该画的构思起先来自于国外画有鱼的装饰画，画面装饰性很强很漂亮但没有任何科技成分，指导教师引导其由鱼联想到了大海和海洋污染，再想到清除海上污染的机器，再想到可以像鱼一样在海里游动的机器鱼，最后想到可以治理污染的仿生鱼，该画的创意就这样产生了。

3. 对科幻绘画创作活动中绘画技法的指导

科幻创作画不同一般创作画，由于其在表现题材上的科学性与幻想性，因此在表现手法上也应该具有富于表现科幻内容的绘画技法。即具有幻想元素的科幻画题材，必须要有梦幻效果的绘画技法来加以烘托和表现，才能相得益彰。

富有科幻灵感的绘画技法形式不但能够外化创造性思维的内在意念，丰富和强化绘画的视觉效果和感官冲击力，同时，绘画技法本身对刺激青少年的科幻灵感和激发他们对美术的兴趣同样具有驱动作用。仅仅使用简单的蜡笔作为绘画手段虽然可以成画，但画不成真正的科幻画，正如自行车的速度如何能表达飞机的速度？光的速度？更何况是比光速还快的科幻速度？

此外，创新思维与创新技能应该协同，才能推动创新过程的发展，正如"科学"必须与"技术"相结合，科学通过技术的应用和推广才能真正实现科学的价值一样，科幻灵感和创意也应该通过科幻技法来得到体现。

下面介绍8种科幻绘画创作活动中可用的绘画技法。

（1）油画棒加蜡烛油衬托法：这种技法的特点是画面色彩鲜艳有生气，装饰性强，好像画在布上，有一种毛茸茸的感觉，具有特殊的艺术效果。该技法操作简单容易，特别适合于幼儿和小学低年级青少年追求色彩鲜艳，而又手心不协调的生理心理特点，同时还能激发他们学习的积极性。如：运用这种技法的《多彩的鱼》画作，曾获中外少年儿童大赛一等奖。

（2）镂版喷枪法：该技法的特点是色彩细腻丰富有层次感，特别是在深色玻璃卡纸上作画，色彩对比强烈刺激，有较强的艺术感染力，由于镂版喷枪需要先镂版后进行喷绘，操作要求较高，比较适合小学高年级青少年。在全国中小学生保护野生动物绘画大奖赛中，一位青少年画了《鸟类——我们的朋友》，指导教师根据其动手能力强，刻纸好的特点，建议他用镂版喷枪的表现手法，比赛结果获金奖，这位青少年还应邀赴香港做绘画表演。

（3）珠光笔明暗法：该技法的特点是笔触细腻，有光泽，在深色的艺术纸上作画，具有强烈的反差效果，新颖独特，富有抽象美和装饰美，很有色调，很耐看。但画起来比较费时，需要耐心，而且还需要有素描和色彩基础，比较适合小学高年级和初中青少年。运用该技法创作的《地热能源——造福人类》画作曾获第十届全国青少年科技创新大赛一等奖。

（4）肌理装饰画法：该技法的特点是，画面具有古代和现代、东方和西方的装饰情趣和明快华丽的色彩，它把装饰美感引进绘画，使造型、色彩和肌理相互交织，具有很强的视觉冲击力，特别适合于表现科幻画中雄伟、神秘的自然力量以及它与人类创造力相互搏击和交融之美。《未来都市》画作就是用该技法。该画作原是蜡笔画，指导教师感觉其构思还不错，但绘画形式出自于一个初二年级的青少年水平有些低，同时不能充分表现未来都市，所以与这位青少年商讨，在构图上进行修改，增加了江河，现代化的桥，几何体高楼一栋连着一栋，画得高低错落，前后遮挡，形状各异，画面有了空间，在表现手法上选择了肌理装饰画法，在色彩上用绿色调，画面显得丰富而又深远，较好地表现了作品的主题。

（5）材质表达法：该技法的特点是，画面立体感突出、形式新颖，操作简单，效果特别，趣味性强，有极强的装饰美感和材料的不同质感。特别适合培养小学低年级和中年级青少年的创造性思维、实践能力和探索精神。如《未来立体农场》画作，其画面上的建筑使用的是刮蜡纸。由于刮蜡纸善于刻画细部，所以可以较好地表现高楼层面里面的景物。

（6）刻画衬托法：该技法的特点是，具有强烈的版画和装饰效果。撕贴的色纸在黑色刻纸衬托下，别有趣意，呈现出刻画的和谐色彩。由于刻画需要一定的动手能力，故较适合于小学中年级和高年级青少年。如《我是二氧化碳的天敌》这幅画，画面中的机器鸟是用金色纸刻的，在纱窗布的衬托下，越发显得刻画的魅力。

（7）木刻装饰画法：以木刻技法为主要画法基调，辅助于水粉装饰性画法。该技法的特点是：既具有版画刚直硬朗的特色，又具有水粉画融圆会意的气息，这是一种阳刚和阴柔相得益彰的画法，具有强烈的装饰效果。《双向转换节能屋》画作就是采用此种方法，整个作品体验两种媒介——版画和装饰结合一起，两种肌理形成对比效果，画作下面是木刻版画，表现的是民宅，上面中间的节能屋用暖色，各种能源用冷色，形成冷暖对比，在指导过程中，科技辅导员给青少年看一些民族特色的画，从这些画中学习不同的绘画技法用到自己的创作中，形成具有东方特色的装饰画。

（8）综合技法：该技法的含义非常丰富，归纳起来有如下特点。①它可以是两种以上技法的综合运用；②它可以是上述七种技法与其它新画法的组合；③它可以是在新绘画材料与绘画技法的创新。

总之,综合技法是不拘一格的,与时俱进的。特别适合于初中青少年,因为他们有绘画功底,接受能力较快,可以尝试用多种方法去创造。《奔腾的岩浆——理想的能源》画作就是国画与装饰画的结合,科技辅导员利用这位青少年画国画的特长,引导他加些色彩,去探索、去发现、去想象、去创造,使该技法恰到好处地表现了画作中人类想象力下的自然伟力。

第八章 科技辅导员自身参与活动的培训教材

一、科技辅导员征文活动培训板块

科学论文的撰写过程,应是科技辅导员有目的有计划地采用科学方法去总结科学教育经验,认识科学教育现象,或解决课堂教学及课外活动问题的一种探究性活动。它不仅能够帮助科技辅导员更好地学习科学教育理论、探索科学教育规律、解决科学教育问题,更可以引导他们走进科学研究的殿堂,获得自身专业的进步和发展,同时也在一定程度上对科学教育改革的推进和科学教育理论的发展有着促进作用。近10年来,中央和地方各级科技、科协、教育主管部门,青少年科技辅导员协会、校外教育协会等也越来越重视对科技辅导员科学论文撰写工作的推动,每年都举行相关主题的青少年科技辅导员论文征集和评选活动,为科技辅导员科学论文撰写能力的提升营造了一个浓厚的氛围,创建了一个良好的平台。

1. 科技辅导员协会组织的征文活动概述

为推动青少年科学教育、传播与普及工作的理论研究和实践探索,提升广大科技辅导员自身科学素质和业务水平,中国青少年科技辅导员协会每年都要举办以科学教师和科技辅导员为对象的主题征文活动。

(1)征文主题及其目的:中国青少年科技辅导员协会每年主办的征文活动,其主题主要与青少年科技辅导员的工作目标相关。例如,2004年征文的主题为"学习型社会与青少年科学素质的培养";2005年征文的主题为"关注青少年科普的德育功能";2007年征文的主题为"科普资源利用与未成年人科学素质培养";2008年征文的主题为"落实《科学素质纲要》的实践探索";2011年征文的主题为"未成年人创新意识和创新能力培养的理论研究与实践探索"。

以2005年的征文主题为例,其目的主要是为了贯彻《中共中央国务院关于进一步加强和改进未成年人思想道德建设的若干意见》,组织广大科技辅导员从战略和全局的高度,深刻认识,加强和改进未成年人思想道德建设的重要意义,使其能够充分利用科普这一有效载体,在科学课程、研究性学习和综合实践活动课程、课外和校外科技俱乐部活动、各类科技竞赛活动以及其他科学活动中,传播科学思想,弘扬科学精神,倡导科学方法,培育科学道德,引领广大青少年奋发图强,积极向上,促进他们逐步地形成正确的世界观、人生观、价值观,养成良好的科学行为习惯。同时,中国青少年科技辅导员协会举办"关注青少年科普的德育功能"的全国征文活动,亦是配合2005年中国科协学术年会,为相关分会场的举办构建理论和人员基础。

(2)征集论文要求:在中国青少年科技辅导员协会每年组织的征文活动中,所征集的文章一般可分为两类:以论文形式呈现的理论探讨成果和以活动方案形式呈现的实践探索案例,两类文章将分开评审。

以论文形式呈现的理论探讨成果必须切合征文主题,论文采用的资料与数据要详实可靠,原理与概念要清晰准确,论证要充分严谨,文字简明、通俗易懂,具有可操作性。论文正文字数一般在 3000 字以上,不得超过 5000 字。字数过少或过多都将影响论文最终评审等级。论文的组成应包括题目、摘要(必须与正文分开书写,字数 300~500 字)、正文、参考文献、作者简介等。

为便于论文的推荐、评审,相关论文、活动方案选集的编辑出版,以及获奖证书的制作,每年论文征集活动多采用纸质与电子版结合报送的方法。征文作者必须报送 2 份纸质论文或活动方案,并向所在省(自治区、直辖市)的活动组织单位报送 1 份电子版文稿(格式可以是 word 文档、wps 文档或 txt 纯文本)。

参加征集活动的作者文责自负,不得抄袭他人作品。另外需注意的是,科普短文、科技发明、科教制作均不在每年论文征集活动的内容之列。

(3)论文的终评与奖励:征集活动上报时间截止后,中国青少年科技辅导员协会理论工作委员会将组织有关专家学者组成评委会,对上报论文进行终评。通常每年论文征集活动设一等奖、二等奖和三等奖,所有获奖论文作者都将获得相应的获奖证书。

终评结束后,协会理论工作委员会将组织专人编辑、出版优秀论文或活动方案选集,收录获一等奖的论文全文,获二等奖、三等奖的论文名录,并向《中国科技教育》杂志推荐优秀论文刊登。

(4)征文活动对提升科技辅导员素质的作用:参与中国青少年科技辅导员协会组织的征文活动,对广大科技辅导员来说,是一个再学习、再实践和再探索的过程。而在这一过程中,科技辅导员的科学素质——诸如体现自身科学思想升华的教育理念,体现自身科学方法运用的工作模式,以及体现自身科学知识建构的传播内容等,无疑都会得到促进和发展。

例如,通过参与征文活动,在运用科学思维对传统和现代教育理念进行梳理、分析和研究的基础上,不仅有益于科技辅导员更深刻的理解"以人为本"的科学发展观,更可以帮助他们树立将科学教育、传播与普及融为一体的"大教育观"。卢梭说过:"教育有三个来源,或来自自然,或来自人,或来自事物。"按照这一说法,不把教育局限于学校范围内,而是开放至自然环境和社会环境,倡导自我教育、学校教育和社会教育的有机结合,这就构成了"大教育"观。应该指出的是,现代"大教育"观是终身学习和学习社会的统一。毫无疑问,科技辅导员工作所覆盖的科学教育、传播与普及,其规划与实施亦应符合上述"大教育"观念。

再如,通过参与征文活动,在运用科学方法论总结自身工作模式的过程中,科技辅导员不仅可以类比科学家在科学研究过程中常用的发现问题、界定问题、信息搜集、表述期望、实验研究、审查结果、概述结论、与他人交流以及观察等方式或方法,形成自己组织青少年活动的以方法体验为主的"设问—探究"模式;亦可类比教育家总结的"以实际训练为主的方法",包括练习法、实验法、实习作业法等教学方法,形成自己组织青少年活动的以技能获取为主的"训练—养成"模式。实际上,每个年度的征文活动,都为科技辅导员探索提升青少年科学素质的途径和方法搭建了学习与交流的社会平台。

2. 对科技辅导员撰写科学论文的培训与指导

目前在科技辅导员科学论文撰写上的培训内容,多集中于写作方法、规范格式或选题指导等方面,偏重知识性补充,缺少系统性讲授和技能性训练,难以切实提高科技辅导员的科学论文撰写能力。而科学论文撰写能力的薄弱,又会制约科技辅导员将好的教育经验、实践成果及时总结出来、推广运用,推进青少年科技教育的有效发展。因此,为了提升科技辅导员科学论文撰写能力,增强科技辅导员教育科研能力,应加强理论与实践的结合,在传播理论知识的同时,也不忘案例与策略等技能的传授,关注理论、技能和实践三方面培训内容的开发。

(1)传播科学论文撰写的基本理论知识:从选题、资料收集、研究方案设计、开展教育调查或实验到研究成果的撰写,科学论文撰写的每一个环节都离不开科学教育理论的指导。因此,有关的基本理论知识是科学论文撰写培训内容中不可缺少的一部分。通过这部分内容的学习,科技辅导员应能全面了解有关青少年科学教育发展的最新理论成果和实践探索,深入理解有关科学论文撰写的各类教育科研理论知识,使他们能自觉运用新的教育观念、理论和方法来指导教育实践,把握研究方向,撰写出符合要求的科学论文。

基于此,科学论文撰写基本理论知识的培训应包括至少8个方面的内容:①青少年科学教育最新理论成果和实践探索的概述;②科学论文在青少年科学教育中的作用与价值;③各类科学论文评比活动的介绍;④科学论文的定义与选题;⑤科学论文作者应具备的基本素质;⑥教育研究方法、教育评价理论与技术等理论课程;⑦提升科学论文撰写能力对科技辅导员专业化发展的重要性;⑧优秀科学论文的基本评价标准。

每个方面的培训内容均有不同的侧重点,有的重在意识的培养,有的重在方法的学习,也有的重在概念的理解。以优秀科学论文的基本评价标准为例,在这方面培训中,我们应特别关注让科技辅导员了解科学论文的科学性、创新性和实践性对论文优秀与否、是否具有推广价值的重要程度。所谓科学性是指论文资料翔实、数据可靠、概念准确、论证充分、逻辑严密、结构严谨。所谓创新性是指论文能提供新知识、新见解、新观点、新方法,揭示科学教育和科技活动的规律。所谓实践性则是指论文具有实践性、应用性,有推广价值,能解决科技活动的理论问题和实践问题,对科学教育或科技活动起到推动和促进作用。深入了解这三性,将有助于科技辅导员提升科学论文撰写的质量。

(2)训练科学论文撰写的基本技能

①科学论文撰写的基本写作技能:语句通顺、用词恰当、没有错别字及标点错误是科学论文撰写的基本要求,但作为一种书面文件,科学论文无论是在写作格式,还是在编排结构上都有着更为严格的要求。不规范的格式与结构会在无形中降低科学论文的应用价值,因此,对科技辅导员进行科学论文基本写作技能的培训是非常必要的。通过这部分内容的学习,将有助于提高科技辅导员的科学论文撰写水平和写作技巧等,对科技辅导员总结、探索、创新科学教育实践工作和经验做法有极大的促进作用。

基于此,科学论文撰写的基本写作技巧培训内容可以包括以下4个方面:①科学论文的写作要求;②科学论文的写作方法;③科学论文的规范格式;④科学论文的内容要素。

从根本上说,这四方面的内容都是围绕科学论文的精心写作展开的,每一方面的内容都包含了更多的内涵。以科学论文的规范格式为例,在这方面的培训中,我们需要让科技辅导员认识到,一篇合格的科学论文至少应包含标题、署名、摘要、关键词、正文和参考文献五部分。其中,标题应以最恰当、最简明的词语反映科学论文中最重要内容的逻辑组合,且应避免使用不常见的字符、词语;而标题的总体字数也应控制在 25 字内,如果觉得语意未尽,可用副标题来补充科学论文的特定内容。署名包含作者姓名和工作单位,应置于标题的下方,而作者的次序应按对文章贡献的大小排列。摘要是对科学论文内容不加解释和评论的简短陈述,字数一般控制在 300～500 字内。关键词是从论文中选取出来用以表示全文主题内容信息款目的名词性术语,一般每篇至少 3 个。正文是论文的核心部分,没有统一的内容规定,但必须实事求是、客观真切、准确完备、合乎逻辑、层次分明、简洁易读。参考文献一般在正文之后列出,反映论文的科学依据和尊重他人研究成果的严肃态度,并向读者提供有关信息的出处。对科学论文规范格式的深入了解和学习,将有助于科技辅导员提高科学论文撰写的能力。

②相关学术期刊信息的搜索技能:科学论文的撰写离不开学术期刊的搜索,它不仅能帮助科技辅导员在写作过程中寻找研究的突破口,提供各类信息和论据,也能在一定程度上帮助科技辅导员确定研究的主题。通过恰当的关键词和适当的数据库,科技辅导员能快速地选出需要的有关理论专著索引、专题索引、专业刊物、外文书目或学术期刊索引等。然后,通过进一步的深入阅读,开阔思路、比较研究、总结规律,使科学论文撰写的过程事半功倍。此外,掌握学术期刊的搜索技能还能帮助科技辅导员不断追踪国内外青少年科技教育的最新动态和方法,是科技辅导员主动获取信息的渠道之一。因此,这类搜索技能是科学论文撰写中必要的培训内容。

(3)选择优秀科学论文进行示范:示范是最原始、最基本、又最简易、直观而有效的指导模式。随着各类科技辅导员科学论文评选活动的规律化,科技辅导员撰写科学论文以总结教育经验、创新教育方法的意识也越来越强。但由于各地经济发展水平的不同和青少年科技教育发展的差异,并不是所有地区都能投入足够的经费、人员来对科技辅导员进行相关理论知识和写作技巧的培训。此时,优秀论文的示范和专家的经典点评将在科技辅导员科学论文撰写能力的提升上起到举足轻重的作用。

优秀论文的示范作用在于它能以直观、系统、科学的方式,就科学论文的写作过程、思路、方法等方面对科技辅导员起到指导作用,能够让科技辅导员以此为示范加以实践。而专家的经典点评则能帮助科技辅导员系统、客观地认识科学论文的写作技巧和成败经验,帮助科技辅导员在他人成功或失败的基础上收获自己的感悟和体会。因此,优秀论文示范和专家经典点评的双管齐下,对科技辅导员科学论文撰写能力的提升有着事半功倍的作用。

(4)关注科学论文撰写中的学术诚信:学术诚信是科技辅导员诚信道德体系的重要组成部分。在科学论文撰写的过程中,学术诚信的最直接反映就体现在科技辅导员对"引文"的书写上。通过此类培训,我们必须让科技辅导员始终把学术诚信放在首位,清醒地认识到在论文撰写时,连续原文引用参考文献达到一定字数或全文引用内容超过全文字数的某个百分比,都可能意味着"过度引用"或"抄袭",而这些都是不应出现在科学论文撰写中的道德问题。

（5）介绍科学论文评选的基本标准：就中国青少年科技辅导员协会每年组织的科技辅导员征文活动而言，其科学论文评选的标准主要包括科学性、创新性、实践性、写作水平、论文格式和学术诚信等6个部分，下面分别予以介绍。

①科学性：论文的科学性通常占总分的20%，一般可分为3个档次，良好：论文资料翔实、数据可靠、概念准确、论证充分、逻辑严密、结构严谨；尚可：论文资料简单、数据来源有失、概念基本准确、缺乏论证、逻辑有不严谨的地方、结构较混乱；较差：论文资料简单、数据来源不明、概念错误、缺乏论证、逻辑混乱、结构混乱。另外，论文与征文主题的关联度也是科学性的具体体现，并直接影响评奖等级。如果论文与征文主题距离过远，即使写得再好，也不能获评一等奖。

从近5年科技辅导员征文活动来看，"科学性"方面出现问题是最普遍的。首先，一些科技辅导员参与征文活动，并没有认真研究如何结合征文主题去撰写论文，而是将自己的工作总结、课题研究报告或是过时的文章，不加任何修改就直接充作论文寄送，这自然会导致与征文主题的偏离，以及与论文格式的不相符；其次，一些科技辅导员论文中的资料或数据多来源于网上，而这些信息相当数量是错误的或不可靠的，这亦影响到论文的科学性；第三，科技辅导员撰写的论文，基本上都与科学教育、传播和普及活动息息相关，但一些科技辅导员却没有搞清楚什么是"科学"，这就使得论文中一些概念、原理、方法的描述或应用，往往偏离了科学的轨道，变得似是而非；第四，一些科技辅导员的论文，通篇逻辑关系混乱，如题目过长且与内容不相符，正文同级标题之间不是并列关系、而是交融难分，论点、论据等难以分辨。这些都构成了科学性欠缺的问题。

②创新性：论文的创新性通常占总分的20%，一般亦可分为3个档次，良好：能提供新知识、新见解、新观点、新方法，揭示科学教育和科技活动的规律；尚可：能领会新知识、新见解、新观点、新方法，并在科学教育和科技活动中进行实践；较差：缺乏新知识、新见解、新观点、新方法，不能发现科学教育和科技活动的规律。

③实践性：论文的实践性通常占总分的30%，一般亦可分为3个档次，良好：论文具有实践性、应用性，有推广价值，能解决科技活动的理论问题和实践问题，对科学教育或科技活动起到了推动和促进作用；尚可：论文的实践性及应用性不强，推广价值欠佳，但尚能就科学教育或科技活动有所实践，能提出自己的看法；较差：论文基本没有实践性及可参考价值和推广价值，不能就科学教育或科技活动有所实践，不能提出自己的看法。

在每年参与征文活动的科技辅导员论文中，总有一些"空论"的文章。这些论文只字不提自己参与科学教育、传播和普及活动的实践情况，只是从理论到理论的反复论述。而论文中涉及的这些理论论述，又往往是来源于别人的文章。这些缺乏实践性的论文，因无任何意义都被评审专家归于"较差"一类。

④写作水平：论文的写作水平通常占总分的20%，一般亦可分为3个档次，良好：语句通顺，用词恰当，基本没有错别字及标点错误；尚可：语句欠通顺，用词有失妥当，错别字及标点错误尚不影响文章大意；较差：言不达意，用词错误，错别字较多，标点错误较多，对理解文章大意有很大影响。

⑤论文格式：论文格式通常占总分的10%，一般亦可分为3个档次，良好：标题、摘要、关键词、正文、参考文献、作者简介等各要素齐全，且书写规范，版式合理；尚可：有缺失

的论文要素,或各论文要素书写欠规范,版式基本合理;较差:论文要素严重缺失,或书写极不规范,版式排列不恰当。

⑥学术诚信:论文所反映的学术诚信不占总分,但有如下规定:其一,连续原文引用参考文献超过200字,可判定为"过度引用",可降低评奖等次;其二,全文引用内容超过全文字数的1/5,或文章结构、内容雷同,判定为"抄袭",取消评奖资格。

总之,科学论文撰写的培训内容必须在理论和实践上都有现实意义,并具备可操作性;同时,还需有前瞻性,使科技辅导员可以高瞻远瞩,解决青少年科学教育和科技活动中的实际问题;并要体现多样性,能满足来自不同地区科技辅导员的需要。

二、科技辅导员自身参与的科技创新活动培训板块

从2000年开始,中国青少年科技辅导员协会与中国发明协会共同主办了"全国科技辅导员科教创新竞赛"。此后,这项科技创新示范活动在各方面的支持下,得到了快速发展:组织规则日趋完善,竞赛内容不断丰富,活动形式有所创新。目前,这项竞赛活动已经成功的作为一个创新板块并入全国青少年科技创新大赛。

在全国青少年科技创新大赛中的科技辅导员创新板块,主要包括科技发明项目、科教制作项目和科技教育方案项目3类竞赛。参加这3类竞赛的科学教师或科技辅导员,都要经过申报、资格审查等程序,然后其参赛作品才能进入评审阶段。评审分为两个阶段,即初评和终评。初评主要是通过网络进行评审,终评则是在大赛举办地进行,由初评入围者携其作品参与展示、测试和问辩,最终由大赛评委会给出获奖等级:一等奖占终评总数的15%,二等奖占终评总数的35%,三等奖占终评总数的50%。

下面以科技教育活动方案策划与设计培训单元,以及科技发明和制作活动培训单元两部分,分别对科技辅导员予以具体介绍和指导。

(一)科技教育活动方案策划与设计培训单元

我们这里所说的科学活动,即科学教育、传播与普及活动,系指面向青少年开展的以传播和应用科学知识、科学方法、科学精神和科学思想为主的活动。科学活动可以在课堂上进行,也可以在课外或校外的科学俱乐部、社区乃至科技馆等诸多地方开展。

上述所说的科学活动,首先要具备科学性。这里所说的科学性,系指活动内容和形式的科学性。从内容所涉及的"科学"来看,系指广义的科学,包括自然科学、社会科学、思维科学、技术和工程学等;从形式来看,则要符合青少年生理和心理发展特征。另外,虽然强调活动的科学性,也不可忽视活动内容和形式的创新与发展。其次,科学活动一定要有教育性。这里所说的教育性,系指通过活动,要培养青少年的科学素质、人文素质和其他相关心理品质,使他们成为未来社会所需要的合格公民。当然,强调教育性,也不可忽视活动的趣味性,要努力实现科学活动的寓教于乐。第三,科学活动要体现活动性。这里所说的活动性,系指青少年要成为活动的主体,他们的"手"和"脑"都要动起来。就常见的"做中学"和"学中做"而言,这两种方式都强调了"动手做",强调了设计和创新,这对学生动手技能和思维技能的培养都是非常有益的。

科学活动的主体是青少年,但这并不排除科学教师或科技辅导员作为科学活动的设计者,经过他们依据教育规律进行的精心设计,科学活动才能真正实现提升青少年科学素质的目标。一般来说,科学活动应有与内容相匹配的主题,而主题则源于青少年感兴趣的学习、生活和社会发展中蕴涵科学内涵的问题。每项科学活动都应有体现活动原则和方法的过程设计,通过选择适宜的活动模式,并注意活动过程的连续性和阶段性,使科学活动设计达到完美。

1. 科学活动方案设计评比活动概述

近年来,中央和地方各级科技、科协和教育主管部门,青少年科技辅导员协会、校外教育协会等都非常重视提升科技辅导员科学活动方案设计的能力,定期举办各类科学教师和科技辅导员科学活动方案评比活动,以推动青少年科学教育、传播与普及事业的繁荣与发展。这其中最有影响力的,就是中国科协每年都要举办的全国青少年科技创新大赛中的科技辅导员创新板块之一——科技教育方案类作品评选活动。

(1)方案评选主题及其目的:中国科协每年主办的科技辅导员科技教育方案评选与展示活动通常不限主题,从历年获得一等奖的方案来看,如2011年的《探索蟋蟀跳水自杀的原因》、《乌鲁木齐市乌拉泊湿地生态安全现状调查活动方案》等,2010年的《走近机器人——机器人项目普及化活动方案》、《守护暗夜——留住满天星》等,2009年的《灾后师生心理自救实践活动方案》、《"爱鸟、识鸟、引鸟、护鸟"系列科技实践活动》等,其主题广泛,涉及自然科学、社会科学和工程技术等诸多学科领域。

任何科学教育、传播与普及活动,都不应是随意性的,而是要经过严格的教育设计(或过程设计),因为只有这样,科学活动才能实现其提升青少年科学素质、人文素质和其它心理品质的目标。而科技辅导员参与科技教育方案类评选与展示活动,实际上也正是提升自己教育设计(或过程设计)能力的好机会。这也正是举办上述活动的主要目的。

此外,在每年的青少年科技创新大赛中,中国科协都会在科技辅导员参加科技创新竞赛项目评审的基础上,参考他们的工作业绩、综合知识答辩、技能测试等各方能力,评选出"全国十佳优秀科技辅导员"。因此,作为科技辅导员科技创新竞赛项目之一的科技教育方案评选,也是科技辅导员能否被评为"十佳"的重要依据之一。

(2)征集方案的要求:在中国科协每年主办的科技教育方案展示活动中,所征集的科技教育方案分为科技教育教学类项目(科学课等)和科技教育活动类项目两类。

科技辅导员所提交的项目方案必须是由本人设计的,并且包含四个基本要素:方案的名称,方案的背景(需求分析)与目标,方案所涉及的对象、人数和方案的主体部分。其中方案的主体部分又包括八个方面:活动内容;难点、重点、创新点;利用的各类科技教育资源(场所、资料、器材等);活动过程和步骤;可能出现的问题及解决预案;预期效果与呈现方式;效果评价标准与方式;对青少年"益智、养德"等方面的作用。

为便于方案的推荐、评审,以及获奖证书的制作,每年的科技教育方案展示活动都采取邮寄申报和网上申报结合的报送方法。方案的作者必须报送一式两份申报书、一份活动方案及其它附件材料一份。要注意的是,网上申报的资料必须控制在系统要求的大小范围内,否则无法上传。

(3)方案的评审与奖励:参加科技教育方案评选与展示活动的科学教师或科技辅导

员,都要经过申报、资格审查等程序,然后其参赛方案才能进入评审阶段。评审分为两个阶段,即初评和终评。初评主要是通过网络进行评审,终评则是在大赛举办地进行,由初评入围者携其方案参与展示、测试和问辩,最终由大赛评委会给出获奖等级:一等奖占终评总数的 15%,二等奖占终评总数的 35%,三等奖占终评总数的 50%。

(4)方案评比活动对提升科技辅导员素质的作用:参与中国科协举办的科技教育方案评选与展示活动,对广大科技辅导员来说,既是一次展示交流、丰富自身实践经验的机会,也是一次博采众长、提升自身业务能力的机遇。经过这样一个过程,科技辅导员在把握活动理念、活动模式、活动过程等各方面的能力,无疑都会得到促进和发展。

例如,通过参与评比活动,在运用科学方法总结自身实践经验、提炼升华活动模式的基础上,不仅有益于科技辅导员今后更精心地设计活动,启发引导青少年观察身边科学问题,更可以帮助科技辅导员逐步养成良好的实施活动的习惯,做好方案设计,便于今后活动更为有效的开展。同时,参与评比活动,也为科技辅导员搭建了一个平台,不仅让科技辅导员能够在与他人交流、观察的过程中发现自身的问题,也开阔了科技辅导员的眼界,为他们在专业发展上的进一步提升奠定基础。

2. 对科技辅导员设计科学活动方案的培训与指导

《礼记·中庸》中有这样一句话,"凡事预则立,不预则废",说的就是做任何事,事先有准备就能成功,不然就会失败,它很好地说明了科学活动方案的设计对科学活动成功开展的重要性,也从一个侧面阐明了具备科学活动方案设计的能力是广大科技辅导员必不可少的技能之一。因此,为了提升科技辅导员科学活动方案的设计能力,增强科技辅导员在组织开展科学活动上的实战能力,应加强理论与实践的结合,在传授实践经验、案例与策略技能的同时,也不忘理论知识的传播,关注理论、技能和实践三方面培训内容的开发。

(1)传播科学活动方案设计的基本理论知识:思维上的困乏,行动上的无序,往往源自于理论的贫乏。科技辅导员要充分认识到,加强有关科学活动方案设计的理论学习,不仅是提高自身业务能力的需要,也是自身专业化发展的重要途径之一,是与时俱进、实践创新的客观要求之一。通过理论学习,科技辅导员应能全面了解有关青少年科学活动开展的最新理论成果和实践探索,深入理解有关科学活动方案设计的各类理论知识,使他们能自觉运用新的教育观念、理论和方法来指导方案设计、活动开展,设计出符合要求的科学活动方案。

基于此,科学活动方案设计的基本理论知识培训应包括 5 个方面的内容:①青少年科学活动的最新理论成果和实践探索;②科学活动在科学教育、传播与普及中的作用;③科学活动方案设计的基本原则和模式;④科学活动方案设计的主要评价标准;⑤方案设计能力与科技辅导员专业化发展。

每个方面的培训内容均有不同的侧重点,有的重在意识培养,有的重在方法学习,也有的重在概念理解。以科学活动设计的基本原则为例,在这方面培训中,我们可以让科技辅导员了解以下 4 个基本原则:兴趣性原则、自主性原则、启发性原则和差异性原则。所谓兴趣性原则是指科学活动的设计必须符合青少年的发展要求,有利于激发他们的兴趣爱好,能够唤起其参与、探求和创造的欲望。所谓自主性原则是指科学活动必须以青少年为中心,以他们的自主活动为主要方式,要能调动其主动性、自觉性,实现青少年的自我发现、自我发展。所谓启发性原则是针对科技辅导员而言,在科学活动中,其所扮演的角色功能应是启发者或诱导者,切忌代替青少年动脑或动手。所谓差异性原则是指科学活动中,青少年存在着个性差异,活动设计要把握这些个性差异,因材施教,使每个青少年都能从活动中有所收获。深入了解这4个基本原则,将有助于科技辅导员提升科学活动方案设计的质量,更为有效地实现科学活动的育人目标。

(2)训练科学活动方案设计的基本技能:科学活动方案,是对未来要开展的科学活动做出的详细安排,是具有较强专业性和指导性的预设计划,是科学活动具体实施的主要依据。虽然对于科学活动方案的设计没有严格的要求,但在其基本框架、呈现形式上或多或少还是存在着一些基本要素。基本要素不完善的方案,其应用价值就会降低,在活动的实施过程中就有可能产生各种各样的问题,进而影响到活动预期目标的实现。因此,对科技辅导员进行科学活动方案设计能力的培训,不仅有助于提高其方案设计能力,也有利于帮助科技辅导员理清活动思路,为科学活动的顺利开展打下扎实的基础。

基于此,科学活动方案设计的基本技能培训可以包括以下3个方面:①科学活动方案的写作标准;②科学活动方案的写作技巧;③科学活动方案的基本要素。

这三方面的内容都是围绕科学活动方案的精心设计展开的,每一方面的内容中都包含了更多的内涵。以科学活动方案的基本要素为例,在这方面的培训中,我们需要让科技辅导员认识到,一篇合格的科学活动方案除去标题外,其主体部分至少应包含活动背景、活动对象、活动需要的各类资源、活动目标、活动过程和步骤、活动内容、活动重难点、可能出现的问题及解决方法和活动效果评价标准与方式九个部分。其中,活动背景可以具体阐述组织开展该项科学活动的原因;活动对象具体说明该项活动适合哪个年龄段的青少年;活动需要的各类资源可以指出开展该项活动所需的条件,包括场所、材料、仪器、经费等;活动目标则体现了活动的教育性,可以从知识与技能、过程与方法、情感态度与价值观三个方面来具体阐述,即经过活动后,希望青少年掌握的技能、方法和获得的情感体验。活动过程和步骤、活动内容、活动重难点是整个方案的核心内容,在这三个部分里要对活动的具体内容、步骤、方法、时间安排、重点、难点等进行详细的阐述,明确开展活动的程序,并注意科学性、过程性和可行性,通常写得越具体、越易操作,活动越易成功。可能出现的问题及解决方法则是对活动中存在的困难可能导致的影响进行一个预判,并给出相应的解决困难的对策。活动效果评价标准与方式对整个活动方案来说具有一定的导向性,不同的活动应制定出相应的评价标准,且都应遵循评价标准与活动目标相对应的原则。对科学活动方案基本要素的深入学习,将有助于科技辅导员提高科学活动方案设计的能力。

(3)选择优秀科学活动方案进行示范:相似于科学论文撰写的培训,在科学活动方案设计的培训中,示范也是最原始、最基本、又最简易、直观而有效的指导模式。随着各类科技辅导员科学活动方案评比活动的有序进行,科技辅导员对方案的设计也越来越重视。但由于各地经济发展水平的不同和青少年科技教育发展的差异,并不是所有地区都能投入足够的经费、人员来对科技辅导员进行相关理论知识和写作技巧的培训。此时,优秀科学活动方案的示范和专家的点评,将在科技辅导员科学活动方案设计能力的提升上起到举足轻重的作用。

优秀案例的示范在于它能以直观、系统、科学的方式,就科学活动方案设计的基本要素、写作要求、设计原则等方面对科技辅导员起到指导作用,并能让科技辅导员以此为范本加以实践。而专家的点评则能帮助科技辅导员系统、客观地认识科学活动方案的设计技巧和成败经验,帮助科技辅导员存优去劣,收获自己的感悟和体会。

(4)介绍科学活动方案的基本评审原则:就中国科协每年举办的科技辅导员科技教育方案展示活动而言,其评审原则主要包括自己选题、自己设计、自己撰写,以及科学性、教育性、创新性、可行性、示范性和完整性等相关部分。

自己选题:方案项目,选题必须是作者本人发现、提出、选择的。

自己设计:方案项目中主要内容、过程或方法的设计创意;整个教学或活动方案的设计必须是作者本人构思、完成。项目的主要依据、方案实施的必备条件必须是作者通过考察亲自确定。

自己撰写:方案的设计、文稿、申报材料必须由本人撰写,对方案设计的出发点、特点有清晰、客观和全面的分析。

科学性:方案的整体表述,应以科学思想为指导,以事实为依据,不违背自然科学、社会科学、思维科学、数学、技术和工程学等所涵盖的基本规律。

教育性:方案符合科技教育教学活动的基本规律,青少年有较大的动脑思考、动手实践空间,能启迪他们主动学习和经历科学探究的完整过程,有利于青少年科学素质、人文素质和其他心理品质的养成。

创新性:方案内容、过程或方法的设计有创意,整个教学或活动方案的构思新颖、巧妙;方案设计因人而异,因地制宜。

可行性:方案符合设计对象的知识、能力和认知水平,具备方案实施的必备条件;便于在科技教育教学活动中实施,不增加青少年的负担;具有一定的经济和社会效益。

示范性:方案能够体现当代科技发展方向和教育理念,着重解决青少年所面临现实生活中的具体问题,便于推广普及。

完整性:方案所列活动过程完整,实施步骤清晰、具体。

综上所述,科学活动方案设计的培训内容同其他方面的培训一样,也必须在理论和实践上都有现实意义,并具备可操作性;同时,还需有前瞻性,使科技辅导员可以高瞻远瞩,解决青少年科学活动开展过程中的实际问题;并要体现多样性,能满足来自不同地区科技辅导员的需要。

(二)科技发明和制作活动培训单元

组织广大青少年科技辅导员参与科技发明和制作活动,是提升他们的业务水平和科学素质的重要举措之一。从2000年开始,中国青少年科技辅导员协会就与中国发明协会等单位合作,通过举办"科技辅导员科教创新竞赛",推出了科技辅导员科技发明项目和科教制作项目的展示和评选活动。连续7年的赛事,全国总共评选出3000余项来自科技辅导的科技发明和科教制作优秀作品。至2008年,第23届"全国青少年科技创新大赛"首次纳入了科技辅导员创新项目,科技辅导员的科技发明和科教制作作品的展示和评选,从此进入了一个更为优越的发展平台。

1. 科技辅导员参与科技发明和制作活动的作用

长期以来,我国的科学教育、传播与普及工作一直受到党和政府的高度重视。但单独为科技辅导员创设科教创新平台,却是改革开放以来我国教育、科技和科协等主管部门推出的一项促进科技辅导员人才队伍发展的重要举措和新生事物。实践表明,科技辅导员参与科技发明和制作活动,对提升广大青少年科学素质,培养和造就科技创新后备人才队伍,有着积极的重要意义和不可估量的促进作用。

就实质而言,在全国青少年科技创新大赛上对科技辅导员科技发明项目和科教制作项目的展示和评选,是对他们的实践创造过程和成果,以及教育科学研究能力的甄别与促进。通过科技辅导员自身参与的上述科技创新实践活动的深入开展,必将影响和带动各地区乃至全国青少年创新实践活动的蓬勃开展和提高。

俗话说"名师出高徒"。只有科技辅导员对素质教育理念的深刻认识和自身创新意识的前卫和领先,只有科技辅导员的兴趣广泛和坚持见多识广的感知能力,只有科技辅导员长期积淀的渊博知识与不断实践,只有科技辅导员理论联系实际的思想意识与习惯,只有科技辅导员分析问题和解决问题的能力达到炉火纯青的程度,才有可能在他们的指导下培养出富有创新意识和科技实践能力的一代新人。

在全国青少年科技创新大赛的评审过程中,专家评委还要对参赛科技辅导员的理论知识、实践经验和基本技能进行测试。这些测试本身就是一个导向,它对于引导科技辅导员学习先进的教育理念,深入理解各学科专业知识,以及熟悉和掌握思维技能、观察技能、实验技能、操作技能和与人沟通的技能等,都具有积极的促进作用。当然,上述对于科技辅导员的促进,也必然有益于青少年,为他们科学素质、人文素质和其他心理品质的培养营造更为优越的师资环境。

(1)科技辅导员参与科技发明类活动的作用:参与科技发明类活动的科技辅导员,其实质就是经历一个不断学习、研究和创新的过程,并在这一过程中提升自身的科学素质和业务水平,以更好的实现培育青少年成长的目标。

例如,科技辅导员在指导青少年开展发明创造活动时,要引导他们坚持"三自"的原则,但究竟如何落实"三自"的原则,毕竟言教不如身教,而要做到身教,科技辅导员自己参与科技发明类活动,实际上就是身教的示范——自己选题:发明项目,选题必须是作者本人发现、提出、选择的。自己设计和研究:发明项目中主要创造性贡献,必须是作者本人构思、完成;项目的主要依据,必须是作者通过观察、考察、实验等亲自获得。自己制作和撰写:发明的实物或制作的模型,作者本人必须参与力所能及的实际操作;申报材料必须由本人撰写,并对"三性(科学性、新颖性、实用性)"、主要发明点、特点有清晰、中肯的分析。

(2)科技辅导员参与科教制作类活动的作用:参与科教制作类活动的科技辅导员,其实质就是经历一个基本的技术教育的过程,并在这一过程中促进自身动脑技能和动手技能的协调发展,以更好的实现培育青少年成长的目标。

例如,科教制作是需要按照一定的科学原理进行设计,并选择合适的材料、工艺和手段进行加工制作的。就科技辅导员而言,通过上述活动不仅要学会设计,还要学会制作,更可贵的是熟练制作,因为这对于他们手和脑的协调,对于其技能的训练有着重要意义——因为这些技能正是培养青少年成长的目标所在。与此同时,科技辅导员亦可通过上述活动,更深刻的领会并传授给青少年关于科教制作活动中"三性"的内涵——科学性:该项制作克服了现有成品的某些缺陷或不足,比现有成品更趋合理。先进性:该项制作与现有成品相比,在材料、工艺、手段等方面,有显著的进步。实用性:该项制作与现有成品相比,在制造、成本、使用效果等方面,有实质性的改进;在对青少年进行科学教育方面,有显著进步。

2. 对科技辅导员参与科技发明和制作活动的指导

(1)使科技辅导员了解科技发明和科教制作的申报要求:参加全国青少年科技创新大赛科技发明和科教制作项目申报的科技辅导员,首先要按照竞赛有关要求,认真填写申报书,申报书一式两份,上报创新大赛主办单位秘书处。申报书必须是大赛组委会秘书处提供的标准申报书。申报书要填写完整。

在历届科技辅导员上述竞赛中,都存在着因表述能力影响成绩的状况。例如,有些作品名称与书面材料阐述内容不一致;有些作品的实物与当初申报材料中的介绍差别较大;有些作品书面材料介绍的是某种功能,而实物演示的却是另一种功能;还有些作品存在书面阐述不具体和创新点不突出等问题,这些都最终影响到专家评委对作品价值的判断。

一般来说,科技发明和科教制作项目应附详尽说明,如项目原理、用途、改进点等材料,同时要附项目实物照片。另外,科技发明项目要有网上查新报告,以及由专业部门出具的专利查新报告。

最后,申报书及附件在上报邮寄材料的同时,必须按照网上申报的相关要求,将有关信息和材料进行网上申报。网上申报内容必须与邮寄材料相同。

(2)引导科技辅导员理解创造发明的基本理论:什么叫创造?知识的重新组合、加工,提出新设想就是创造。创造是人的一种能力,即创造力,所谓创造力就是为了一定的目标重新组合原有的经验、知识提出前所未有的新设想的能力。

创造是由三个因素构成的,第一,任何创造都以一定的经验、知识为基础,包括直接经验和间接经验。例如:个人的生活经验、劳动经验或从书本上学的、老师传授的知识等等。这就是说,要创造首先要继承,继承是创造的基础。第二,对经验知识的重新组合、加工产生新设想。这是最重要的条件,也是最复杂的问题,怎样组合、加工旧知识提出新设想,也就是怎样进行创造的问题,涉及大量的人的主、客观的复杂因素。人才学家关心它,心理学家、教育学家以及政治家、企业家也关心它,所以,现在世界各国广泛开展创造学、发明学、创造心理学的研究。第三,新设想又必须是新颖的、有价值的。新设想的范围很广,可以是从旧知识推导、联想或想象出新的知识、新的观念,也可以是建立新的定理、公式,还可以是设计出新产品、新工艺等等。创造活动的成果必须具有新颖性,是前所未有的,否则就是重复性,而对参与科技发明和科教制作的科技辅导员而言,还应理解下述的发明创造十大基本原理。

①综合原理:综合原理是指将研究对象的各个要素进行相应的分离和取舍,使综合后的整体具有新特征的原理。

②还原原理:还原原理是指研究已有事物的创造起点,并深入追溯到它的创造原点,再从创造的原点出发寻找各种门路,用新思想、新技术重新创造该事物,从原点去解决问

题的原理。

③移植原理:移植原理是指把一个研究对象的概念、原理和方法等运用于其他研究对象之中的原理。

④分离原理:分离原理是指把某一对象进行科学分解和离散的原理。

⑤强化原理:强化原理是指利用对某事物进行精练、压缩或聚焦进行创造发明活动的原理。

⑥换元原理:换元原理是指通过寻找替代物,或通过对代替事物的研究来解决被代替事物存在问题的原理。

⑦迂回原理:迂回原理是指通过解决相关的问题来解决特定问题的原理。

⑧组合原理:组合原理是指事物的整体或部分叠加的原理。

⑨逆反原理:逆反原理是指当遇到不能解决的难题时,往往从其相反的途径却能顺利解决的原理。

⑩群体原理:群体原理是指在发明创造过程中,充分发挥群体智慧和力量的原理。发明创造的原则主要有遵循科学原则、市场评价原则、相对最优原则、机理简单原则、构思独特原则和不轻易否定原则等。

(3)指导科技辅导员进行教具的发明或创新:在全国青少年科技创新大赛科技发明项目的评选中,科技辅导员对教具的发明或创新作品占了很大比例。那么应如何进行教具的发明或创新呢?一般来说,教具发明或创新评比的基本条件与其它科技发明作品评比的基本条件大致相仿。但是教具亦有其特别的本质属性。教具,顾名思义是教师或科技辅导员在教学过程中进行辅助教学的教材与工具。优秀的教具一定能够提高青少年学习效果,一定能够帮助他们科学有效的了解、掌握、观察实验现象,以及证实相关科学原理。

一般来说,科技辅导员在进行教具的发明或创新时,一定要注意把握优秀教具应满足的"五性",即教育性、创新性、可行性、示范性和完整性。

所谓的教育性是指符合科学教育教学的基本规律,符合国家教育改革、课程改革的要求。有利于青少年对科学规律的理解、对科学知识的掌握,有利于青少年对科技发展与人类生活、社会发展相互关系的思考,有利于青少年科学思想、科学精神与方法、创新能力的养成。

所谓的创新性是指新颖程度、先进程度、技术水平与难易程度。该项教具或创新技术在申报日以前没有同样的成果公开发表过,公开使用过,该项研究选题有创意;该项发明或创新技术同以前已有的技术相比,有显著的进步;有科学价值和学术水平。

所谓的可行性是运用多种科学手段(包括技术科学、社会学、经济学及系统工程学等)对某一项目的必要性、可行性、合理性进行教育教学的技术、经济、安全等的论证。

所谓的示范性是指教具作品是非常先进的,在教育教学活动中形成独特的影响,在当前其它同类教具是无法比拟的,具有引领示范作用。

所谓的完整性是指教具作品在科学、技术、结构、演示效果、教学效果上都具有完整性。

对参与教具发明或创新的科技辅导员来说,在自己的工作岗位上应当经常地研究和思考教育教学的方法与动态,应当始终坚持树立以青少年为本的教育思想,分析研究他们的需求,不断地通过对教材、教具的研究,提高教育教学的效果。科技辅导员还要善于观察思考,并尝试设计和应用教具辅助教学或活动。同时,科技辅导员自身坚持见多识广,对新生事物要充满好奇心和高度的敏感性。总之,科技辅导员要以积极态度参与教具发明或创新的实践活动,而这一活动亦恰恰为其施展创造才能和提升自身素质搭建了广阔的舞台。

第 三 部 分

科技辅导员培训的教学案例

第九章 小学科技辅导员培训案例

一、用绘画展现科学想象力——如何指导青少年开展科幻美术的创作

(一)青少年科幻画创作的概述

参加青少年科幻画创作活动培训的科技辅导员,一般都是美术教师,往往容易以自己的专业背景和教学经历去理解科幻画创作。因此在上述培训开始之时,必须要让受训学员了解科幻画创作和一般美术创作之间的异同,使他们聚焦如何在指导的过程中启发青少年的创作思维,同时又能把握其作品不偏离科学思想,以及科幻画题材确定后创作技法的选择等基本内容。

1. 什么是科幻画创作

科幻画创作不同于一般美术创作。在"科幻画"的界定中,"科"字指的是科学知识、方法、精神和思想等;"幻"字指的是幻想、联想和其它符合科学逻辑的想象;"画"字则是指美术技法和技巧。总之,科幻画就是把科学与想象元素渗入到美术创作画中,它涉及科学、想象和绘画三大要素,是三位一体的艺术结晶。

由此可见,科技辅导员指导青少年参与科幻画创作活动的过程,就是一种以平面艺术为载体,促进创造性思维和绘画表现技术有机结合的科学教育过程。青少年可以通过科幻画的创作,来表现自身对未来世界的种种猜想或憧憬,对困扰人类种种难题出于科学角度的解决方案,以及对于大自然奥妙的艺术解读,等等。当然,这里科技辅导员要引导青少年明确的界限是:一方面想象空间不能局限于科学原理,另一方面又不能毫无科学性的漫无边际地把绘画变成科学神话。

2. 青少年科幻画创作活动的教育特点

科幻画创作活动,是青少年在已掌握的知识和经验的基础上,通过科学的想象,运用绘画语言创造性的表达出对宇宙万物、未来人类社会生活、社会发展、科学技术等方面的遐想而形成的绘画作品。以科幻画为媒介的青少年创造力的培养应该遵循一定的教育规律,因而科技辅导员要了解如下一些重要的教育特点。

第一,科技辅导员要关注青少年的心理发展,特别是美术心理发展。这是因为,参与上述活动的青少年一般为 7～14 岁的中小学青少年,他们的美术心理发展具有阶段性,从"画内心自己"到"画外部世界",从"无目标地为玩而画"到"有目标的题材创作画",各个阶段的心理感受和反应是不一样的。此外,青少年富有无边无际的幻想而常常缺乏合情

合理的解释,要把"幻想"和"科学"两者结合起来变成"科学想象"不是自然而然的事情,是需要科技辅导员依据其心理发展变化施以正确的方法加以引导的。

第二,科技辅导员要关注丰富多变的绘画技法对青少年美术心理的影响。正如现代中小学青少年对教师的年龄、着装、打扮等外显形象十分敏感,这对教学效果具有特殊重要的意义一样,美术技法的表现力对教学效果同样具有重要的影响,加上科幻画题材的神奇和奥秘,绘画技法的助力就显得更加重要。可以这样说:"简单的一只蜡笔虽然可以成画,但成不了科幻画,正如自行车的快慢无法表达飞机的速度,何况是光速"。因此,对青少年在这方面的发掘和促进,也是需要科技辅导员悉心引导的。

第三,科技辅导员要耐心地启发,并小心翼翼地关照和呵护青少年流星掠空般转瞬即逝的科幻灵感——而科幻灵感恰恰是创造性思维的关键要素。由于生理和心理发展特点与成年人存在差异,导致青少年的想象与成年人在内容和方式上都有很大不同。因此,科技辅导员要注意不要轻易否定青少年的科幻灵感,而要多从他们的视角去观察、考查和思考,引导他们不断完善自身的科学想象,保护其稚嫩的创造力幼芽。

上述培训内容是作为科幻画创作培训的应知层面的培训,主讲教师通过讲授的基本形式展开,并通过 PPT 课件将一般的概念和案例显现在受训学员面前。在讲授时,主讲教师可结合一定的互动和交流,如"你如何理解科幻画作品和一般美术作品的区别","你从这幅青少年作品中看到了什么内容","这幅作品的表现形式有哪些"等,促进参与培训的科技辅导员学习和思考的积极性。

(二)科幻画创作的过程与技法

这部分培训,旨在让受训学员了解科幻画的基本概念后,以体验的方式,掌握指导青少年开展科幻画创作的过程与步骤,包括如何使青少年理解科学,如何激发他们的科学想象力,以及如何指导其掌握绘画技能等。从培训的应知层面迁移到培训的应会层面,主要以受训科技辅导员的体验为主,主讲教师的讲授为辅,同时要有两者之间的思维互动。整个培训大概需要四个课时。

1. 科幻画的选题与创意的激发

青少年的科学幻想是建立在日常学习、生活和社会活动等实践基础上的,科技辅导员引导他们阅读科学幻想书籍、参加科学讲座、开展科技创新、参观科学展览等方式可以增强其想象和幻想能力。科技辅导员要善于激励青少年将对科学的认知和大胆的想象结合,从中获取创作的灵感,特别要注意发掘其自身的独特感觉,结合选题悟出蕴涵科学想象的新颖创意。

(1)选题的内容分类:科幻画,可以根据不同的标准进行分类。如从作品所选题材来分,可分为对未来科学技术的描述;对未来人类社会以及相互关系的描述;对未知的宇宙万物、自然世界、人与环境以及相互关系的描述;以及对未来科技创新产品的描述等。

如果从作品涉及的领域来分,可分为宇宙探索(月球城市、太空城市、改造月球、火星……)、海底世界(海底生物、海底探矿……)、地球环保(植被、水土保持、防治污染……)、新型能源(太阳能利用、废品利用……)、人工气候(全球气候调控、居住环境气候调节……)、生物工程(克隆、基因工程……)、信息传递(新型电脑、远程信息传输……)

和新型生活(未来居住、未来交通、未来工具……)等。

(2)科幻创意的孕育与培养:首先,科幻画创作要有科学导航。科幻灵感不是胡思乱想的产物,而是遵循科学规则的超前想象;科幻画不是描绘神话或童话故事的作品,它是富有时代性、前瞻性、科学性和技术性的创意绘画。众所周知,青少年是不缺乏想象力的,但其奔放驰骋的想象尚需科学的约束,而不能漫无边际。例如,一幅名为"奇特的树"的科幻画,其创意来自于某位青少年对马路上电线杆外形单调且影响行人走路的不满,于是想到要用树来代替电线杆。作为科技辅导员,我认为上述创意很好,就启发她把所看见的与树干、树枝、树叶等形状相似的社会公共生活物体画出来。于是,这位青少年就把电话亭、售货亭、商店等一股脑都搬进树里面,这显然不科学。经过认真思考后,这位青少年确定只把售货亭搬到树里面。当确立了"多功能树"的创作主题后,这位青少年又产生了要让树兼作公共汽车站牌的创意。为此,我带这位青少年逛马路,让她仔细观察公共汽车站牌能像树那么多吗?她于是放弃了公共汽车站牌的构想,而选择了交通指示牌。这位青少年经过"聚焦兴趣—细致观察—偶发联想—规则引导—科学想象"的过程,最后诞生了具有公用电话亭、售货亭、广告招牌、街头地图、交通指示牌等多种功能,以及树叶白天收集太阳能,晚上可用于树上水果灯照明的多功能树的奇妙构思。

其次,科技辅导员在指导青少年参与科幻画创作时,要一并考虑他们的科幻灵感、创意和兴趣这三个要素。上述三者之间存在着一定的逻辑关系,它可以简单描绘如下:兴趣是滋养灵感的内心源泉和动力,微弱闪现的灵感意念在兴趣之泉润物细无声地滋养下催生出稳定可以感知的创意之果,由此构成了创造性思维的运行机制。因此,在青少年科幻画创作中,科技辅导员对他们创造性思维的培养,从根本上说就是对其在科幻画兴趣基础上的科幻灵感的关注、维护、强化和放大。如曾获第17届全国青少年科技创新大赛一等奖的科幻画《仿生鱼》,画面中三条环保鱼,一条鱼专吃垃圾,一条鱼专喝污水,第三条鱼给鱼看病。该画的灵感起先来自于国外画有鱼的装饰画,画面装饰性很强很漂亮但没有任何科技成分。我引导青少年由鱼想到了大海和海洋污染,接着想到清除海上污染的机器,再想到可以像鱼一样在海里游动的机器鱼,最后想到可以治理污染的仿生鱼,该画的创意就这样产生了。

该画在绘画技法上也非常具有创意,是在色布纸上使用了固体水彩笔、珠光立体笔、珠光笔以及修正液,画面效果非常特别,有些部位的颜色即便是成人也难以理解其形成的肌理效果,几乎无法复制,许多看过该画的儿童画专家对其绘画技法惊叹不已,当作品最后完成后,作为科技辅导员的我也弄不明白这幅画究竟用了哪些材料。

(3)选题视角与创意联想

①基于社会生活的选题与创意联想:科技辅导员要积极引导青少年,注意从现实生活中挖掘科幻画创作的选题,并通过创意联想加以优化。例如,2008年我国南方发生雪灾,给当地生产和人民生活带来了极大的不便,此时媒体讨论的都是如何化解雪灾带来的危害。但是一位上小学的青少年却认为:为什么要把大风雪看成是灾害呢?大风雪不是发电的动力吗?于是他萌生了将大风雪变成发电动力的创意。科幻画《雪灾救星——风雪发电机》的创作灵感,就是这样产生于对现实生活的分析、逆向思维和多角度的联想。而在动手创作时,小作者的思维方式跳跃、非逻辑,多发散,竟然想到用材料来替代画笔——

他使用包水果的白色发泡塑料来表现高压线上的冰柱,用透明的硅胶来表现冰冻的地面,再用白色水粉画出冰天雪地,材料的肌理与画面主题非常贴切,效果奇特。不言而喻,小作者这种令人称绝的创造,完全是出于其对科幻画的强烈兴趣,以及平时对外界景物的细心观察和比较。

②基于社会"热点"的选题与创意联想:在培训前,主讲教师可布置相关作业,让受训学员"挑选 5 个近一周媒体关注的社会热点问题,并给出排序"。在培训进行的现场,主讲教师可组织受训学员交流,将他们所选社会热点问题归纳、分类,并选出大家公认最具有代表性的社会热点问题。随后,对最终汇集的热点问题,由每位受训学员各提出 5 个蕴涵自己创意的解决方案。这实际上是让参与培训的科技辅导员模拟参与科幻画创作的青少年角色,亲身体验他们基于社会"热点"选题与创意联想的过程。而结合社会热点问题选题,正是科幻画选题中一种常用方法,青少年很多巧妙的构思和灵感,也恰恰是来源于他们对热点问题的关注。

例如,《瞧,我们的神舟六号》这幅科幻画,小作者的创作思想就是来自于神舟六号顺利发射的社会热点新闻。于是,小作者想到了在浩瀚的星海中,女孩坐在黄色的月牙上演奏钢琴,钢琴的三脚架上摆放着可口的食物;钢琴旁边是宇宙飞船,小朋友们在云层上烧烤,真是很热闹!不难想象,小作者把月亮当板凳,把钢琴架当饭桌,寥寥的云烟仿佛是小朋友烧烤形成的炊烟,神舟六号变成了孩子们在太空中野餐的交通工具。可见,孩子们心目中的神舟六号并没有太多的复杂含义,只不过是飞天的交通工具而已;钢琴也没有多少高雅的韵味,它和野餐时的便携式乐器没什么两样;弯弯的月亮本来就是童话世界中女孩喜欢的小玩具。这是多么自然童趣的想象,充满着天真的灵感和美妙创意。

③选题的头脑"激荡"与创意联想:如果你是创作者,你会选什么样的题目?在生活中有哪些问题和不便?我们可以有什么样的方法解决这种不便?你想象中的太空是怎样的?基因工程会给我们带来怎样的未来?这些问题都可以通过头脑风暴的方式使受训学员获得尽可能多的答案,有些就有可能成为他们指导青少年创作的灵感。

以获得上海市青少年科技创新大赛科幻画二等奖的作品《建筑奇迹、人类梦想》为例,该画描绘了一个像苹果一样的漂浮在太空的大厦。表面上看,水果和大厦本是风马牛不相及的两码事,可是当孩子们聚在一起,边创作边吃苹果时,灵感闪现想到苹果可吃还可以玩。但如何玩,又如何科学地玩呢?在科技辅导员的引领下,在头脑风暴的激荡下,一个苹果似的飞船创意随之在孩子们的脑海中闪现。然后,随着创意不断科学化和幻想化,于是飞船又变成了大厦,在太空中飞来飞去;苹果枝功能拓展,居然成了通讯天线;而枝上的树叶,则变成了可以吸收太阳光的能源转换器。

2. 科幻画题材下创作技法的选择

(1)基于合作讨论的构图优化:科幻画的构图研究和一般美术作品的构图不一样,科幻美术要表现的是青少年无拘无束的想象,这种想象往往是充满整个画面的。那么,怎样进行构图和画面填充呢?以《让奥运场所飞起来》为例,这幅画原先的构图只是一个运动场和奥运村,科技辅导员组织大家集体讨论时,有青少年说奥运会的比赛项目很多,是否可再加一个运动场。修改后的构图中两个运动场是并排的,在讨论时大家认为最好用叠放式双层运动场,通过一个大气球把两个运动场吊在空中,几乎所有的运动项目都可表现出来。而一群和平鸽则可用身体搭起一座桥把体育场和奥运村连接起来,由于和平鸽象征友谊,又寓意运动员比赛期间飞行来往于运动场馆和运动员奥运村之间。通过讨论集中大家的智慧,构图得到优化,创意的表现力也明显提高。此外,通过集体参与优化构图的过程,使上述科幻画作者打开了创作思路,参与者也得到启发,展现了青少年团队合作的魅力。

(2)不拘一格形式下的表现手法:到目前为止,笔者指导青少年比较常用的科幻画技法一共有八种,包括:镂版喷枪法、油画棒加蜡烛油衬托法、珠光笔明暗法、肌理装饰画法、材质表达法、刻画衬托法、木刻装饰画法和综合技法。每一种技法都有其自身艺术表达的特点,适合创作题材特点和适合学生的特点。

①镂版喷枪法:镂版喷枪法基本作画程序和方法是:在卡纸上刻画,然后对刻好的画放在玻璃卡纸上用颜色进行喷涂。由于在卡纸上镂版刻画需要一定的手控能力以及在随后的玻璃卡纸上喷枪作画,喷枪要掌握水分、喷涂速度快慢,需要腕力控制,故该画法比较适合小学高年级和初中青少年。

教师首先基本介绍镂版喷枪法制画的全过程,然后分步骤做示范让青少年跟随教师一步一步学习。

②肌理装饰画法:肌理装饰画法基本作画程序和方法是:首先,在高丽纸上用木炭条画好诸如"未来都市"的轮廓;然后用墨画成黑白稿,用水粉颜料画,从深画到淡,逐层加色,水粉要厚。待颜料干后,在画的背面用板刷上墨汁;待墨汁晾干后,根据需要再添加颜色,但要注意不要破坏画面的肌理效果。

③珠光笔明暗法:珠光笔明暗法基本作画程序和方法是:首先,在黑色艺术纸画出物体的形状;然后用珠光笔先从主体入手画,物体间留出一条线,利用底色纸;最后逐层加深,可用色彩渐变法和明暗法。这种技法亦比较适合小学高年级和初中青少年。

④油画棒加蜡烛油衬托法:油画棒加蜡烛油衬托法基本作画程序和方法是:在高丽纸上用记号笔画出物体的形状,然后选用明度比较高的油画棒根据创作的需要进行装饰,再在物体外形周围浇上蜡烛油,把画用力揉成纸团,褶越多越好;揉成团后,再轻轻打开,用手在画纸的背面抹平。最后,在画纸的背后用大笔均匀地刷上墨汁,待墨汁晾干后,把画翻过来,观察画面的肌理和油水分离的效果。可根据画面的需要,再添加色彩,但要注意不要破坏画面的效果。这种技法比较适合小学低年级青少年。

⑤材质表达法:材质表达法基本作画程序和方法就是把具有材质个性又适合题材要求的材料用于画上。如:科幻画《我的空中世界》的小作者很有想象力地利用了材料,就是把报纸撕碎拼成的作品,很有个性,主次分明,随意自然,天空用撕碎的报纸做底,把人物、云及飞机等烘托出来,主题表现得十分突出,将人们的视线带入一个梦一般的幻想世界。这种技法比较适合小学低、中年级青少年。

⑥刻画衬托法:刻画衬托法基本作画程序和方法是:在黑卡纸上用铅笔画好诸如"遐想"的轮廓,用刻刀刻直线从上到下,刻横线从左到右,先刻中间细小部分,再刻较大部分,最后再刻外沿轮。要注意画面的疏密、黑、白、灰、主次粗细的对比。在选择彩色纸要注意颜色协调,大面积颜色不宜太强烈,小面积有一些对比即可。随后把选中的彩色纸撕碎,贴在画稿背面,按需要拼贴,可以互相重叠,让它凹凸不平产生一种厚重感,可以贴平

实些,颜色不宜过多,有些地方可留白。

⑦木刻装饰画法:木刻装饰画法基本作画程序和方法是:先制作黑白版画,然后用水粉上色。

⑧综合技法:该技法是结合上述两种以上的技法进行作画。其艺术特点是:绘画感强,具有一种形式美,特别适合于初中青少年,因为他们有绘画功底,接受能力较快,乐于尝试用多种方法来创造。该技法在目前科幻画创作中使用得非常普遍,几乎大多数作品都使用了该技法,以提高作品的艺术表现力。

3. 科幻美术教学活动案例

(1)活动主题:"未来太空"科幻画创作。

(2)活动对象:小学六年级青少年。

(3)教材分析:教学首先应该使青少年理解幻想未来太空的现实意义:在现代社会高速发展与自然资源日渐贫乏的今天,科学探索地球以外的宇宙空间以拯救地球生存环境,已进入当代人类的科学发展规划中。各国科学家和有识之士无不在探索和焦虑之中,忧患意识使得我们产生种种遐想:未来人类能否移居到月球或火星,能否开发和利用太空为人类造福?

小学六年级的青少年,已具备了一些科学知识,也开始关注周围环境,愿意并善于幻想,这些都为他们参与上述主题科幻画创作活动奠定了基础。

(4)教学思路

第一步,要引导青少年尝试科学幻想。科技辅导员可向青少年展示科学图片或影像资料,鼓励他们相互共同讨论、交流并幻想未来太空的模样。科技辅导员也可在活动前布置青少年自主查找有关航空、航天或航宇资料,使他们开阔视野,心中有物,储备知识、相互启发、遐想交错、酝酿灵感。

第二步,灵感激发及创意捕捉和固化。该阶段科技辅导员要在不断激发青少年科幻思维的同时,耐心地等待其灵感闪现,即刻抓住,并让他们用草图表达出来,然后再一步一步细化和放大灵感内容。具体做法可以是:在科技辅导员的指导下,让青少年共同讨论,不断优化草图,一直到创意出现。此时科技辅导员要特别注意青少年的灵感是科幻创作的关键,是画作的精气神。(如前例:电线杆幻想成树,是灵感闪现,从树到多功能的树是创意)。

第三步,美术技法的选择。考虑前述八种技法中哪种技法比较合适未来太空的表现。一般来说综合技法使用较多,但八种技法如何组合在一起,还需要根据青少年的创意而定,同时也不排除仅仅用一种技法来表现。由于技法的选择是由青少年自己而定的,科技辅导员可以根据创意以及青少年自身的生理特点提出建议。

(5)教学目标

①知识与技能:加深青少年对宇宙和航天的了解,增强他们对地球环境保护的意识。

②过程与方法:指导青少年学习用绘画形式表现未来太空的科学幻想内容。

③情感态度与价值观:培养青少年的想象力和勇于探索、团结合作的精神。

(6)教学重点和难点

①教学重点:如何引导青少年展开科学幻想,而非不着边际神话般的胡思遐想。

②教学难点:如何解决青少年创意雷同、表现手法雷同的问题。

(7)教学准备和学具准备

①教学准备:供青少年借鉴用的科幻画作品数幅,科幻画的影像资料若干。

②学具准备:青少年绘画时用的笔和纸张等。

(8)教学过程

①导入新课

提问:同学们,今天我们生活的地球面临着哪些危机?(青少年回答后讨论)

课件展示:沙漠化、水资源枯竭、环境污染、气温变暖、人口爆炸、战争、核武器等。

小结:地球不堪负担。

地球资源越来越少,我们是否可以幻想移居到其他星球?请同学们试着把自己的幻想画下来。(板书课题:"未来太空"科幻画创作)

②学习欣赏

课件展示:出示一些优秀的与太空未来有关的科幻画作品如下,让青少年欣赏与评价。

作品1. 修补臭氧层

作品2. 太空菜篮子工程

作品3. 神州8号太空新旅游点考察

作品4. 太空新居室

提问:从这些画中可以看出未来太空是什么样的?

它们分别表达一个什么样的梦想?

(青少年讨论后回答)

③启发思考

提问:你想象中太空是怎样的?你最关注的是什么?

交流:青少年分小组进行交流,然后把自己幻想中的太空告诉大家。

灵感激发:青少年产生对未来太空的不同想象,并以草图形式画出来。

④指导创作

讨论:你从哪个角度来描画未来太空?或者你想为地球解决哪些危机?

你的创意与别人的创意是一样的吗?(创意尽量要避免雷同)

你的构图如何展现创意?

你决定使用什么样的科幻美术技法来表现?

⑤青少年创作

科幻美术技法在青少年创作科幻画前已传授。科技辅导员对青少年进行个别辅导,回答他们的个性化问题,以及提出修改建议。

⑥总结交流

作品交流,青少年自评和互评。

科技辅导员小结。

⑦课外延伸

鼓励青少年阅读科学幻想书籍或观看一些科幻电影。

提供一些科幻网站供青少年学习。

⑧教学反思

科技辅导员要反思教学中的成功、失误,以及改进上述教学的方法。

(上海市长宁区少年科技指导站特级教师丁海棠)

二、如何指导青少年开展社会研究项目

(一)什么是社会研究

1. 社会学与社会科学

社会学:社会学是一门利用经验考察与批判分析来研究人类社会结构与活动的学科。

社会科学:社会科学是用科学的方法,研究人类社会的种种现象的各学科总体或其中任一学科。

广义的社会科学:广义的社会科学是人文学科和社会科学的统称。

2. 社会研究

社会研究:运用社会科学和人文学科对人类社会所做的研究。

社会研究对象:人类社会——包括社会公民、社会建制和社会运行规律等,范围广阔,小到几个人之间的沟通,大到全球化的社会趋势及潮流。

社会研究内容:社会的基本性质、社会整体的结构与内部联系,以及人类行为和社会生活的一般方式。

(二)对青少年社会研究项目的指导

这一阶段的内容,主要通过案例分析法进行,以具体的青少年研究项目为实例,依托全面和科学的分析,使参与培训的小学或初中的科技辅导员找到今后指导青少年参与社会研究的先进理念和正确做法。培训时间约为3课时。

1. 研究什么

(1)常见青少年社会研究内容列举:在2011年参加北京市金鹏科技论坛的社会研究项目中,我们选择了85项初中青少年的研究项目进行内容分类,发现主要包括以下4类57项(占68.0%)不同研究内容的项目。

①与健康成长相关的项目(18项):《北京市初三年级学生体育锻炼现状调查研究》、《初中生校内每天一小时锻炼强度对体质改善初探》、《初三学生家长对孩子社会能力培养的认知和行为研究》、《社会培训学校教室照度问题调查》、《呵护心灵的窗户——狼垡中学学生视力保护情况的调查与研究》、《农村女中学生青春期性知识调查报告》、《珍惜、爱护我们的心灵之窗——眼睛》、《关于中小学生近视眼情况调查》、《牛栏山一中实验学校"阳光之路 告别黑暗"研究报告》、《中学生近视眼发病率的研究》、《耳聋原因初探》、《关于密云五中学生使用"升降桌椅"情况的调查报告》、《肥胖对大城子中学生心理影响

的调查》、《浅谈中学生营养早餐》、《科学饮食,健康你我》、《关于昌平区公共场所儿童洗手池设置情况的调查》、《家长吵架对孩子的心理影响》、《对中学生寒、暑假校方组织补课的心理调查统计》。

②与环保节能相关的项目(21项):《北京市民环保行为习惯的调查研究》、《北京市地铁4号、10号线空气质量调查》、《3510—在行动——陈经纶中学分校师生低碳出行的调查》、《北京市垃圾分类部分模范试点社区执行情况调查及思考》、《黄村水质调查报告》、《塑料袋还能用多久(调查报告)》、《城市建设与气候关系》、《密云大城子地区一次性用品的使用造成的污染》、《密云废旧矿坑及非法采矿点治理的调查研究》、《绿色出行——密云旅游景区公交线路调查》、《绿色照明,低碳生活—关于冬季夜间密云城区街道照明设施分布与耗电情况的调查研究》、《关于城市闹市区环境与污染的调查研究》、《直击"7.24"洪水——"洪门川"流域洪水进村原因调查》、《材料与中学生的身体健康》、《对丰台区西马场北里社区垃圾分类的调查、宣传与研究》、《绿色工程的新亮点——来自电动出租汽车的启示》、《良乡地区家庭耗能调查与节能研究》、《牛栏山、潮白河、怀河说古论今及地理调查报告》、《有关旧校服如何处理的调查报告》、《有关消费者对电动汽车接受程度的调查与分析》、《怎样用洗衣粉洗衣服更干净》。

③与城市交通相关的项目(12项):《公共自行车系统站点距离优化研究——由中心地理论六边形结构所想到的》、《北京机动车尾号限行政策实施效果和公众评价》、《菜户营桥南侧辅路交通灯配时问题的研究》、《对收费站以及高峰路段拥堵现状的调查分析及改进措施》、《公交车:不要让我"靠边站"——对朝阳区私家车占公交车停靠点状况的调查与分析》、《行人交通安全意识调查与研究》、《北京市推广高能见度反光交通安全校服的可行性》、《建立亦庄学校周边有序交通办法的研究》、《中学生关于"廉价出租车"运营管理的调查报告》、《关于北京市居民住宅小区停车位调查研究》、《关于密云县出租车运营情况的调查报告》、《关于昌平区停车场使用公交一卡通付费的调查研究》。

④与医疗保障相关的项目(6项):《某三甲医院门诊药房取药等候时间的量化分析》、《完善医院输液设施的研究与建议》、《北京市部分城区医院开药门诊现状及分析》、《北京市目前老年人医疗保障的调查》、《大辛庄地区农民医疗保险现状的调查报告》、《"过期药提醒与处理问题"研究报告及分析》。

上述4类项目共57项,占初中青少年社会研究项目的68.0%。就这4类项目的内容来看,主要集中为社会热点问题,其选题方向应该是正确的。但需要注意的是,作为热点的社会问题,其复杂性决定了往往需要多学科的综合研究,特别是自然科学、社会科学和人文学科的多角度介入。另一方面,由于参与研究的青少年缺乏对社会研究的基本概念的理解,特别是对社会结构的现状和运行规律一知半解,因此急需通过下述的研究实例予以补课。

(2)引导青少年从身边社区开始尝试研究:中小学青少年开展社会研究,最好从身边社区开始,再逐步扩展到区(或县)、城市直至整个国家和世界。这种由近及远的研究,有助于青少年逐步熟悉社会的结构和运行规律。例如,科技辅导员可以指导青少年尝试开展以"北京与世界的联系"命题的研究项目,并将重点放在北京以及北京与世界其他城市(包括国内其他城市)的相互关系上。在开始的时候,科技辅导员可先从青少年熟悉的地方着手(例如:他们所在的当地社区),慢慢地,再逐步转向研究其他社区,到研究北京所辖的各个区(或县),以及北京与世界各地其他城市(包括国内其他城市)的联系。在这个研究项目的进行过程中,科技辅导员也将会引导青少年去研究与世界各地城市政府相关的方方面面。

从身边开始:引导青少年对自己所在社区中每个家庭的需求以及人们是怎样生活、工作及互相交流等进行研究。这一研究可通过搜集下列问题着手进行:

①了解社区居民个人以及家庭的基本需求(例如:食物、水、遮蔽物,以及安全保护等);

②知晓他们的基本需求是如何被满足的(例如:食物既可以来自农贸市场,也可以来自超市,或者是食品商店等),以及垃圾的处理状况;

③认识他们所在的当地社区中的建筑,以及用途(例如:房屋、学校、地窖等);

④认识社区居民所从事的各种不同职业(比如:公司职员、演员、工人、教师、消防员、警察、医生等);

⑤了解这些不同职业的居民在满足他们基本需求和保障他们的安全方面(诸如食物、遮蔽物、邮件递送、交通运输、教育,以及医疗保障等),起着多么重要的作用;

⑥识别这些不同职业居民的工作场所,以及描述他们在工作时会用到的工具和车辆(例如:教师在学校里工作,他们使用着电脑;消防员则往往是驾驶着消防车出现在火灾现场);

⑦认识社区中的安全场所(例如:学校、公安派出所、街区中父母的家等);

⑧认识社区中居民平常所使用的交通工具(例如:公交车、轿车、自行车等);

⑨认识社区中的地点,发生的事件,以及庆典活动等对居民的意义(例如:公园、动物园、社区活动中心、健身场所,以及各种节日);

⑩描述在社区中,家庭成员之间以及朋友之间是如何相互影响、相互联系的(如他们一起参与健身活动,共同参加庆典活动等);

⑪了解针对社区建设与发展,市、区(县)政府制定了哪些相关政策和法规(如发挥社会组织在社区的作用、社区医院的功能定位,以及促进文化、教育和科普活动开展等方面的政策法规)。

结合上述问题,科技辅导员可以引导青少年从身边开始,从"小"处入手,精选出适宜研究又可以增强他们对社会认知能力的选题进行社会研究。以后,随着青少年对社会认知程度的加深,再由近及远,进行更为典型和深入的研究。

(3)拓展选题所覆盖的研究内容:在青少年社会研究项目中,往往存在选题单一,研究内容重复等问题,那么,应该如何拓展选题所覆盖的研究内容,使其具有创新性呢? 以上面与健康成长相关的项目为例,中小学青少年在选择这类研究内容的项目时,主要集中于"近视眼"防治这一选题,很难跳出这一框框的束缚。造成这一现象的原因,主要在于青少年对"健康"这一概念缺少科学的界定,而科技辅导员也未能予以及时的指导,因而导致思路狭窄,往往只局限于某一点。

实际上健康这一概念,有着其丰富的内涵。一般来说,健康应包含以下 6 个方面的内容。首先,是涵盖饮食与健康的内容。其次是涵盖心理与生理成长发展的内容。第三是涵盖人身安全与伤害预防的内容,其中人身安全议题包括欺凌弱小者、窥视袭击、虐待孩子、骚扰和家庭暴力等。伤害预防议题包括自行车安全、季节性安全规则、日晒安全、家庭安全、防火安全、座椅安全带的使用以及急救等。第四,是涵盖物质的使用与滥用的内容,其中包括药物的使用与滥用,烟草、酒精或其它麻醉品的预防,毒品的危害和艾滋病的防止,以及识别庸医、巫医等。第五,是涵盖环境与健康的内容。第六,是涵盖体育运动与健康的内容。

不难想象,如果科技辅导员能够引导青少年从上述 6 个方面去理解"健康"这个概念,那青少年的思路无疑会被打开,其研究选题自然会多种多样,而不至于每年只集中于"近视眼"防治这一问题。

2. 结合上述研究中存在问题进行指导

(1)主题与内容偏离的问题:在青少年社会研究项目中,一些小作者往往会出现主题与内容偏离的问题,科技辅导员要关注这一问题,并通过相应指导予以及时纠正。下面以"北京城水系现状及保护调查研究"项目为例,先将项目研究报告摘要转述如下:

"本文在查阅了大量北京河湖水系历史资料文献的基础上,针对北京城现存的河湖水系进行实地考察,并对当地住户从地方依恋和保护认同的视角出发,进行了深度访谈和问卷调查。通过对北京城现存河湖水系历史和现状的梳理,创制了'清乾隆北京城水系图',整理出'北京内城水系变化原因及现状情况表',并对 200 份问卷进行统计分析,得出:大家都赞同河湖的修复、保护并以居住在河湖周围感到自豪,但由于宣传力度以及人们长期生活习惯的影响,大家对有些河湖保护的细则条款不清楚、不理解。从分析结果出发,本文提出了对河湖认知保护的 3 点建议。由于北京还在陆续的恢复一些河湖,因此,希望这些建议能对现有和新恢复的河湖的认知、保护有一定的参考价值。"

不难看出,上述项目的主题太大,实际研究内容则有限,且科学性无法令人信服。例如,既然说是调查研究,但报告摘要中却只说通过历史文献就得出了北京城水系现状,这是无法支持主题的。另外,报告摘要中提及"创制了'清乾隆北京城水系图'"——实际上仅此一项研究内容,就可以称得上是杰出研究成果了,但遗憾的是并没有说明是如何创制的,无法体现其科学性。因此,就这位小学青少年作者而言,缩小主题,是上述研究真正能够取得实际成果的第一步。

再以"对传统相声继承与发展的调查分析"项目为例,先将小作者项目研究报告摘要转述如下:

"相声是我国民族传统曲艺形式,从明清时期天桥艺人街头撂地卖艺的'玩意儿',发展到新中国成立后登上剧场广播、电视晚会的大众艺术,已经走过 100 年的历史。如今,相声作为国家级非物质文化遗产,得到政府和文化主管部门的重视,相声也在逐步适应社会的环境,探索一条适合自己发展规律的生存道路。相声生存发展轨迹作为一个社会问题引起越来越多人的关注,其中不乏年轻的粉丝们。相声作为说唱艺术当中的一朵奇葩,成为中学生热议和谈笑的话题,通过对传统相声如何继承与发展的调查分析,能够对保护传统艺术起到积极的促进作用,贡献自己的绵薄之力。本文通过问卷调查、街头采访、名家访问等形式,探讨老年观众与新生代观众对于相声的不同理解与思考,得出传统相声只有与时俱进、推陈出新才能得到广大观众的认可。"

按照该项目的主题,这位初中青少年作者的调查分析,应该聚焦于"传统相声的继承与发展"。客观地看,如果要通过调查了解传统相声的继承与发展状况,调查对象应是相声界的老中青三代相声演员,以及相关曲艺演出团体、研究会和文化主管部门。但实际上,作者针对中学生群体和离退休老年人群体所做的问卷调查和街头采访,主要是了解他们对传统相声的认知情况,这就造成了主题与研究内容的偏离。其实,如果科技辅导员能够指导作者将"对传统相声继承与发展的调查分析"这一题目,改为"老年观众与新生代观众对传统相声认知的典型调查",则不仅主题与内容相符,还是一篇很不错的调查报告。

(2)研究中概念界定的问题:在青少年社会研究项目实施的开始阶段,需要将研究中可能涉及的概念加以界定,这是使研究能够沿着科学思维的路径进行的重要保证。但许多科技辅导员忽视了在这方面对青少年的指导,其结果是导致了一些研究报告在逻辑关系上的混乱。

以"青少年科技创新大赛筑建了传播科学理念的平台——关于北京市第31届科技创新大赛的调查"这一项目为例,先看其摘要:"北京的精神就是创新。而北京创新精神又是如何在青少年群体中体现的则是引人关注的;循着这个思路,创新大赛就是传播和发扬这种精神的平台。创新大赛的选手是如何进行研究的? 他们是怎样解决困难的? 他们在比赛过程中有了哪些收获? 为此,我们课题组采用问卷调查、访谈等方式对中学生参加科技创新大赛活动的目的和动机;中学生参加科技创新大赛活动过程中遇到的问题及解决方式;中学生参加科技创新活动对其以后的影响;中外科技辅导老师对于参加科技创新活动的中学生的辅导情况等做了调查。结果表明:目前约38%的同学通过科技创新大赛开阔了视野、53%的同学体验到科技活动的乐趣;但有72%的同学为了详细、具体调查和研究课题花费了大量的时间,与学习发生了冲突。然而,他们从参加科技活动得到最大的锻炼,增强了语言表达能力、合作精神。中外教师在辅导学生过程中,侧重点各有不同,中国教师重在帮助和评估,而外国教师则更重视鼓励和激发兴趣。"

该项目主题讲的是"青少年科技创新大赛筑建了传播科学理念的平台",而在摘要中和报告中,只字未提传播科学理念的平台,谈的却是传播和发扬北京创新精神的平台。这位青少年作者并没有对上述两个概念做出界定,但科学理念肯定不会等同于北京创新精神,由此产生的逻辑混乱直接影响到研究过程和最终成果的科学性。这应该引起广大科技辅导员的关注和重视。

(3)研究方式的应用问题:在社会研究项目中,常用的研究方式主要包括以下几种。

①调查研究:调查研究是一种定量研究的方式,其子类型包括普遍调查、抽样调查和典型调查。前者的资料收集方法主要是统计报表,后两者的资料收集方法主要是自填式问卷和结构式问卷。

②实验研究:实验研究也是一种定量研究的方式,其子类型包括自然实验和实验室实验。前者的资料收集方法主要是自填式问卷,后者的资料收集方法主要是量表测量和结构式观察。

③实地研究:实地研究是一种定性研究的方式,其子类型包括个案研究和参与观察。前者的资料收集方法主要是自由式访问,后者的资料收集方法主要是无结构观察。

④文献研究:文献研究既有定性研究方式的,也有定量研究方式的,其子类型包括内容分析、二次分析、统计资料分析和历史比较分析等。上述子类型资料收集方法主要为目录索引。

在社会研究项目中,科技辅导员应使青少年在了解上述不同研究方式的基础上,结合实际进行选择,并学会科学应用。希望大家能够从下面的例子中,获得相关的信息和指导建议。

以《人们对超市保鲜膜的认识的调查与研究报告》这一研究项目为例。该项目青少年作者在报告中介绍说,"此外我们还对同学们对于保鲜膜的认知情况进行调查,设计调查问卷,问卷一共发出 200 份,收回 180 份"。接着,报告中给出了问卷回收统计后的数据。这里的问题是,说到调查,首先一定要说明是何种类型的调查,普查、抽样调查还是典型调查;其次,为了调查要设计问卷,而设计问卷要先设计调查指标,然后再依据指标设计问卷中的问题;第三,问卷的发放、回收和统计要科学、规范,不能弄虚作假。上述三点在研究报告中一定要给以描述,否则评审专家只能认为该项研究在调查阶段缺乏科学性。

再以《北京市初三年级学生体育锻炼现状调查研究》这一研究项目为例。该项目青少年作者在报告中介绍说:"设计学生、教师、家长三类问卷,从北京市东城、西城、海淀、朝阳、石景山、丰台 6 个区中分别随机抽取 2~3 所学校,共抽取 14 所学校,发放初三学生问卷 504 份(有效问卷 476 份),体育老师问卷 21 份,初三年级的学生家长问卷 51 份"。这里的问题是,如果小作者在研究过程中应用的是抽样调查法,那么在第一层抽的 6 个区就有问题,因为都是中心城区和近郊区,没有远郊区,如此一来则无法满足主题中"北京市"这一界定,不如改为《北京市城区初三年级学生体育锻炼现状调查研究》更为贴切。再有,每个区内的学校根据什么来抽选,而每个学校初三的学生又如何抽选,都制约着研究的科学性。

(4)研究结论的科学性问题:在社会研究项目实施的最后阶段,青少年要确定研究的结论,并依据结论提出相关的对策和建议,以促进政府改进工作,发挥社会团体的作用,以及提升公众参与社会建设的积极性。而要实现这一目标,研究结论能否体现科学性是个关键。

以《中轴路垃圾箱实用性的调查报告》这一研究项目为例。该项目报告中介绍说:"这位小学青少年作者每天回家经过北辰路大街时发现,以车站、树坑、马路边为主要地点到处扔满烟头。这些烟头既污染环境又影响美观,还会有损朝阳区的形象。由此作者开始思考产生此现象的原因。进一步观察发现,中轴路的垃圾箱均为新型垃圾箱,无灭烟缸,且禁烟标志较小,粘贴位置不明显。通过观察法、访谈法、实验法等一系列研究,分析研究结果找出原因,并提出相关建议"。而其最终结论和建议是:"增设灭烟标志及灭烟缸,对环境的保护起到了积极的作用。新型垃圾箱设置灭烟缸及灭烟标志以后,乱扔烟头的人明显减少"。

这里的问题是,新型垃圾箱增设灭烟标志及灭烟缸,实际上是建议恢复老式垃圾箱的功能设置。但从老式垃圾箱改成新型垃圾箱,主要是市政管理部门出于贯彻公共场所禁烟条例的考虑。如果垃圾箱仍旧保留灭烟标志及灭烟缸,不就有鼓励公众在公共场所抽烟之嫌了吗? 其实在上述研究过程中,作者如果能够对市政管理部门人员做相应的访谈,就可以有更全面的考虑了。

再以《对收费站以及高峰路段拥堵现状的调查分析及改进措施》这一研究项目为例。该项目青少年作者在报告中建议说："将朝阳区高速公路上所有收费站取消,取而代之的是在每条道路上安装一个摄像头(是360°的),记录通过每辆车的车牌号,再自动从牡丹交通卡中扣除费用。"这里出现的问题是,作者的建议是否具有可行性? 首先,不同的高速公路有不同的收费主体,这些主体大都是企业性质,它们能否在道路上安装摄像头——这通常是政府监管部门的职权范围,而不是任何机构想做就可以做的事情。其次,从牡丹交通卡中扣除费用,亦涉及交通管理部门、银行等多部门的协作和管理成本问题——仅收取成本费一项,高速公路收费主体能够同意吗? 第三,自动扣除费用,涉及公民的知情权,同时也需要公民与收费方之间建立契约合同。在上述相关问题均未进行调查研究的情况下,所谓建议也就很难令人信服了。

因此,在社会研究项目实施过程中,科技辅导员一定要引导青少年尝试运用科学思维,通过分析、判断、质疑、归纳、演绎以及创新思维等,确保最终研究结论和相关对策建议的先进性、新颖性、合理性和实效性。只有这样,才能使青少年的研究真正体现出其社会意义,才能促进青少年自身科学素质、人文素质和其他心理品质的发展。

(中国科普研究所研究员翟立原)

第十章　中学科技辅导员培训案例

一、如何指导青少年的课题研究及论文撰写——以生命科学与环境科学交叉领域选题为例

(一)课题研究的一般概况

这部分的培训目的主要是使参与培训的科技辅导员了解课题研究的一般概况,如什么是课题研究,以及生命科学与环境科学交叉领域课题研究的基本规律。同时,使科技辅导员注意在引导青少年开展课题研究前,首先要具备科学的态度;举例说明青少年开展课题研究的成果会产生的社会效果;介绍研究的流程和每个环节的重要作用等,为指导青少年开展课题研究奠定必要的基础。这也就是培训的"应知"层面。

上述培训的形式,主要通过 PPT 课件讲述形式进行,亦可伴以主讲教师的提问和受训科技辅导员的互动交流。该段培训时间约为 1 课时。

1. 什么是课题研究

课题是指研究或讨论的主要问题或急待解决的重大事项,这里主要指青少年开展的涉及自然科学、社会科学、技术或工程学等领域的探究问题。而课题研究则是运用科学方法探求选题所反映的客观规律的过程,也就是解题的过程。

在中学课外科学活动中,对生命科学与环境科学交叉领域的某一专题或某一现象进行探索研究,把研究过程中所观察记录的资料,加工整理、综合分析、去伪存真,提出自己的观点,并把上述的工作用文字,较系统、全面地表达出来,这就是课题研究。

2. 开展课题研究需具有科学态度

在这里,科技辅导员要帮助青少年克服两种倾向:一是将课题研究看得过高、过难,认为科学研究是科学家的事,自己没有能力参加,要等到大学毕业才有可能;二是将科学研究看成空中楼阁,经常是纸上谈兵,缺乏将研究成果与实际结合的能力。

通过介绍参与课题研究的成功案例,让青少年懂得自身在校期间是可以开展课题研究的,引导他们知难而上、勇于实践,只有这样才能发挥自己的聪明智慧,转知为智。

3. 介绍青少年课题研究成果所产生的社会效益

案例一　推动了政府有关环境保护政策的制定与实施
(如北京一名中学生的《"雪·盐·行道·树"的研究》)

案例二　加深了公众对环境保护问题的思考、理解与探索
(如四川三名中学生集体项目《"洪水·森林·贺卡"的研究》)

案例三　促进了身边环境问题的解决

（如贵州一名小学生的《"门前的小树为什么死了"调查》）

案例四　敦促一些生产厂家对自己的产品采取环保措施

（如浙江一名高中生的《警惕慢性杀手——涂改液研究》）

4. 课题研究的流程（出示 PPT 的每个环节要素）

上述课题研究主要包括以下流程：选题—方案设计—论证—修改—立项—实施—撰写论文—参加答辩。

上述每个环节，都很重要，缺一不可，下面分别予以简单介绍。

（1）选题：这是关键，所谓"智以择向"，青少年只有选择了正确的研究方向，才能确保未来的研究有成功的希望。

（2）方案设计：是青少年选题后所做的课题过程设计，即预先拟订的课题研究内容、研究方法和步骤等，它直接关系到上述课题研究的实施及成效。

（3）论证：可以请有关科学教师和专家把关，让他们对青少年的设计提出具体的修改意见，以确保在今后研究中少走弯路。

（4）修改：针对论证意见，青少年对原方案设计进行必要的修改。

（5）立项：经过相关科学教师和专家小组对必要性、可行性和预期效果等多方论证，最终确定青少年课题可以实施的过程即为立项。

（6）实施：这是课题研究的重头戏，要从各种变化中对研究对象进行仔细的观察，特别是从量的角度进行研究，将变化过程予以计量和测量，并将这些数据记录下来，有的还需要拍摄照片或保存必要的实物，以形成研究的原始材料。

（7）撰写论文：这是课题研究的最后阶段，可用统计学或其他方式进行分析，得出正确的结论，并用规范化的格式和文字写出实验报告、研究总结或科学论文。

（8）答辩：在论坛宣读论文后，接受其他青少年或评审专家的问辩。

（二）课题研究的过程与方法

这部分的培训目的，主要是使参与培训的科技辅导员在了解的基础上，掌握指导青少年开展课题研究的整个过程与步骤，如怎样考虑选题？研究方法的抉择；对青少年的辅导策略；怎样撰写论文？答辩技巧培养等。这也就是培训的"应会"和"亲自实践"层面。通过上述培训，使科技辅导员达到能得心应手地去指导青少年开展课题研究。

上述培训的形式，主要通过 PPT 课件讲解介绍及培训现场思维互动训练、典型案例剖析、亲自实践感悟、完成培训任务等形式进行。该段培训时间约为 3 ~ 4 课时。

1. 研究的过程与步骤

（1）如何确定选题

①选题来源介绍：青少年开展课题研究的选题，主要来源于其校园学习、家庭生活、工农业生产和社会活动中遇到的问题。诸如生活中的现象或问题；当前媒体的热点问题；课堂教学中激发出来的问题；交叉学科问题；结合拓展、研究型课程引发的问题；别人的研究课题未完成部分的问题；对某个问题的不同研究方法、不同研究材料的举一反三实践等；

都可以成为课题研究的选题。

A. 生活中的现象或问题

例如，人人喜爱花。青少年生活中与花接触很多，为了找出影响花香散发的因素，香港三名学生，经过资料参考和讨论，量度在室内环境、顺风的环境、逆风的环境、黑暗的环境、室温高的环境、湿度高的环境、户外环境下能嗅到花香的距离，结果发现室内环境、顺风的环境、室温高的环境是最能影响花香散发的因素。

另外，一到学生上学、放学时，小学校门口就会人满为患，各种自行车、机动车等随意停放，这会对学校环境造成多大危害？由此，校门口接送孩子对学校环境影响的选题就产生了。

再如，冷冻后改变青菜口感的试验——经过霜打的青菜有一股甜味，吃起来软糯可口，清香鲜美，略带甜味。能否把青菜放进冷冻室，模拟霜冻环境，让青菜里原本含有的淀粉转化为葡萄糖？经过对比试验与品尝活动，青菜放进冷冻柜 2～3 个小时是最佳时间。

B. 社会热点问题

例如，"神奇纤维塑料"的研究是基于：第一，木材工程产生的大量木糠难处理，干燥环境中积聚易引发火灾；第二，塑料难降解，带来环境污染。二者如何解决？引出了陈嘉键同学的"神奇纤维塑料"研究，他将木糠树叶等纤维素物料转化成塑料，所制成的塑料可自然分解，减低火灾风险。由于上述构想使用的是废弃物，符合环保理念。

再如，你知道哪些是身边的天然洗涤剂吗？考虑到化学洗涤剂既伤手又会部分残留在碗碟内，对人体和环境有害。而青少年所做的实验研究表明，淘米水、苏打水、茶水、橘子皮液能成为日常生活中的天然洗涤剂。

C. 课堂教学中激发的问题

例如，课堂教学中讲到光合作用，叶绿素光合作用时会被激活，放出电子。三名青少年尝试利用所放出的电子，制作出"叶绿素电池"。他们希望可以利用这种自然而大量的资源，制作出再生能源电池。结果成功地证实叶片的叶绿素酒精提取液能在光照下产生电压。

另外，常用调味料对淀粉酶的影响。一些青少年通过研究发现咖喱粉、胡椒粉、食盐、花椒、卤水能激活淀粉酶，而糖则能抑制淀粉酶。他们还发现某些能激活淀粉酶的调味料之间存有协同效应，能大大提升对方的激活效能。

再如观察蜗牛。通过科学课《观察蜗牛》了解了观察动物的一般方法，知道了蜗牛的外形结构、运动方式、食性、生活环境以及蜗牛对外界刺激的反应。当课前在家里观察蜗牛时，一位青少年产生了一些有趣的问题：小蜗牛是如何生出的？蜗牛怕水淹吗？蜗牛的嗅觉灵敏吗？蜗牛怎样喝水？蜗牛如何爬行？

D. 结合拓展/研究型课程中的问题

例如上海市青浦高中，利用乡土资源开展"水环境篇"、"动植物篇"和"人体健康篇"三个篇章的活动和课程，将每个课程划分成若干个小课题，引导青少年根据自己的兴趣和特长，独立或合作认领相应的小课题进行研究。像结合提高大蒜的发芽率，厨房残余变肥料，养殖蚯蚓改善土壤，以及自制生物农药的药效等问题进行探究。

再如，对草莓的无土栽培等相关问题进行探讨。由于无土栽培草莓方法简单易行，成本较低，青少年在家庭中推广种植可充分利用室内空间，既可以观赏、美化环境，又能品尝到气味芳香、营养丰富的春季水果珍品。

②选题内容分类:选题分类方式很多,以青少年科技创新大赛为例,可分为微生物学、动植物学、环境学(水环境、大气环境、土壤环境等)、昆虫学、农业学、医学与健康,等等。

③选题的原则及方式:科技辅导员首先要明确选题的主体是青少年,他们自主选择研究内容和研究方向,有助于发展其创新精神,培养其发现问题的能力。科技辅导员不是课题的批发商,青少年的创造性和洞察力才是选题涌现的真正源泉。正所谓:问题在生活中无处不在,只是看你能否发现。其次,通常可借鉴的几种选题方式如下:主题深化、离散、分解式;思维风暴;检核表法(能否他用;能否借用;能否改变;能否扩大;能否缩小;能否替代;能否调整;能否颠倒;能否组合)。第三,青少年在选题时,科技辅导员要传授给他们选题的原则:科学性原则,即课题研究一定要符合科学原理及结果的可重复性;可行性原则,即课题研究应该具体,课题不宜过大,范围提倡要小,符合自己的年龄和知识结构特点;实用性原则,即对发展生产和经济、环境的保护、行为习惯改变等有积极的作用;新颖性原则,即立意要新,形式方法要新,手段结果要新。

④现场讨论:你怎样理解选题的科学性、可行性、实用性和新颖性等四原则(举例说明)? 在生活中存在哪些方面的问题? 哪些问题值得研究? 完成培训任务一:积累问题意识,记录值得研究的问题。

⑤现场思维训练互动(可用于指导青少年)

思维:你最关心的环境问题是什么?(写出 5 个)你所关心的每个环境问题中最令你关注的两个小问题是什么? 你为什么最关注这样的小问题?

研究方向:你能不能对你关注的环境问题加以分析讨论? 你究竟对它了解多少?

专题分析:你对这个环境问题的哪一方面更有兴趣? 你是否有能力开发研究? 社会是否需要这样的研究?

研究课题确立:你已经选择的研究课题对你的能力是否合适? 怎样使这个课题更为具体? 你具体要研究什么?

(2)研究的方法介绍:常用研究方法有三种,即考察法、观察法、实验法(详细介绍见本书第二部分第一章中"生命科学活动培训单元")。

(3)三种类型课题方案设计案例剖析

①调查类课题研究方案设计举例——蚌埠市郊野菜资源调查

A. 研究目的:野菜是人类可食用的在自然条件下生长繁殖的一类植物,其无农药污染、风味独特、营养保健功能强,越来越受到人们的喜爱,市场需求逐年增长。为此,科技辅导员组织青少年利用节假日上山下乡走访集市,对野菜进行调查,并通过自身的调查研究,更多地了解人们菜篮里的这个新宠儿,为城市菜篮子工程建设广积资料、献计献策。

B. 研究方法

调查点:蚌埠市郊 416 平方千米面积,300 多个自然村,按梅花形取样,选择 5 个位于山坡、湖滨、河岸、平原、洼地,具有森林、草地、灌丛、农田和水生植被的自然村为调查点,使调查结果具有地区代表性。

采访对象:选择对蚌埠地区野菜种类、分布、采集期、生态环境、食用方法、营养保健价值、市场需求等最为了解的老农、家庭主妇、中医世家和菜贩子。

调查时间:根据蚌埠气候、季节和野菜的物候期,将在春季调查7次,在夏秋季各2次。

调查活动的程序编排:采访—野菜形体和生态环境观察—采集—烹调试食—鉴定—拍照—标本压制—编制蚌埠地区野菜《名录》—撰写小论文。

②观察类课题研究方案设计举例——一种肿腿蜂的发育过程及产卵习性的观察

A. 研究目的:为了防治天牛对果树的危害,每年需喷洒农药来保证果树的正常生长,但这种方法势必造成环境污染和果实内农药的残留,危害人们的健康。据说一种肿腿蜂是天牛的天敌,为了解和防治天牛,科技辅导员引导青少年做此观察实验研究。

B. 研究方法

材料:0.7厘米×5厘米指形管8支(消毒、干燥备用),肿腿蜂若干,果树天牛幼虫若干,双目解剖显微镜1台,普通照相设备1套,砍刀和电工刀各1把,10倍放大镜1个,毛笔1支。

方法:在8支消毒灭菌后的指形管内各装1头天牛幼虫,并用毛笔蘸肿腿蜂1头,放入管内,管口用消毒卫生纸塞紧,每日用放大镜观察肿腿蜂产卵活动及卵至成虫的全过程(产卵期、孵化期、幼虫期、蛹历期、成虫羽化期、羽化成蜂数等),并做好记录,最后写出论文。

③研究类课题研究方案设计举例——常绿树种抗二氧化硫特性的研究

A. 研究目的:二氧化硫是我国工矿城市最主要的大气污染物之一。科技辅导员指导青少年开展此课题研究是为了选择抗二氧化硫常绿树种在大气污染物严重地区的种植,以此来保护环境。

B. 研究方法

调查地区的选择:在二氧化硫污染较重的和较轻的地区选择两个点作为调查点。

调查树种的选择:在两个调查点选择几种常绿树种(如常绿阔叶树、常绿灌木、常绿针叶树)作为调查树种。测定两地被选择的调查树种长势和受害程度(并做出抗性分析)。

两地被选择的调查树种叶片含硫量的测定:将两地被选择的调查树种各选3~5棵,在每棵树的中部按东南西北4个方向采集树叶,用蒸馏水清洗,以60~80℃的温度烘干粉碎后过60目筛子筛选,制成分析样品,用自动测硫仪进行树叶含硫量的精确测定,做出比较。

④现场实践:提供一个研究课题——烟雾对三龄家蚕毒害的测定。已经给出它的研究目的,要求现场完成对这个课题研究的方案设计。

课题名称:烟雾对三龄家蚕毒害的测定	
研究目的:对于抽烟的危害,不少专家都进行过测定,但是这些测定通常是用提取香烟中的尼古丁或烟丝浸出液等方法对植物细胞和动物生理进行毒性试验的,而直接用抽取香烟烟雾的方法来测定毒性,并证明被动吸烟的危害,还没见有具体和详尽的报道,为此进行此研究。	
写出具体的研究方法与步骤	

2. 研究成果的体现——科学论文

在生命科学体验活动中,青少年不仅学到科学知识和技能,而且受到科学工作方法的训练。实际上青少年在整个活动中,就是在模仿科学家工作的过程,培养自身严谨求实的科学态度。其中青少年课题研究成果的体现——科学论文(或课题研究报告)的撰写是不可缺少的一环。

这是课题研究中最后一个重要步骤,它应该是把整个研究过程用文字形式完整地表达出来。写科学论文的目的有二:一是为了科学积累;二是为了相互交流。但对青少年而言,经过一定的努力取得了成果后,把它很好地表达出来也是一种十分重要的激励,他们需要享受这种成功的喜悦。

一篇优秀的科学论文应该是立题明确、新颖;材料翔实,文笔流畅;论点正确,论证严谨;有学术价值,对社会实践有指导、推广价值;能指导人们进一步去实践或探索问题。因此,对青少年科学论文的要求要比工作报告更为严格。

(1)论文的撰写格式:科学论文一般可分为题目、摘要、关键词、前言、研究方法、研究结果、分析讨论、结论、致谢、参考文献、附录,但有时也可根据具体情况适当归并或调整。

(2)论文撰写的步骤

①确定题目:论文的题目应符合以下要求:首先要新颖,即科学论文题目要有新意,对读者既有吸引力,又有阅读价值,还能促进研究工作的进一步深入。其次要准确,即题目要能准确反映科学论文的内容。第三要简短,即论文题目要简短明了,让读者一看论文题目就明白作者所研究和论述的问题。

②草拟提纲:草拟提纲时应考虑:首先安排好科学论文的基本框架及合理配置框架的各个部分。其次,选择突出的最有价值的论点和论据,并根据报告的内容,选取典型的材料(图表、照片等)。第三,安排好科学论文的篇幅,如全文的字数,以及各部分约占多少字。

③撰写初稿:初稿撰写时,首先注意提出论点、界定概念、进行推论要体现科学性。其次,注意论点明确、论据确凿,论述应具有严密的逻辑性。第三,注意数据与文字表述的有机结合。

④修改定稿:论文的修改定稿大致可以从以下三方面着手:首先是修改内容。修改前应进一步查阅文献,看一下引文是否全面、客观、恰当;理论建构是否正确;方法使用是否得当,数据处理是否客观;研究结果是否新颖、一目了然,分析讨论是否深刻。其次是修改结构。从文章结构的角度进行修改,总体布局如何,层次结构是否清晰、合理,详略是否得当。第三是修改语言。仔细检查全文用词是否恰当,句法是否有误,尽量删繁就简,用科学、准确的语言表达研究成果。通常科学论文经多次修改后才能定稿。

3. 研究成果的交流——答辩

青少年的课题论文完成后,就要根据科学论文的内容进行答辩准备。青少年论文答辩的实质是一种科学交流。只有科研水平加上科学交流能力,才能构成对一个科学工作者的完整评价。青少年的研究成果应该予以开发和推广,使其成果的潜在价值转化为现实价值,尤其是应用性较强的研究成果,更具推广价值。

课题研究论文答辩是一门科学交流的艺术,是体现青少年综合素质的一个方面,也是青少年课题研究的最后一个环节。在科学交流中同样存在着规范与科学精神等问题,因此答辩这个环节掌握的好坏,往往直接影响到整个课题研究成果的展示。

为了培养青少年将来能从事正规的科学研究,以及顺利通过科学论文的答辩,在研究他们的答辩技巧时就要站在正规的科学论文宣读和答辩要求的高度,不能停留在一般青少年演讲活动的水平上。科技辅导员应当学习、了解和熟悉青少年科学论文答辩的基本规则,并事先对青少年进行答辩技巧等相关训练。

青少年在参加论文答辩时,除了把握好时间外,还特别要注意掌握论文答辩的语言技巧。

(1)组织语言介绍内容的技巧:首先要开宗明义。把最重要的事情放在最前面讲,要讲得非常明确,一言以蔽之。然后再展开细节。其次要朴实无华。是什么说什么,有什么说什么。不要用过分的形容词,尽量不用修饰词。第三,以数据说话。用数据来说明事实,使人感到可信。当数据量很大的时候,可以做成直观的图表,将数据进行加工整理,直观表达。第四,要言之有据。要从正确性、继承性与创新性、实用性和先进性等方面使评委能够理解和接受。第五,要留有余地。不要拔高,不要扩大范围,拔得越高风险越大。特别对于"创新性"的提法要留有余地,说得太绝对会引发别人的质疑。

(2)语言速度的掌握:青少年在进行论文答辩时,语言交流必须使用标准普通话。宣读速度以每秒 3 个字为宜。

4. 科技辅导员指导青少年课题的作用体现

(1)对青少年课题流程的掌握(如下图)。

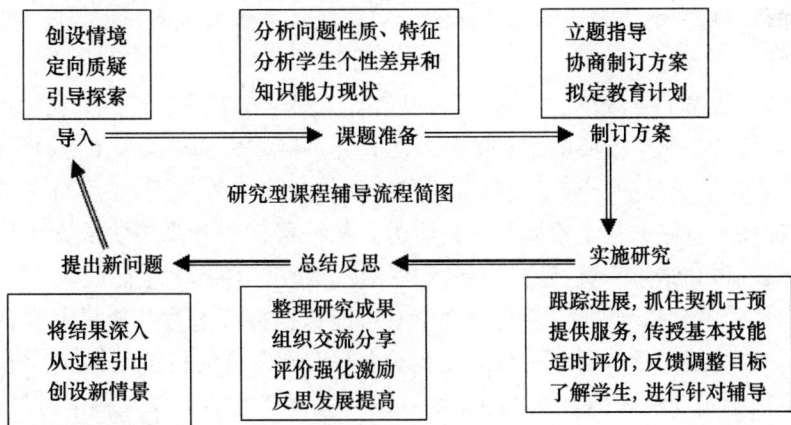

研究型课程辅导流程简图

(2)实验前各项准备工作的督查:如实验所用的材料及工具,足够的实验对象(一定样本量的种子、苗、肥料和农药等);上网查找相关资料,了解必要的知识信息和动态的状况;设计各种记录的表格,以匹配要观察的内容(如日期、记录人、现象、管理措施、苗高、叶片数、叶的颜色、开花期、花朵数、果实数、产量等)。

(3)课题实施过程中的指导:关注青少年对研究背景、研究内容等资料的收集,引导他们将研究建立在充分拥有和利用资料的基础上;指导青少年做好并保证原始记录(观察到的现象、数据、环境等)的完整;重视研究过程中的平行实验;注意课题研究每个阶段的时间接点;告诫青少年碰到问题,及时请教有关专家和科技辅导员;考虑研究对象的样本数量,确保研究的信度和效度。当然,还包括各种实验过程中要注意的情感态度问题,如青少年的科学态度(实事求是、毅力);安全、爱护公物、节约资源教育等。

(上海市宝山区青少年科技指导站特级教师刘国璋)

二、青少年科学探究选题阶段的指导

(一)青少年科学探究活动的概述

1. 什么是青少年科学探究活动

1996 年美国国家科学院推出的《国家科学教育标准》中指出:"科学探究指的是科学家们用以研究自然界并基于此种研究获得的证据提出种种解释的多种不同途径。科学探究也指的是学生们用以获取知识、领悟科学的思想观念、领悟科学家们研究自然界所用的方法而进行的各种活动。"

显然,科学家们所从事的科学探究与青少年所开展的科学探究是有着本质的不同的。表现在英语词汇上,前者多用"research",体现为研究工作中的探索,寻找某种事实和规律;后者多用"explore",意为学习中的探索,钻研。

因此,这里所说的青少年科学探究活动,系指青少年参与的运用科学知识、科学方法、科学思想和科学精神解决身边问题的探索活动。从某种意义上看,这属于一种与科学相关的创造性研究活动。

近些年来,随着教育改革的不断深入发展,青少科学探究活动已成为我国校内外科学教育、传播与普及中非常重要的组成部分。尽管还不能称为真正意义上的科学研究,但广大青少年在科技辅导员的指导下,通过课题选择、实验研究等过程,学习科学思维和科学方法,切实提高了自己的科学素质和创新能力。从一些初中和高中阶段青少年科学研究活动的目标、过程和结果来看,已成为展示其科技创新潜力的"大学前研究"。

在参与科学探究活动的过程中,青少年有可能依据探究过程和成果形成自己的科学论文;或是形成对某一学术课题在观测或实验上具有新发现的科学记录;或是撰写出某种已知原理应用于实际中取得新进展的科学总结。上述这些在青少年科学讨论会上宣读、交流或讨论的文稿,或是在中小学科技刊物上发表的书面成果,都可以视为是一种科学报告。

一般来说,青少年通过参与科学探究活动形成的科学报告中,应提出新的科技信息,其内容应有所发现、有所发明、有所创造,而不是简单重复、抄袭前人或他人的工作。就青少年科学报告的内容和形式来看,主要包括中小学青少年科技活动和社会实践的调查报告、实验报告、观测报告、观察报告、发现报告、研究报告等,这些大多可归类于自然科学范畴的论文。

2. 青少年科学探究活动的学科与过程分类

青少年科学探究活动按所研究的学科领域,一般可分为数学、物理学、化学、微生物学、环境科学、生物化学、医药与健康学、工程学、计算机科学、动物学、植物学、地球与空间科学、行为与社会科学等 13 个学科。

而就青少年科学探究活动的一般过程来看,则可简单地归纳为发现问题、给出假设、实验验证、得出结论。值得注意的是,由于科学探究并不是对已知问题的简单验证,因此得出的结论与假设可能并不相符,就需要重新修正给出的假设,进行相关实验,得出新的结论,直到研究取得一定的结果。

3. 开展青少年科学探究活动的意义

近些年来,欧、美等发达国家和一些发展中国家都在进行基础教育改革,特别是科学技术教育的改革。而关注科学探究学习活动,培养青少年的科学探究能力,则是上述改革的核心之一。值得一提的是,1996 年,美国国家科学院推出了美国历史上第一部《国家科学教育标准》。这部标准要求学校的科学课程把"学科学作为一种过程",并强调"学科学的中心环节是探究"。我国在基础教育改革中,新课程标准也明确提出"科学学习要以探究为核心"。从课外、校外领域来看,美国的西屋人才选拔赛、英特尔国际科学工程创新大赛,英国的青年科学家竞赛,欧盟的青少年科技竞赛,法语语系国家的青少年科技博览会,东南亚国家的"青年科学周"活动,我国的青少年科技创新大赛,都是以鼓励青少年尝试像科学家那样探究和发现为宗旨的。

实践表明,具有良好科技素养人才的培养,依赖于高质量的科学教育、传播与普及。而青少年科学探究活动,则正是实现上述目标的最主要途径之一。因此,深入开展青少年科学探究活动,有益于提升我国广大青少年的科学素质、人文素质和其他心理品质,有益于造就一支能够理解、掌握和运用现代科学技术的创新后备人才队伍,而这正是开展上述活动的意义所在。

(二)青少年科学探究选题阶段的指导

考虑到参加"青少年科学探究活动选题阶段指导"培训的对象,主要是基础教育系统及校外教育机构中的科技辅导员、研究性及拓展型课程的指导教师,因此培训中要结合其学科和教学对象的不同,以选题为重点,通过大量案例从实用性的角度出发,帮助他们了解青少年科学探究活动的现状、选题方法、指导策略、指导原则等,帮助他们开拓思路,学习青少年创新思维、创新能力,进一步提升自身的科技创新教育专业水平,进一步提高他们的青少年科学探究活动策划、组织、指导能力,并引导他们将这些规律和方法应用于青少年科学探究活动选题阶段的指导。

由于在以往的培训中发现科技辅导员们的学科及专业各不相同,部分人员对科技教育接触较少,而青少年科学探究活动的指导对于科技辅导员又是难度较大的,因此将教学重点和难点定位于激发他们的兴趣,打破青少年科学探究活动的学科概念,引导其立足学科交叉指导青少年从生活中发现问题、进行选题。

这一阶段培训的形式,主要为案例式教学,通过讲授法(PPT 课件,包括视频和动画演示)、问题情境法、讨论法开展教学。培训时间约为3课时,如果培训时间充裕,也可以让科技辅导员们分组开展科学探究活动选题及展示交流,甚至可以让科技辅导员们在室外选择开展探究活动选题。

下面具体探讨如何指导青少年选择开展科学探究的题目。

1. 向青少年介绍选题的一般原则

(1)选题具有创新性、科学性和实用性:青少年科学探究活动的选题要注重创新性、科学性和实用性。这里要特别强调的是创新性,我们并没有要求青少年去解决科研领域不易解决的科学难题,所以这里的创新性指的是用相对简单而巧妙的方法来解决问题。创新可以是研究对象的创新,也可以是研究方法甚至应用领域的创新。

(2)选题符合青少年的特点和学习水平:由于青少年的科学探究活动通常利用课外时间进行,因此选题的工作量要符合青少年的知识结构和时间特点,与其生理和心理发展阶段适应,课题不宜过深过大,一般以20～30次左右的实验时间为宜,这样加上论文撰写及完善工作,基本能在一年内完成。如果课题确实比较大,可以逐步深入,分阶段进行,在创新大赛等许多相关竞赛中对延续项目都有非常明确的界定。

2. 引导青少年理解选题的常用方法

选题的常用方法很多,但任何一种方法都需要建立在良好的知识架构、敏锐的观察力和创新思维的基础上,这是需要学习和积累的。科技辅导员可以通过介绍以往的优秀项目选题对青少年进行培训,这是一个循序渐进的过程。

青少年科学探究活动的选题虽然会受到他们自身知识结构和技能的局限,但也不乏他们从自身视角出发的精彩选题。青少年的科学探究活动与专业科研毕竟有很大的区别,因此科技辅导员可以尝试引导青少年从自身特点、兴趣出发进行选题。根据青少年的知识结构和年龄特点,较适用的科学探究活动选择选题的方法有以下4种:

(1)关注生活——结合生活中的问题或实践经验选择选题:科技辅导员指导青少年选题时可以多引导他们从身边的问题着手,这样能够真正引发他们的好奇心,探究问题的实质,同时生活中发现的问题也更便于青少年开展探究活动。

以"应该选择居住几层楼——各楼层噪声和尘埃分布规律探索"项目的选题为例。随着上海城市建设发展,市区旧式里弄被大量拆除,替代它的高层或多层的大厦如雨后春笋般地矗立起来。一位小学青少年发现自从家里搬进了小高层8楼新居后,楼层好坏成为家里人经常谈论的话题。住高层到底应该住几楼呢? 小作者从自己家住的楼层,想到研究各楼层噪声和尘埃分布情况,从生活中看似简单的问题着手,却为人们科学地选择居住楼层提供了参考意见。

再如,"从关门的瞬间想到"这一项目,其作者的选题灵感来源于我们常去的肯德基店。青少年都很喜欢到肯德基用餐,一位小学青少年夏天在肯德基店时发现,有的顾客进了店会随手关门,有的人却不会。那冷气不是就白白浪费掉了吗? 于是他从顾客进了店是否随手关门这一生活细节着手开展了相关调查研究,从关门的瞬间想到大家的社会责任感和功德心,实属难能可贵。

又如,在冬天橘子是常见的水果,但也容易发生霉变。一位小学青少年发现亲戚从苏州带来的橘子不但放置时间长,不容易霉变,而且吃起来也比较新鲜。他通过进一步观察,发现亲戚送来的橘子上总是松散地放着一些松针叶。据说,这是为了在较长时间内保持橘子的鲜度,减少橘子霉变的既简便又安全的一种民间方法。那么当地的这种土办法真的有用吗? 这位小学青少年从人们的实践经验着手开始了自己"松针叶可以保鲜防治橘子的霉变"的研究。

其实生活中处处都会给我们以启发,只要细心观察,敢于多问自己几个为什么,就有可能从中获得好的科学探究选题。科技辅导员可以鼓励青少年从生活、从实践经验中进行选题,开展探究活动。如果研究结果与经验相符,可以科学地证明这一经验的正确性并加以推广完善。如果研究结果与经验不相符,则要提醒人们改变这一错误做法,同样具有创新性。

(2)扬长避短——结合自己的兴趣特长选择选题:科技辅导员在青少年选题指导过程中,可以有意识地引导他们从自己的兴趣爱好出发,发挥自身特长进行选题。这是因为,如果青少年对要研究的领域一无所知,也许学习相关知识就需要花很长时间,显然很难有机会从中发现有价值的课题。另外,青少年开展科学探究时往往一开始热情很高,如果对将要进行的探究兴趣不足,遇到困难或挫折也许会半途而废,但对于他们感兴趣的问题,则会非常投入并坚持下去。因此,青少年在自己具有特长的领域里进行探究活动,由于已积累了相关知识和技能,与同龄人相比更有优势,更易于发现问题,也更容易获得成功。

例如,无线电遥控飞盘的发明者从小就是空模爱好者,从小学起就参加各类空模活动,并获得过全国冠军。在参赛过程中,这位青少年发现原有的模型飞机价格高而且在空投比赛中准确性总是不够理想。因此在初中时就自己动手研制了一种新型的无尾翼的飞翼式模型飞机,外形酷似"飞盘"。这位青少年充分发挥了自己的空模特长,研制了无线电遥控飞盘,不但在空模竞赛中取得了优异的成绩,在全国创新大赛中也同样取得了好成绩。

又如,跳远踏板犯规检核器的小发明者在一次跳远比赛中,虽然有上佳表现,但由于裁判的误判使他痛失冠军,当时心中真不是滋味。回来以后,这位青少年产生了一个想法:能否有这样一个装置? 只要起跳脚超过规定的范围(犯规)就自动有一个信号显示出来,这样就可以减轻裁判的高度紧张了,同时也让跳远比赛摆脱了人为因素的影响。这位青少年结合自己的跳远特长,通过不断地探索实践,最终制作出了跳远踏板犯规检核器。

再如,开展《水污染监测的优良指示生物——水螅》研究的一位青少年,从小对动物,特别是实验室的水螅非常感兴趣。从小学起他就帮忙饲养水螅,到初中时受"水环境污染,日益难见水螅"的启发,确定了以水螅为水污染监测生物的研究目标,并进行了相关实验。作为初三年级的青少年来说,进行这样的实验研究是非常难能可贵的。正是浓厚的兴趣使得这位青少年直到高中阶段依然坚持不断更新完善自己的研究。通过这项研究,不但鼓舞了他对生物研究的兴趣,还使其立志将来选择从事生命科学研究。

通过以上的例子可以发现,科技辅导员如果能指导青少年结合自己的兴趣进行选题,就有可能扬长避短,发挥青少年在该领域的优势,发现好的课题,进而取得较好的研究成果。

（3）因地制宜——结合所生活区域特点选择选题：科技辅导员在指导青少年选题时，还可以引导他们结合本地特点进行选题。充分发挥地域乃至人文优势，不但在研究过程中有益于充分利用这些优势，更重要的是这些特点和优势具有不可替代性，有可能转化为具有创新性的优秀选题。

例如《围垦后的崇明东滩越冬小天鹅的数量和分布格局的调查》课题，就利用了崇明岛独特的地理和生物资源优势。崇明东滩湿地是上海市目前仅存的优质自然资源，是东亚最大的候鸟保护区之一，同时又是小天鹅等珍稀水禽的重要越冬地。崇明的青少年们充分利用东滩这一地域优势，对围垦后的崇明东滩越冬小天鹅的数量和分布格局进行调查，取得了优异的成绩。

又如《石化地区蝶类资源初步调查》源于石化地区丰富的蝶类资源。但是，随着石油化工总厂在经济上的发展，生产装置上的突飞猛进，化工厂对整个大气环境和水土环境带来很大的影响，污染日益严重。这些污染对蝶类资源会带来什么影响呢？带着这个问题，石化地区的蝶类小爱好者们对本地区的蝶类资源及绿化情况进行了深入调查研究。

从以上例子中可以发现，科技辅导员如果能因地制宜，指导青少年结合本地特点或优势开展探究活动，不但取材方便，便于活动开展，而且往往能发现具有创新性的好课题，同时也有利于激发和培养青少年的社会责任感和对家乡的热爱。

（4）敢于质疑——从获取信息的过程中发现问题：当今社会，获取信息的方式越来越多。我们每天都从书本、报纸、网络、电视中获取各种各样的信息。在青少年越来越擅长于用标准答案答题的今天，我们更期待看到他们在学习过程中学会"质疑"。因为只有具备这样勇于"质疑"的精神和善于"质疑"的能力，他们才能在今后的科学领域中不断超越和发展。

例如《常温常压下测定水的沸点的探究性实验研究》，源于青少年在一次物理公开课上的疑惑。当时老师按照物理教科书中的实验步骤，进行用酒精灯和温度计测量烧杯中水的沸点的实验演示，此刻测得水的沸点是94℃。但教科书上明明写着：在标准大气压下水的沸点是100℃。这位初中青少年敢于质疑课堂中实验的结果，自己进行了相关的探究实验研究，并最终改进了老师的演示实验方案。

又如《白玉蜗牛膜厣形成的温湿度依赖及其成因研究》来自于对蜗牛遇到高温、低温、干旱等恶劣环境就会在壳口形成膜厣的特性的质疑。文献报道中都认为膜厣是由黏液分泌的，但一位高中青少年在预备实验中发现，在一定温湿度下，蜗牛先从壳口内侧的外缘形成膜厣，而在适宜的温湿度下，这个膜厣又迅速消失。蜗牛的膜厣如果完全是由黏液干涸后形成的，为何膜厣先从壳口内侧的外缘开始出现？为何又能迅速消失？难道长期以来国内外一致认同的蜗牛膜厣"是由黏液分泌形成的"认识有误？由此他开展了相关探究。

不言而喻，科技辅导员要鼓励青少年们在获取信息的过程中，勇于质疑，勇于挑战权威，并结合自己的疑问开展相关探究活动。这类课题的研究结果如果与书本或原出处不符合，将是具有较强创新性的好课题。当然，科技辅导员还要指导青少年大胆假设，小小求证，实事求是地开展相关研究。

3. 指导青少年运用创新思维深入提炼选题

科技辅导员在青少年科学探究活动指导过程中往往会有这样的困惑,如何更好地激发青少年的创新思维,指导他们获得具有创新性的选题,培养他们的创新能力? 在近年青少年科学探究选题阶段的指导过程中发现,立足学科交叉展开横向思维,或是运用创造发明技法尝试变换思维方式,能够更好地促使青少年从多元角度去思考问题,发现和提出具有新颖性、先进性和实用性的科学探究选题。

(1)立足学科交叉——展开横向思维选题:科技辅导员在指导青少年选题的过程中,往往局限于运用纵向思维,从单一学科的角度去思考问题,而忽视展开横向思维,以多个学科领域的综合和多样化的方式尝试解决问题,这也许正是指导青少年进行选题时觉得很难找到具有创新性的研究项目的症结所在。实际上如果认真分析研究,就会发现当代科技发展的一个主要趋势正是学科之间的相互交叉渗透,而在历年的青少年科学探究活动中亦不乏立足学科交叉开展研究的优秀项目。

以《构建视障者的绿色通道——上海盲道设施的调研和对策的探索》为例。当年各大媒体关于盲道不够健全及被占用的报导,引发了社会各界对盲道问题的关注。同年,就有好几个关于盲道的项目申报上海市青少年科技创新大赛,并且大多申报了社会科学学科。其中有一位高中女性青少年的项目不但社会调查细致、完备,并且展开横向思维将社会科学项目与工程学相结合,在研究了国内外已有的盲道建设情况的基础上,提出了"以盲道识别为基础、语音提示为手段的导盲系统设施"的方案,并试制出其中部分引导信息装置,从众多项目中脱颖而出。与其它项目相比,这个项目最大的优势就在于通过社会科学与工程学交叉开展研究,研制出了引导信息装置模型,相对于其他项目的纸上谈兵,这一解决方案的创新点更具说服力,也更具实用性。

又如《梯子架设中的稳定性研究》这一选题,一位高中青少年运用横向思维寻找不同学科之间的联系,设计了运用数学方法来解决梯子架设中的稳定性这一物理问题。课题研究了影响梯子稳定性的各种因素,进行了全面和细致的分析,建立安全架设梯子的数学模型,并解释了一些常见的物理现象。该选题结合数学与物理学开展研究,其研究的数学模型和方法还可用于研究平面双滑块机构中滑块的运动、机构自锁条件与其摩擦系数的关系等物理实际应用课题。

再如,你是否希望能买到既美观又实用的灯具? 当家里更换书桌时,是否会觉得原来的台灯显得太大,或者太小了? 当环境改变时,灯的大小是否也能变化呢? 一位青少年发明的"会改变体积的灯"的设计灵感,就是通过横向思维跳跃到与灯看似毫无联系的河豚。河豚一旦遭受威胁,就会吸入大量空气使身体膨胀。这组灯具也可以通过充入气体使灯变大,由于可以膨胀、缩小,不但新颖有趣,而且美观实用。

通过以上例子可以发现指导青少年立足学科交叉,运用横向思维进行选题,有利于开阔他们的选题思路,获得具有较强创新性的好课题。青少年课题研究大多从实际问题着手,提出的问题显然也不应受学科的限制,而应该从实际出发,多学科多角度思考寻求解决方案。

(2)运用创造发明技法,变换思维方式寻觅选题:创造发明技法是从创造发明的活动、过程、成果中总结出来带有普遍规律的方法,实践证明,应用这些技法,能更有效地进行创新活动。在对近 20 年的上海市青少年生命科学一等奖课题进行分析后发现,联想法、组合法、移植法、逆向法、类比法 5 种创造发明技法较为适用,科技辅导员在指导过程中可以有意识地引导青少年应用创造发明的技法,变换思维方式寻觅选题。

①组合法:组合法就是将一种事物同其他一种或几种事物结合起来,产生新的构想,形成新的产品的创造技法。最重要的原则就是一定要达到 $1+1>2$ 的效果。

一位青少年希望通过在高架下种植攀缘植物达到四季常绿的效果。目前高架的支柱上大多种有爬山虎,爬山虎的攀缘能力虽强,但到了冬天就会枯萎。而在校园里发现的另一种攀缘类植物——常春藤,攀缘能力虽然比爬山虎弱,却能四季常绿。从对单一植物功能的思考到对两种植物功能的组合思考,顿时令人豁然开朗,所以想到能否将爬山虎和常春藤共同种植,如果能的话,他们是不是能爬得更高,生长得更好? 先种植常春藤,一年后,再种植爬山虎,能长到 51.5 厘米高。同时种植常春藤和爬山虎,能长到 76.8 厘米高。先种植爬山虎,一年后,再种植常春藤,能长到 127.9 厘米。我们从以上结果可以看出,第三种方法效果最好。因此,运用组合法变换思维方式导出选题,最终确实达到了 $1+1>2$ 的效果。

②逆向法:逆向法就是换一个角度或者倒过来思考问题的思维方式。在项目的选题、实施甚至结果应用中,如果绞尽脑汁也想不出好办法来,不妨改变一下思考方法,从事物的另一面去思考,就可能有新的收获。

近年来,加拿大一枝黄花在上海大量繁殖,对本地植物造成了很大的危害。造成这种危害除了植物本身生长快、繁殖力强以外,更主要的是它所释放的物质通过化感作用抑制了其他植物根系的生长。按照传统思维可能会考虑通过抑制这种化感作用来防治加拿大一枝黄花,但显然难度很大。但运用逆向法进行思考,却可以对这一特性加以利用,想到如果加拿大一支黄花可以抑制植物生长,那么这些物质被提取出来后,能否用于抑制杂草和真菌的生长呢? 由此产生了《关于加拿大一枝黄花除草抑菌作用的研究》这一选题。从这个例子中,我们可以发现有意识地使用逆向法进行思考将有助于我们打破思维定势,开阔思路,引发奇想,有益于提高所确立选题的创新性。

③类比法:类比法就是通过两个或两类不同的事物进行比较分析,找出它们的相似点,之后再根据这些相似点或相同点,把其中某一事物的有关知识或结论,推移到另一个对象事物中去的一种创造发明技法。其实质就是知识或原理的共通性。

我们通常认为植物叶片闭合应该是感光的,植物在白天叶片会展开,夜晚会闭合。青少年们在一次偶然的机会,发现在很暗的隔间里放了 2 天的红花酢浆草,白天在几乎没有阳光照射的地方,叶却依然是张开的。为什么没有光线它的叶片也依然张开呢? 红花酢浆草是否记住了这个时候应该是白天,所以就张开了叶片,红花酢浆草是否也有记忆行为呢? 通过与动物记忆行为进行类比的思考,最终形成了《红花酢浆草"记忆行为"的发现与探索》这个选题。

从以上的例子中我们可以发现,创造发明技法可以应用在青少年生命科学课题的选题阶段。通过这些技法的应用,将创新策略引入了青少年的生命科学课题研究,引导他们从不同的角度来发现问题、思考问题、界定问题,以至解决问题,达到培养青少年创新思维,提高创新能力的目的。

　　科技辅导员在平时选题的培训或指导过程中，还可以有意识地向青少年介绍这些创造发明技法，通过头脑风暴、特征列表、鱼骨图等活动方法来培养青少年形成创造性思维技能和习惯，引导他们更好地应用这些创造发明技法，变换思维方式确立有价值的选题，开展更多具有创新性的探究活动。

（上海市科技艺术教育中心高级教师曹晓清）

第十一章　校外机构科技辅导员培训案例

一、如何指导青少年参与机器人创意设计和制作——以应用小型建构拼装式"创意模型"套材为例

（一）机器人创意设计和制作概述

1. 引人入胜的机器人活动

从 21 世纪开始,青少年机器人活动如雨后春笋般蓬勃兴起,成为青少年喜爱的新型科技活动。这是因为:首先,机器人的研发和应用早就成为人类的梦想,更是富于遐想的青少年的梦中达人,他们对此的喜爱是不言而喻的。其次,机器人融合了机、电、计算机、信息等几乎所有的技术,是当代科技成果的集中反映,因而青少年科技活动要与时俱进和体现先进性,机器人自然成了不二选择的活动项目。第三,机器人是一门新兴的综合技术,它的应用领域无所不在,因此具有巨大的发展空间,所以它也是开发青少年创造潜能的极佳平台。

2. 开展机器人活动的目的

开展机器人活动,目的是让青少年接触机器人技术,了解与机器人工作相关的机械、电子和计算机原理以及相关知识;破除青少年对机器人的神秘感,培养他们对机器人技术的兴趣;让青少年学会机器人模块的搭建,掌握机器人控制程序的编程和调试,熟悉机器人的操作控制;通过活动还可以激励青少年的想象力和创造力,提高他们解决问题的能力和团队合作的能力。

3. "创意模型"的应用及特点

在青少年中开展机器人活动,配套机器人模型发挥了很大的作用,如国外的"乐高机器人"、"慧鱼机器人"等,它们以灵活的拼装,使参与活动青少年的创造力有了发挥的天地。然而上述配套机器人模型材料非常昂贵,不能成为一种向广大青少年普及的学具。因此,从提高全体青少年科学素质的目标考虑,开发一种既能满足青少年兴趣爱好,又能使其消费得起的活动器材是当代科技教育的需要——小型低成本创意模型就是在这样的背景下诞生的。

（1）创意模型的应用:创意模型是一种建构拼装式模型,它以机器人为主题,可随意拼装。因此,一套材料可以拼装成很多种不同样式的机器人模型,当然也可以拼装成其它你能想象的任何模型。创意模型通常提供一个单马达(电动机)的变速动力,科技辅导员如果引导青少年将几套材料组合起来,其变化的余地将更大。

（2）创意模型涵盖的教育特色

①激发趣味性：兴趣是激发青少年进行科技活动的内在动力，机器人这个命题正是当代青少年所喜爱的。又由于它具有新颖、直观和随意拼装等特点，因此它能够使青少年保持持续的兴趣。

②展示科学性：在机器人创意设计和制作的过程中，青少年都会从其每一部分装置的功能设计，以及综合的功能协调，去回味它所遵循的科学概念或科学原理，深刻理解创意模型所展示的科学魅力。

③体现探究性：青少年能够通过细致的观察，在创意模型的运行中发现问题，并应用所学的知识、技能和方法对其进行探究，提出更好的技术方案，不断完善上述机器人的运动性能。

④发展创造性：创意模型不是"照葫芦画瓢"的东西，它充满创造空间，青少年能运用它去尝试设计，并能充分发挥想象力，展现自己具有新颖性、先进性和实用性的设计思想。

⑤提升操作性：创意模型的拼装，充分显示了技术的色彩，以及技巧的训练。通过上述过程，青少年能够学会简单工具的使用方法和技巧，掌握基本的操作技能。

（二）"机器人创意设计和制作"培训内容及模式

1. 培训内容

①本项活动的流程以及各阶段的关键点；②本项活动的基本工作原理和设计；③创意模型制作的技能与技巧；④相关创造技法，以及开展创造性思维活动的方法；⑤活动组织、实施、指导和评价的原则和方法。

2. 培训模式

（1）学与做合一：机器人创意设计和制作，是一项实践性很强的活动，科技辅导员在活动中除了传授相关知识之外，还必须传授和示范基本的操作方法和技巧，这就要求他们必须亲自掌握这些技能和方法。俗话说，身教胜于言教。科技辅导员正是要通过培训，在主持培训教师的引领下，经过学习与训练的过程，熟练掌握上述技能和方法，才能在今后的活动中，得心应手的对青少年进行指导。因此，在对青少年科技辅导员进行培训时，一定要做到学做合一，并将动手实践贯穿整个培训过程。

（2）体验与升华：在上述培训中基本制作阶段（即模拟青少年活动的第一阶段），科技辅导员可以人手一个"创意模型"进行制作，这一阶段主要是制作和试验。在探究阶段和创新设计阶段（即模拟青少年活动的第二、第三阶段），科技辅导员可以3至5人组成小组，通过集体讨论、实验来研究问题和创新设计。在上述培训过程中，科技辅导员要从中感悟出要领、技巧和有效的方法，从感悟转化为经验，再由经验上升为组织和指导青少年参与活动的能力。

（3）结果与评价：经过上述设计和制作过程，参与培训的每位科技辅导员，至少要制作完成一个"机器人"模型；而每人（或小组）还要设计一个"机器人创意设计方案"；并进行相互交流与评价。

(三)"机器人创意设计和制作"活动教学指南

科技辅导员组织青少年参与"机器人创意设计和制作"活动,可分为三个阶段:第一阶段,按图制作机器人原型;第二阶段,发现问题加以改进;第三阶段,创新设计。

1. 整体活动目标

①知识目标:通过机器人的设计和制作,使青少年了解机器人的一般概念,了解简单的机械原理(如齿轮变速传动、连杆机构等)、电学原理(如电动机供电回路)和控制概念(如键控、光控和控制系统等);并使他们在探究和创新过程中,主动地学习和理解影响机器人动作的相关物理知识。

②技能目标:使青少年了解技术的涵义并掌握基本的技能,如能熟练地使用螺丝刀、钳子、扳手、锤子等工具,并能合理地选择工具;能掌握电烙铁焊接要领,能看懂电路图并进行装配;能设计简单的零部件(如绘制图形和选择尺寸),并使他们能利用工具加工塑料材料。

③方法目标:使青少年学习技术设计的一般方法,体验技术设计的过程;学习探究,应用习得的知识和经验对作品存在的问题进行分析,并试图去解决;学习交流,这包括如何简洁明了的表达自己的设计和创意,如何从他人的评判中汲取营养,以及如何诚恳、准确地评价自己和他人。

④态度目标:通过活动,培养青少年对机器人的兴趣,并能积极主动地投入到活动中去;通过探究活动,养成踏实、善钻研、不气馁的工作态度;通过比赛活动,强化追求更好的意识;通过交流活动,养成善于自省和诚挚待人的品德。

2. 整体活动安排

(1)第一阶段活动

①第一阶段活动目标:使青少年能熟练使用简单工具;能根据装配图进行机器人装配。

②第一阶段活动简述:指导青少年利用"创意模型",按图拼装一个"四脚行者"机器人。

③第一阶段材料和工具:每人一套"创意模型",玻璃胶带、海绵胶带(公用)若干,每人一把直径3mm"十"字头拧螺丝用的螺丝刀(最好带有磁性),电烙铁(包括焊丝与助焊剂)1~2套。

④第一阶段活动过程

A. 制作要领:使青少年能理解装配图中符号、辅助线的意义,并能够按照图示进行装配(见图1)。

组件的连接:首先,固定式连接利用螺丝和螺帽对接,用套件中提供的塑料小扳手套住六角螺母,然后用螺丝刀吸住螺钉旋紧;其次,活络组件(活动关节)的连接利用套件中的"插销"和"插片",连片组合采用短插销,三片组合采用长插。

B. 制作步骤:首先,将机芯输出轴与两曲柄(圆盘)连接起来。输出轴是六角铁杆,圆盘中心是内六角孔,要角度对准垂直压进。两个圆盘上的连接孔要对称一致(见图2)。

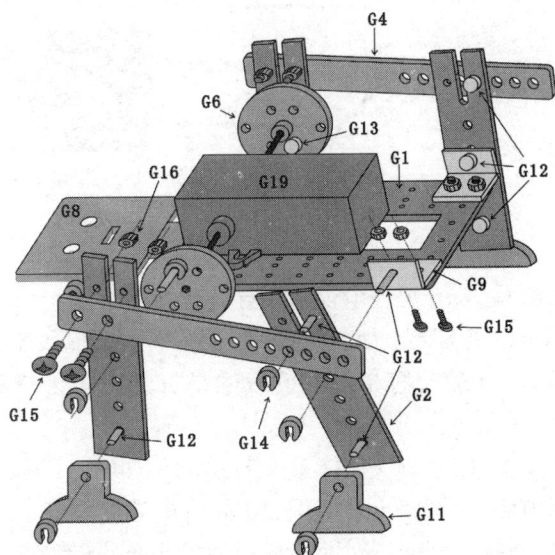

图1 "四脚行者"装配图

其次,曲柄(圆盘)与连杆的连接要用长"插销",将插销从曲柄一个孔中穿出,用插片卡住,留出部分再连接其它组件。两个插销成180度安装(见图3)。

第三,将齿轮箱用螺丝螺母固定在主板上合适的位置。

第四,固定支架。

第五,连接四个"脚"和连杆,活络关节用插销,固定部分用螺钉。

第六,结构组装完成后,千万不要用力扳动结构,因为齿轮箱已经接上,硬板会损坏零件。

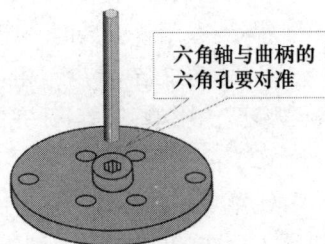

六角轴与曲柄的六角孔要对准

图2 机芯轴与曲柄的连接

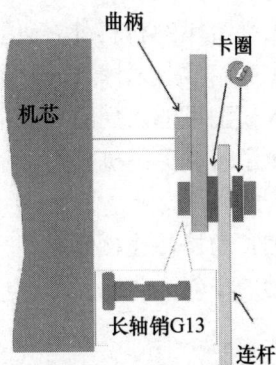

曲柄 卡圈 机芯 长轴销G13 连杆

图3 曲柄与连杆的连接

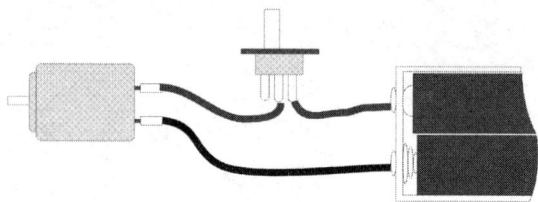

图4　电池、开关、电机连接图

第七，如图4电路将马达、开关与电池盒用导线焊接起来。

第八，将电池盒固定在机器人上面，在合适部位先贴上玻璃胶带，在上面再贴上海绵胶带，然后再粘上电池盒。（玻璃胶带打底的目的是拆卸时容易清除，以便组件的再次利用。）

第九，试机。打开开关，四个脚应该能够交替运动。如转一下就不动了，可能是结构卡死，此时要马上关闭电路，否则将会烧坏马达（此时电池会发热）。要排除故障后重新再试。卡死的原因一般是螺丝朝向不对而造成组件的卡死，或者在活络关节处误做了紧固定造成卡死。

第十，机器人能够运动起来，那么原形制作基本完成。

提示：在组件安装时一定要按照顺序，否则会造成不必要的麻烦。

C. 活动总结：青少年相互交流在制作过程中的体会，如工具的使用技巧，安装次序对顺利装配的影响，等等；让完成制作的模型"试走"，观察其行走的状态是否符合预想。

（2）第二阶段活动

①第二阶段活动目标：使青少年了解基本的机械原理；引导他们运用习得的知识解决机器人存在的问题，学习解决问题的方法。

②第二阶段活动简述：科技辅导员要指导青少年仔细观察已经做成的机器人模型的运动状况，可能会发现机器人在运动上的许多问题，这些问题或许与机构设计有关，也或许与零件的特性有关，它们所反映出的力学问题有待青少年运用掌握的知识与经验进行分析，提出解决的方案，进而去解决这些问题。

③第二阶段材料和工具：除第一阶段的材料外，还应准备木片、塑料片、黏合剂、薄的橡皮等材料；以及需要准备下列工具：手锯、木锉、铁锉、台钳、钻床（或手枪钻）等。

④第二阶段活动过程：机器人模型可能出现的问题主要与机械传动和速度有关，为了能够解决这些问题，必须使青少年了解相关的机械知识。

A. 基础知识

连杆机构：用销轴等零件将细长的杆件连接起来组成的机构称为连杆机构。杆与杆之间构成转动副，其中做旋转运动的杆称为曲柄，而只能在一定角度范围内作往复摆动的杆称为摇杆。

四连杆机构：主动件B与从动件D分离，主动件B的运动先传给杆件C，再由杆件C将运动传给从动件D，运动传递的中介杆件C称为连杆，固定于静止坐标系的固定件称为机架A。如果杆件B成为可旋转的曲柄，则杆件D就做往复摇摆运动（图5）。

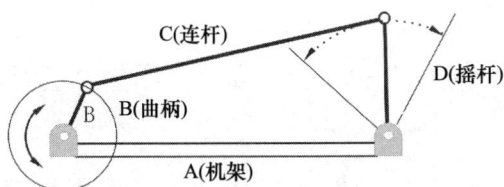

图5　曲柄摇杆机构

齿轮系统:齿轮系统是一种以相互啮合而传输转动和转矩的机械。图6中两个齿轮A和B组成一个简单齿轮系统。如果齿轮A与一个动力源(如马达)连接,那么该齿轮称为主动轮,齿轮B成为从动轮。

由于两个齿轮的齿数(本例中齿轮A为10齿,B为40齿)不同,所以当主动轮转动一周后,从动轮只转1/4周。两个齿轮的传动比为:

$$传动比 = \frac{从动轮齿数}{主动轮齿数} \qquad 本例的传动比:传动比 = \frac{40}{10} = 4 \text{ 或 } 4:1$$

有时候一个简单的齿轮系统无法提供足够的传动比,那么可用多个齿轮来构成一个复杂齿轮系统。如果是一个四齿轮系统,其中齿轮B和C固定在同一个轴上,对于齿轮D而言,齿轮C可以看成主动轮。复杂齿轮系统的传动比为:

$$传动比 = \frac{B 的齿数}{A 的齿数} \times \frac{D 的齿数}{C 的齿数}$$

当主动轮的齿数小于从动轮时,齿轮系统作减速传动,此时转矩增大。反之则作加速传动,转矩变小。

B. 基础实验

观察连杆机构对运动状态的变化情况:指导青少年通过观察,了解曲柄、前脚(下端点)、后脚(下端点)的运动。建议用电力低的电池(或用可变低压直流电源代替电池,当马达转动后,缓慢调低电压,使脚的运动变慢,这样有利于看清观察点的运动状况)。

改变齿轮箱的变速比:出厂的齿轮箱为四级变速,既有四组简单齿轮系统构成。齿轮箱的六角形长轴为输出轴,在轴上有一个固定的齿轮。齿轮的第一级为圆柱齿和盆齿的组合,其作用是改变转动方向,以适应后续齿轮的啮合。其余齿轮与轴都为松配合,即可以在轴上转动。

实验一:将齿轮箱的变速改为二组。观察速度与扭矩的变化(用手指捏紧轴,轴是否会停止转动?)

实验二:将齿轮箱的变速改为三组。这时输出轴将要移到靠近马达的一个孔内。

C. 问题研究:可能出现的问题是机器人走不了直线,速度太慢等。

步骤:首先,科技辅导员可建议若干青少年组成一个小组,通过对原型试走情况的观察,试图去发现原型存在的缺点,然后小组全体成员利用"头脑风暴法"对问题进行分析并提出改进意见。

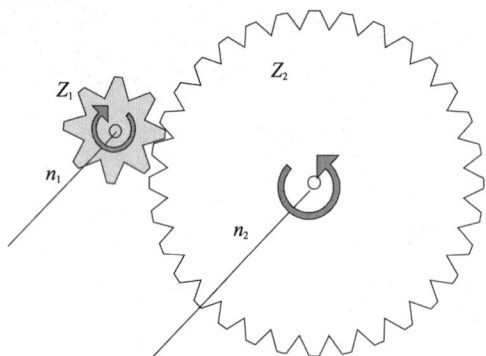

如果Z_1为主动轮，Z_2为被动轮，那么当主动轮的转速为n_1时，被动轮获得的转速n_2将变为：

$$n_2 = \frac{Z_1}{Z_2} n_1$$

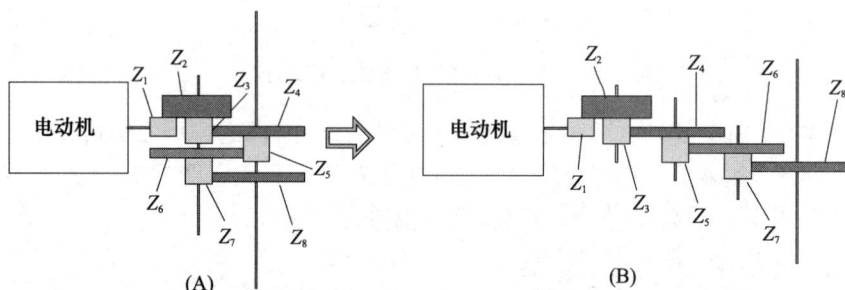

动力机芯盒内的齿轮组图(A)可以化成图(B)的形式。由图(B)可知，这是一个4级变速结构，其变速比为：

$$\frac{n_0}{n_1} = \frac{Z_1 Z_3 Z_5 Z_7}{Z_2 Z_4 Z_6 Z_8}$$

式中，n_1为电动机的转速，n_0为末级输出轴的转速

图6 齿轮系统示意图

存在的问题：	产生问题的原因	改进的建议
1.	1.	
2.	2.	
3.	3.	

提示：

（a）要求青少年严格遵守"头脑风暴法"运用原则，即畅所欲言和延迟评判的原则，希望产生的建议越多越好；（b）建议只针对一两个问题进行讨论，使话题的指向性更强；（c）可以从结构、材料的替代、零件的变形等方面进行发散性思维；（d）要求青少年做好记录。

其次，小组全体成员对这些建议一一分析，然后归纳整理成一个对某个问题有可能有效解决的方案。

改进的设计：

第三，指导青少年根据设计对原型进行改造

提示：除了活动场所提供的材料和工具外，青少年也可以自行找一些合适的材料，特别鼓励他们利用废弃物。

比赛：以下几项比赛都可以在工作室中进行。

竞速：穿越开阔地（1米宽），穿越时间越短越好。

走直线：走到终点时，偏离直线越少、用时越少越好。计分：偏离直线的厘米数加耗时数（秒）为得分，得分越小越好。如偏离20厘米，耗时30秒，则得分为"20 + 30 = 50"。

走斜坡：设置一个1米长，仰角能在0°到3°之间变换的斜坡。能爬的坡度越大越好。

D. 活动总结：科技辅导员可建议青少年以小组为单位就以下问题进行交流。

我们想解决的是一个什么问题，问题产生的原因是什么？我们采用了什么方法加以解决？解决的效果怎样？

（3）第三阶段活动

①第三阶段活动目标：引导青少年利用创造性思维去解决规定的任务，以及了解和运用创造性思维设计流程；使青少年能够学习和掌握更多工具的使用，并可加工一些特殊零件。

②第三阶段活动简述：该阶段有许多有趣的任务，这些任务驱动青少年去创作一些很有特点的机器人，让他们在激烈的竞技中以智慧和能力去追求更快更好。与此同时，青少年在设计时完全不必拘泥于上两个阶段的样式，科技辅导员要鼓励他们用新的设计、独特的方法去解决问题。在这一阶段，青少年将对控制这个概念进行理解并进行简单的实验。

③第三阶段材料和工具：除第二阶段的材料之外，鼓励青少年根据自己的设计寻找合适的材料。"创意模型"可以按类分放，即以零件仓库的形式向青少年开放，他们可以根据设计所要求的零件自行去配置。

此外还需要准备以下工具：手锯、木锉、铁锉、台钳、钻床（或手枪钻）等工具，高年级的青少年可以考虑让其利用小型车床、电脑切割机等电动工具。

④第三阶段活动过程：下面以一个活动案例来体验设计过程。

活动案例——"扫雷机器人"的设计

A. 任务：指导设计和制作一个机器人，它能穿越一个60厘米×60厘米的"雷区"，并尽可能多地将"雷区"中的"地雷"扫出该区域。"扫雷"时间为1分钟。

可以设计成任意形式的机器人，电源为2节5号电池；在60厘米×60厘米的区域中均匀放置25个回形针(代表地雷);机器人可以从区域外的任意一处出发,从任意一处出来;回形针扫出区域之外算"扫雷"成功,此时机器人也可以在区域内。1分钟内扫出的"地雷"数目越多越好,或扫除全部"地雷"所花的时间越短越好。

B. 材料和工具:除了第二阶段提供的材料外,还需提供:磁性门封条、线等;在这一阶段要鼓励青少年自行筹集材料(废旧物品)和必要的工具(需保证安全)。

C. 活动要求:根据比赛任务进行设计。要鼓励青少年敢于创新,用独特的方案进行创作。

D. 活动步骤:运用头脑风暴法提出解决方案;分别对解决方案中的关键点进行试验,并从中确定一个最终的解决方案;筹集及加工材料,并加以制作;试验与调整,即根据试验的结果,不断修正设计,改善性能。

⑤第三阶段活动总结:指导青少年根据比赛的结果分析原因,进行交流和评价。下面给出的评价"话语"可供参考。

A. 作品结构合理;

B. 设计独特;

C. 完成任务有效;

D. 设计方案可行;

E. 选择最终方案的方法得当;

F. 设计图准确无误;

G. 分工合作较好;

H. 能客观、准确分析(很成功或不太成功或失败)原因;

I. 交流时话语清晰、有条理、吸引人;

J. 能诚恳、客观地对他人进行评价。

3. 整体活动评估

科技辅导员可根据青少年的过程表现,其作品质量和比赛效果,评估他们的目标达成度:

(1)通过书面卷或交流检验青少年对相关知识的理解程度;

(2)观察或考察青少年基本技能(工具使用、识图装配)掌握的熟练程度;

(3)通过对模型的分析和改造,检验青少年应用知识或技能的能力;

(4)在集体探讨问题时,观察青少年是否能积极思考,并大胆提出自己的见解;

(5)考查青少年最终完成作品的质量(第一层次:是否能按图准确装配;第二层次:是否能有效地解决存在的问题;第三层次:比赛的效果);

(6)判断青少年在活动中的态度,第一层次着重于"踏实",即是否按要求进行,力求搞懂存在的问题;第二层次注重考察"意志力",即是否有钻研精神,碰到困难时表现的态度;第三层次注重于"追求"和"聆听",即是否不满足现状,有追求做得更好的欲望。另外,是否会聆听他人的意见,并用诚恳的态度和他人交流。

(四)"机器人创意设计和制作"活动方案设计

创意模型的随意组合形式,使它为活动内容的创新提供了广阔的空间。而对活动内容的不断创新,无疑是保持活动对青少年持久吸引力的重要手段。

1. 活动方案的模式

活动方案采用任务驱动模式。

(1)创造性任务驱动的含义:创造性任务驱动模式,就是以任务来驱动青少年对问题进行探究并尝试解决的活动,而这种任务有别于模仿性质的任务,它富有创造空间,青少年必须发挥其创造力才能得以实现。这种创造性任务是开放性的,它有确定的目标,但没有确定的答案,既没有所谓的标准答案。

案例 1.1"机器人竞技场"之"爬横杆机器人"之一:

任务:利用创意模型,设计一个能在横杆上行走的机器人。

案例 1.1 的任务目标是明确的,即制作一个能够在横杆上攀行的机器人,但它没有标准答案,可以有各种形式和运动机构来达到目标,比如采用轮子滚动的运动方式,或者采用双臂交替运动方式,各种运动方式会产生不同的运动效果。而且,只要一直研究下去,就会有不断超越的结果。这是创造性任务的一个重要特征。

创造性任务的表达很有讲究,不同的表达就会引导青少年形成不同的研究方向。而表达越模糊,创造性外延就越宽广。如上例中将机器人换成装置,则在设计时就不必考虑其外形是否与机器人有相像之处,因此其形状式样会更多。

(2)合适的限制条件:创造性任务必须在一定的情景条件下才能有效达标,这种条件称为情景限制条件。没有限制条件,任务将无从做起。如案例 1.1 中,限制条件只有一个,即横杆。因此可能会出现轮子和双臂交替两种运动模式,这两种模式效果差异很大,甚至很难用同一规则进行评价。因此必须添加条件加以必要的限定,才有可能运用统一的规则进行公平的竞技比赛。我们对案例 1.1 进行如下修改:

案例 1.2"机器人竞技场"之"爬横杆机器人"之二:

任务:利用创意模型,设计一个能在横杆上行走的机器人,它必须采用双臂交替往复运动的结构,并在 1 分钟内走到终点。

增加了限制条件后,采用轮式的运动方案就被限制掉,同时任务的目标指向也更加明确,即将重点放在双臂交替往复运动结构的研究上,从而引导青少年集中精力去研究如何使这种运动机构变得更加高效。

由此可见,限制条件就是对问题情景的必要界定,任何一项任务无论从客观上还是主观上都必须有所界定,才有可能使活动放在公平、合理、科学、合适的环境中有序进行。这里的客观指的是任务所处的情景,如本例中横杆的长度、直径,机器人的尺寸、重量、所用的材料、组织活动的财力和物力、参与青少年的知识与技能结构等客观条件。而主观指的是活动设计者引导青少年研究的方向(如本例中的双臂交替),期望他们达到的目标高度

（如在 1 分钟内走完 2 米）等主观意愿。

限制条件越多，青少年的创造空间可能越小，因此限制条件的设定必须科学、合理、有度，在保证公平竞技的前提下，要尽可能地发挥出青少年的创造力。

（3）创造性任务的类型：创造性任务还可以分成长期任务和即时任务两种类型。所谓长期任务就是事先公布的，青少年可以在一段比较长的时间段内加以研究、设计，在不断的试验中寻找较佳的设计方案。即时任务则是在比赛现场才公布的任务，一般它是长期任务的附加任务，它能够检验一个青少年或团队思维的敏捷性、动手的技巧性等即时解决问题的能力，还能考察到他们情感方面的表现，如处变不惊的情绪表现，团队协作的意识行为等方面。即时任务的工作量一般较少，但属于创造性的任务，它要求青少年能够在短时间内快速地制定一个解决方案，并在试验中加以完善并最终完成。

案例 1.3"机器人竞技场"之"爬横杆机器人"之三：

任务：利用创意模型，设计一个能在横杆上行走的机器人，它必须采用双臂交替往复运动的结构，并利用所给材料，制作一个装置，使机器人在行走过程中，尽可能多地将桌面上的回形针搬运到终点。机器人必须在 1 分钟内走到终点。

附加的材料为：一根 15 厘米长的磁性塑胶条、卡纸和双面胶带。

本例中，设计一个"双臂交替行走的机器人"是事先公布的任务，青少年有较长的时间对此进行研究。而"搬运回形针"的任务是即时任务，完成这个任务的材料也是当场提供的。为了能够充分考察青少年的创造性，材料的种类和数量要有宽余，给他们有充分的选择余地，同时也能减少材料给予的暗示。

2. 提高活动的趣味性

"兴趣是最好的老师，它可激发人的创造热情、好奇心和求知欲。由百折不挠的信念所支持的人的意志，比那些似乎是无敌的物质力量有更强大的威力。"爱因斯坦的话充分说明了兴趣对个人行为的影响力。当人对某事物感到新鲜、有趣时，他们就有趋向于接触它们、认识它们和掌握它们的欲望。因此创造性任务的设计必须考虑其趣味性，使其具有强的"磁性"来吸引青少年。那么"磁性"来自于哪里？

（1）对人类运动的模仿：机器人就是一种对人类行为模仿和扩展的机器。因此活动的主题设计成一些人类的活动，将会对青少年产生很大的吸引力。如模仿人类攀岩运动，可以设计一个"攀岩机器人"活动方案，用一块铁质板垂直放置作为岩壁，让青少年设计一个利用磁性来进行"攀岩"的机器人。又如模仿"铁人三项"比赛，可以设计一个用三种不同的机器人完成三项接力任务的活动方案。

（2）任务具有挑战性：挑战能激发人行为的亢奋，所以越有刺激的事越能激发人的兴趣和斗志。如机器人爬梯是机器人研究的前沿课题，因此可以设计机器人爬梯的活动方案。无论是直梯和阶梯，用如此简单的材料来完成，都是很有挑战性的任务。

（3）任务具有竞技性：争强好胜是青少年的正常心理特征，利用好这种心理特征，则可以将其内化为青少年参与活动的动机。而竞技正是争强好胜心理的一种宣泄，因此创设一个公平、适度的竞争环境,是激发青少年活动动机、保持和增强活动"磁性"的有效手段。

3. 材料的选择

为了满足创意设计的需要,除了创意模型外,增加一些材料是必要的。增加的材料可以按青少年的年龄来考虑,低年级的青少年一般宜选用廉价的、容易收集的、方便加工的材料,如硬卡纸、塑料薄片、回形针等。高年级的青少年可以利用电动工具或机器来加工零件,因此可选的材料可以更多些。建议利用一些生活的废弃物,但使用时要注意卫生和安全。

4. 活动方案设计举例

案例1:横杆投弹机器人(竞赛活动方案)

(1)任务描述:制作一个能爬横杆的机器人,并能够自动投放子弹到目标区。

①机器人的主体必须由创意模型构成,其他辅助材料可以自己收集。

②机器人必须采用曲柄连杆机构来运动。

③投弹必须由机器人自己引发,而不能有任何来自外部的控制,包括无线电遥控。

④电源规定为2节5号电池,型号不限。

(2)比赛场地:测试场地如图7所示,横杆高度离地120厘米,横杆长度为200厘米。投放的子弹直径大约10毫米,玻璃材质。目标区的放置位置和得分见图7。

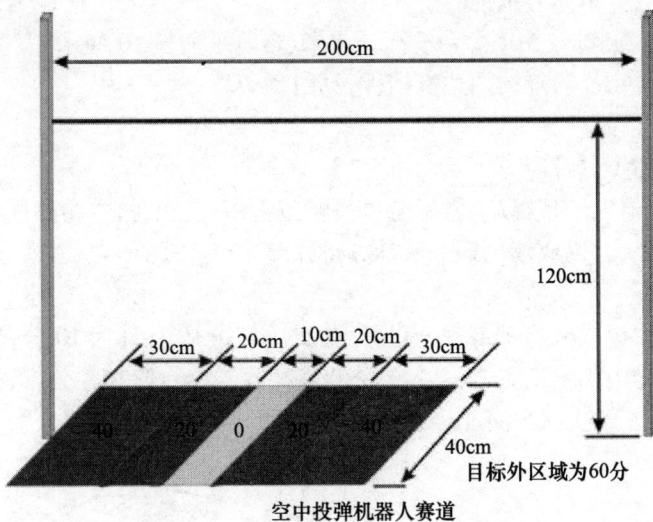

图7 比赛场地图和得分区

(3)比赛规则

①当场设计和制作,时间为3小时。

②制作时间内允许在场地上试验,但必须听从裁判的安排。

③测试时间为1分钟。测试时,机器人一旦释放,人就不能再去触碰机器人,一旦触碰,本轮测试成绩为零。

④允许比赛2次,以成绩最好一次计算得分。

（4）评分

①投弹得分与速度得分相加为比赛得分；

②投弹得分最高为 0 分，依次降序为 20 分、40 分，区域外为 60 分；

③速度分以秒为分值单位，小数后 2 位有效。如 12 秒 56 记录为 12.56；

④超时则加罚超时分，如超时 10 秒，则速度分为 70 + 10。

项目说明：

（1）本活动的关键点是设计一个能自动释放子弹的机构，这是一个自动控制机构，因此不能依靠任何外力，如用剪刀剪断一根线，或将一根线系在架子上。只能靠机器人自身的运动来进行控制。

（2）参考方法提示：可以用一根线来控制，将线的一端系在输出轴上，另一端系住释放子弹的一个插销，根据投放目标的距离计算线的长度，当线由松弛状态变为拉紧状态时，拉动插销启动释放门，完成投弹。

案例2：步行爬阶梯机器人（竞赛活动方案）

（1）任务描述：设计和制作一个步行机器人，它能够沿着阶梯爬上一个斜坡。

①机器人的脚及数量没有限制，但该机器人必须用脚进行行走，即不能用轮或类似轮的方式进行驱动。

②机器人的主体必须由创意模型构成，可以自己收集和制作辅助零件。

③电源规定为 2 节 5 号电池。

（2）比赛场地：测试是在一个台阶高 2 厘米、台阶平面长 10 厘米、宽 15 厘米，共有 16 个台阶的跑道上进行。阶梯的两边有挡板，见图 8。

（3）比赛规则

①测试时间为 1 分钟。

②测试时，机器人一旦释放，就不能再去触碰它，一旦触碰，本轮测试成绩为零。

③允许测试 2 次，以成绩最好一次计算得分。

（4）评分

①以秒为单位记录机器人走完全程所用的时间，如 10 秒计为 10 分，最高为 60 分。

②在规定时间内不能走完全程者，与终点相距每 1 个台阶加 5 分，最高为 50 分。

③总得分为① + ②，得分越小名次越靠前。

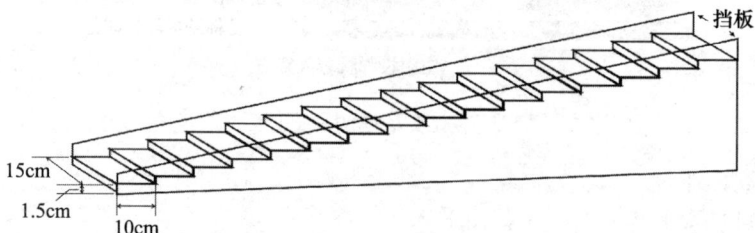

图 8　比赛场地图

（上海市科技艺术教育中心高级教师葛智伟）

二、科技教育活动的策划与设计

(一)科技教育活动概述

科技活动为科学技术活动的简称,通常指所有与各科学技术领域(即自然科学、工程和技术、医学、农业科学、社会科学等)中科技知识的产生、发展、传播和应用密切相关的系统的活动。

科技教育活动则是专指以青少年为对象,以培养未来社会公民科学素质为主要目标的科技活动。这里所说的科技教育活动,主要是指在课外校外开展的相应活动。上述科技教育活动虽然不同于一般的学科性课程,但也应包含活动目标、内容、方法以及特有的组织形式和评价方式。

科技教育活动作为课外校外的教育活动,一定要有明确的目的要求。虽然这种活动没有课程标准、没有统一的教材,灵活性较大,但这并不意味着可以放任自流,或者为活动而活动。作为科技辅导员,应该遵循教育规律、遵循青少年发展的特点,按照实践育人、体验为主的思路,努力把科学性和思想性统一起来,把知识性和趣味性结合起来,并注意与课堂教学的配合。这样的活动才真正有意义,才能够收到预期的效果。如果没有明确的目的要求,不注意内容与形式的精心设计,青少年将会感到乏味、失去兴趣和参与的积极性。科技辅导员要努力使青少年的兴趣持久地保持下去,并在活动中不断得到满足,产生新的需求和向往。

组织开展科技教育活动要坚持因材施教与因地制宜的原则。在选择活动主题和内容时,既要关注社会的发展,又要联系生活,注意应用,要有社会性、创造性,而不只是知识性、趣味性。在活动的内容选择上,应该符合青少年的年龄特征,从本地区、本单位的实际出发,因地制宜。城镇地区的青少年可以到企业、科研院所等场所参观、访问调查;农村地区的青少年则可以结合农林牧副渔,组织开展调查、测量、种植、养殖等科技活动。学校设备条件好,可以多开展实验活动;条件较差,可以发动青少年自己动手,因陋就简,制备教具、模型或选择代用品进行实验。

组织开展科技教育活动要尊重青少年兴趣爱好和个性化的需求。为了真正使青少年既全面发展,又培养其发挥特长,就必须根据他们本人的兴趣爱好,提供多样性的活动形式,让他们自愿选择参加。只有这样,青少年才有自觉性和主动性,才能够积极愉快地投入,并充分施展才能,科技教育活动也就能巩固和持久,传播、传递、传授或传承下去。

科技教育活动从教育内容和教育形式上大致可以分为以下四类:

(1)以传播科技知识为主的活动:诸如科技展览、科普讲座、科技游艺、科技绘画和科普游园等。

(2)以传授科技技能为主的活动:诸如科技模型制作、智能机器人搭建、无线电测向、技术设计和发明制作等。

(3)以传承科学方法为主的活动:诸如科学观察、科学实验、科学调查、科学考察和科学探究等。

(4)以传递科学思想和精神为主的活动:诸如科学史报告、科学家访谈、科学家表彰等。

组织开展科技教育活动还要注意利用其他社会资源,以保证活动的持续发展。同时,为了保证科技教育活动的先进性和新颖性,科技辅导员要积极参加各种培训,同时也要争取来自方方面面的支持。各级相关科技教育机构和学(协)会要经常安排科技辅导员参加各种培训,接受新方法、新思路和最新科技知识的指导;创造条件使科技辅导员有机会走出校门,到实践中去锻炼自己;充分利用网络等科技手段,收集资料,丰富活动的内容和形式,加强相互交流。

为提高科技教育活动的质量,近几年来各地组织了针对科技辅导员的活动策划与设计培训。培训内容既有现代教育理念的讲解、新方法和新技术的教练,也有科技教育活动方案的撰写。全国青少年创新大赛组委会从 2007 年开始,专门设置了科技辅导员创新板块。评选内容包括科技教育活动方案设计、科技辅导员的发明作品和制作作品。其中,一些优秀的科技教育活动方案在教育性、创新性、科学性、可行性和完整性等方面,为我们提供了许多有益的启示和示范,很值得我们研究和借鉴。

(二)科技教育活动的策划与设计

这部分培训主要采用讲授法和案例分析法进行,培训时间大约为 3 个课时。

1. 树立现代教育理念是科技教育活动设计的前提

策划和设计科技教育活动,要求科技辅导员首先树立现代教育理念,特别是以人为本和以青少年为主体的理念。活动方案从内容的确定、形式的选择、方法的选用到过程的安排,都应该围绕着促进青少年发展、提高他们的科学素养、人文素质和其他心理品质的目的进行设计。

2006 年国务院颁布的《全民科学素质行动计划纲要(2006—2010—2020 年)》中指出:科学素质是生活在现代社会中人的基本素质。科技教育活动是培养青少年科学素质的有效途径和手段。体验性、方法性和知识对于人的成长更为重要,而科技教育活动正是体验性、方法性、跨学科知识的有效载体。

开展科技教育活动就是要引导青少年从一个个未知的问题入手,经历提出问题—构思假设—科学实验—数据分析—得出结论的全过程,在经历和体验科学探究的过程中,学习科技知识,掌握科学方法,树立科学精神,培养创新意识,激发对科学的兴趣,培养对社会的责任感。

在《面向全体美国人的科学》(科学普及出版社,2002.10)这本书中,具体而明确地表明了开展青少年科技教育活动应该关注的主要内容,这对我们设计青少年科技教育活动具有一定的启发和指导作用。

(1)讲授科学要与科学探索的性质相融合:从自然界的问题开始,从青少年感兴趣的或熟悉的问题和现象开始。

让青少年积极参与收集、筛选和分类,学会观察、记录、画图、测量和计算,学会使用显微镜、温度计等普通的观察测量仪器。

引导青少年将注意力放在搜集和使用证据上,让他们自己决定哪些证据是相关的,并能对证据的含义做出解释。

为青少年提供相关的历史背景,使他们了解科学思想的发展知识,进而对科学的形成产生一个概念。

采取小组学习方式,让青少年体验科学技术工作所需要的协作特性。

(2)讲授科学应该反映科学的价值观:欢迎好奇心,帮助青少年学会清楚地界定问题;鼓励创造性和想象力;鼓励健康的质疑精神,使青少年养成提出问题和寻求答案的习惯;体会科学的乐趣,促进美学的反响。

2. 理解科技教育活动设计的基本概念

科技辅导员进行科技教育活动的设计,是在现代科技教育观念的指导下,调查分析青少年在科技教育活动中的问题和需求,确定目标,建立解决问题的步骤,选择相应的活动策略和活动资源,帮助青少年去实现目标,并分析、评价其学习活动效果,使活动达到更优的预设。

在设计科技教育活动过程中,科技辅导员要把握以下 3 个基本特征:

(1)活动设计是以青少年为中心,充分考虑他们的特点,以此作为设计的依据,强调调动其学习的主动性和积极性。同时还要考虑到个体差异,充分挖掘青少年的潜能。

(2)活动设计是以分析学习者面临的学习问题为出发点,进而提出解决问题的办法,帮助青少年克服学习中的问题障碍,达到提高活动教育有效性的目的。

(3)活动设计强调活动目标、活动过程和活动评价的一致性。活动目标是活动过程的出发点和归宿,也是评价活动的依据。

3. 把握科技教育活动设计方案的撰写

科技教育活动设计方案的基本构成要素如下:

(1)方案的名称:活动方案的名称没有特别严格的规定,只需简洁明了、突出重(亮)点就可以。如:突出活动内容的名称有"探究昆虫的奇特之处活动方案"、"认识太阳能科普实践活动方案"、"发现纸的神奇——探究各种各样的纸结构活动方案",等等。

(2)方案的背景:活动方案的背景是指确定活动主题的依据和出发点,可以从以下几方面考虑:

①从青少年兴趣需求考虑:以玄武区小学生"拯救秤锤树"活动方案选题背景(设计者:聂德勇)为例——"在 2007 年的夏令营活动中,我们组织学生参观南京中山植物园,听工作人员介绍了一种南京特有的、濒临灭绝的树种——秤锤树,当时同学们非常感兴趣,提出了许多关于秤锤树的问题,其中大家特别关心的是如何拯救这种植物。回来后,我们查阅了许多相关信息,类似的信息上百度搜索一下可以查到许多。这些信息大都有这样两个关键词'南京特有'、'野生植株濒临灭绝',我这才知道孩子们为什么如此关心秤锤树了。于是我想能否发动更多的孩子来研究秤锤树、试着拯救秤锤树呢,我想他们从中获得的一定会很多。"

②从学校课程的拓展延伸考虑:以"高中化学新课程创意实验活动方案"活动背景(设计者:朱恩)为例——"崛起于 20 世纪 80 年代的微型化学实验是国际公认的一种在微型化条件下对化学实验创新性变革的新技术和新方法,是以尽可能用少的药品(一般

为常规量的 1/10～1/1000）来获取有效实验信息的原理和方法,具有减少污染、操作简单、方便省时、实验现象直观明显、安全等方面的优点,在国际上普遍受到高度重视。"

"绿色化学又称环境友好化学。绿色化学是设计研究没有或只有尽可能少的环境副作用,并在技术上、经济上可行的化学品和化学过程,包括原料和试剂在反应中的充分利用(原子经济性),是实现化学污染防治的基本方法和科学手段,是一门从源头上阻止污染的化学。"

"新课程对化学实验教学提出了许多新的要求,强调实验教学要操作简便明了、节省时间,强化了安全意识、环保意识,提倡实验的生活化、趣味化、绿色化、清洁化、低成本,还淡化了教师演示实验与学生实验的界限,许多演示实验改为学生动手实验。"

③从社会发展的热点问题考虑:以"擦亮北京天空,留住温情记忆——用电子杂志形式实录胡同能源变迁"活动背景(设计者:章雪楠)为例——"首先,电子杂志是一种以网络电子技术为依托而出版发行的杂志。这种传播形式用图、文、声等多种媒体同步运行的方式展示着信息技术的魅力。"

"《iebook 超级精灵》就是一款电子杂志制作软件。学生们已经在课堂上掌握使用本软件的基本方法。但是,从生活中来——从收集一手材料到自主编辑的过程,还是一个空白。因此,一次有意义的社会实践活动已经势在必行。"

"第二,低碳生活是当下常常围绕在我们身边的一个新概念,但是,它反映的却是世界可持续发展这个值得思考的问题。当人们普遍认为,它与我们的日常生活没有关联时,北京的'煤改电'工程,却向我们展示了中国向低碳经济转身的一个缩影。"

"'煤改电'这一'民心工程'普遍受到胡同居民的拥护。为了掌握第一手材料,我们的学员将在社区人员的帮助下,以走访的形式访问老住户,向他们了解'煤改电'工程,并用我们的信息技术知识将北京胡同经历的这一段不平凡的历史记录并呈现出来。"

(3)活动目标的制定:活动目标是青少年通过活动后达到的一种学习程度的结果,这种结果应该是明确的、具体的,可以观察和测量的。在设计科技教育活动中,核心问题是目标的制定问题。因为,活动目标是科技辅导员在完成教学任务时,针对青少年所提出的具体、明确要求。它是整个活动方案的灵魂,是活动设计的起点,也是活动完成的归宿,所有的活动过程都是为了实现这一目标而设计的。

科技教育活动的设计也应该从知识与技能、过程与方法和情感态度价值观培养等三个维度考虑。在制定和表述活动目标时,通常容易出现的问题有以下 2 个:

第一,目标主体不是青少年,而是科技辅导员,且不易检测。

例如,某个机器人小组活动目标如下:

使青少年初步掌握示意图方法的绘制规则与要领;

使青少年运用示意图方法实现遥控机器人的程序,培养他们分析和编写机器人程序的能力;

培养青少年编写程序前先计划再动手操作的习惯。

如果将上述目标改为如下表述,就清晰,容易检测:

青少年能够说明绘制示意图的方法规则与要领;

青少年能运用示意图方法,实现对遥控机器人程序的编写。

青少年能够按要求认真完成学习任务,积极探索并尝试通过程序设计对机器人的工作产生影响。

第二,目标过大、过多,不是一次活动就能达到的。

例如,"变废为美"小制作活动目标如下:

①通过实施本活动指导青少年组织、设计,培养他们的规划、组织能力;

②通过亲手制作使青少年体验制作的辛劳,形成科学的态度,增强手脑并用能力和创新精神的培养;

③让青少年在设计制作中加强与亲人、朋友们的交流、沟通,掌握在日常生活中实践群策群力的做事方法,培养团结合作精神;

④通过作品展评自我参评、自我评价,提高青少年的表达沟通能力、审美能力,丰富他们的课余生活;

⑤向社会展示青少年的小制作,以此来昭示人们"美来自身边,来自生活,来自创造",同时增强大家的审美能力、环境保护意识、对社会关注的主人翁精神。

上述目标设计太泛,承载的内容过多。一方面说明设计者对本次活动把握得不够准确,另一方面也表明本次活动在教育的有效性上必定要打折扣。

(4)重点、难点、创新点的确定:组织指导青少年开展科技教育活动与组织青少年进行课堂教学,实质上都是教育教学活动。但是,开展科技教育活动在内容和形式选择上、活动方式的确定上、活动场地的选择等方面与课堂教学相比,具有自主性、开放性、创新性等特点。所以,在设计科技教育活动时,对重点、难点的确定既要符合教学活动的一般要求,也要考虑其特殊性。由于科技教育活动通常是以青少年实践为主的教育活动,因此,活动重点的确定也应该以引导他们实践体验为主;活动难点的确定既要考虑青少年的活动过程,也要考虑影响活动开展的其他因素,如场地问题、安全问题等。

活动创新点主要指在设计科技教育活动时,在符合青少年实际的前提下,从主题的确定、内容形式的选择以及活动过程的安排等,提出的新想法、新做法等。

(5)各类科技教育资源的利用:校外科技教育资源丰富,既有专业性强的场地设备、资料和人力资源,也有开放的环境和人文资源。这些资源在促进开展科技教育活动过程中具有得天独厚的优势。科技辅导员要善于挖掘和利用好各类资源,使科技教育活动更加深入。

(6)活动过程和步骤的规范:科技教育活动不同于课堂教学,它具有开放性、自主性和实践性强等特点。在设计活动过程时应充分考虑到这几个特点,使活动过程任务清晰、各活动环节衔接紧密、活动形式新颖、活动安全有保障。

开放性是指活动环境多样。根据活动内容的需要,科技活动可以安排在教室、博物馆、社区、野外、农村、工厂、部队等各种场所。这就要求科技辅导员在设计活动时着重考虑怎样充分利用好场所资源、怎样组织好青少年参加活动和怎样保障活动中青少年的安全等几个问题。

自主性是指活动内容形式的选择和活动目标的确定没有统一的要求和限制。这样一个特点使科技辅导员在设计活动过程时,减少了许多条条框框的限制,在遵循教育原则和规律的前提下,科技辅导员的专业自主得以最大化的体现,活动过程的安排成为其教学智慧和个性化风格的最好承载者。

实践性是指青少年活动的内容和学习方式以实践体验为主。科技辅导员在设计科技教育活动时,活动方法的选择要以引导青少年积极主动参与到活动中去为重点。活动过程中教师在作必要的说明和解释后,要为青少年的动脑、动手亲身经历给予更多的时间安排,更多地引导他们感受科学过程,感受科学技术与人类生活的息息相关,提高青少年的科学素质。

以"走出鸡蛋认识误区"活动的方案设计(设计者:蔡敏,活动对象:高一青少年)为例,该方案有下面一些值得学习和借鉴的地方:

第一,活动过程设计步骤清晰,科学性强,设计思路体现明确,青少年主体地位显著。活动内容可分为以下 5 个阶段。

①准备阶段:指导青少年收集整理鸡蛋的种类、鸡蛋的成分、鸡蛋对人体的营养和保健功能等方面的资料(见附表),让他们对鸡蛋有一个正确的、科学的认识。

②调查阶段:青少年做社会调查,主要调查不同消费者对鸡蛋营养价值的认识。

③试验阶段:带领青少年做试验,对种类、新鲜度、壳色、大小及蛋黄颜色不同的鸡蛋营养价值分析比较。

④总结阶段:正确认识鸡蛋的营养价值,正确购买鸡蛋,正确吃鸡蛋,引导消费者走出鸡蛋认识的误区。

⑤展示阶段:将整个活动的结果以研究报告的形式整理,并把活动图片、VCD 向青少年展示,在全校进行科技创新活动的宣传。

第二,科技辅导员以问题的形式引导青少年了解鸡蛋的基本知识,用简便的方法记录和提示青少年对相关知识的了解。

附表　关于鸡蛋的常识问题

序号	问题	答案
1	常见鸡蛋的种类有哪些?	
2	鸡蛋是怎样形成的?	
3	鸡蛋的结构是怎样的?	
4	鸡蛋是一个细胞吗?	
5	鸡蛋的营养成分有哪些?	
6	鸡蛋对人体有哪些营养和保健作用?	

第三,选择人们在购买和挑选鸡蛋时流行的一些看法,激发青少年的探究兴趣。例如:

①乌鸡蛋、土鸡蛋、品牌鸡蛋和富含锌、碘、硒的"功能鸡蛋"营养价值高,普通鸡蛋营养价值低;

②新鲜鸡蛋营养价值高,陈鸡蛋营养价值低;

③蛋壳的颜色与鸡蛋的营养价值有关,红壳蛋的营养价值高,或者白壳蛋营养价

值高;

　　④鸡蛋小营养价值高,鸡蛋大营养价值低;

　　⑤鸡蛋黄颜色越黄,营养价值越高;

　　⑥鸡蛋都一样,营养价值高低没有差别。

　　……

　　第四,选择超市、农贸市场、养鸡场等地方带领青少年走进社会,对"不同消费者对鸡蛋营养价值的认识"和"种类不同的鸡蛋销售价格"等问题进行科学调查。学习调查研究的方法,学习与不同人的交流与沟通,体验问题的真实性。

　　第五,利用大学实验室和专业人员等社会资源,指导青少年开展实验研究,体验科学实验过程,感受实验数据的价值,体会合作在科研中的作用。例如:对种类不同的鸡蛋营养价值、新鲜度不同的鸡蛋营养价值、壳色不同的鸡蛋营养价值、蛋黄颜色不同的鸡蛋营养价值和大小不同的鸡蛋营养价值的比较,就是由西北大学化学系相关专家负责设计,并给予专业知识指导,由研究生指导青少年实验操作完成对鸡蛋中含水量、蛋白质含量等营养成分的检测。

　　第六,引导青少年通过对实验结果的分析,得出结论,完成科技辅导员引导下的自主科学探究全过程。青少年从中体验到问题来自于生活,要用科学的眼光看待问题,用科学的方法解决问题,用科学的思维分析证明问题等科学研究的魅力和价值。

　　第七,将问题拓展,引导青少年将研究成果转化为解决生活实际问题的方法,进一步体验科学研究的价值。例如:提出如何判断新鲜度不同的鸡蛋问题,请青少年根据活动过程中学到的相关知识,提出自己的判断方法。

　　(7)活动效果的检测:活动效果检测是设计科技教育活动中的一项重要内容,应针对活动目标的实现情况设计检测方法。活动效果检测的目的一是对青少年参与活动的实效性进行检测,二是科技辅导员对自己活动预设的一种检测。活动效果检测既可以设计于活动过程中,也可以设计在活动结束后。检测的方法视具体活动而定,可采用讨论、表演、交流、比赛、记录表、反馈、观察、访谈等形式,来评价青少年参加活动的语言、行为和态度。

　　总之,科技教育活动的策划与设计,是科技辅导员的一种创造性劳动,要付出相当的心血。科技辅导员根据科技教育的需求,确定活动内容和形式、明确活动目标、选择活动方法、设计活动步骤,设计出符合青少年认识过程的科技活动。实际上,撰写出科技教育活动方案只是开展科技教育活动的第一步,要想真正有效开展科技教育活动,在活动实施前还需要做许多工作。有时为提高活动的质量,增加活动的效果,还要准备一些活动用具、材料,亲自动手制作一些必要的活动器械,争取有关领导和社会力量的支持,做好方方面面的活动前期协调准备工作。因此,科技辅导员在设计科技教育活动时不仅要考虑到活动的对象、各种技术因素、安全问题,还要考虑到攻关,考虑调动各个方面的积极性,只有这样才能把一项科技教育活动搞得尽善尽美。

　　　　　　　　　　　　　　　(北京市朝阳区青少年活动中心特级教师周放)

附录:与青少年科技辅导员培训相关的文献

附录一:《中华人民共和国科学技术普及法》
(2002 年 6 月 29 日第九届全国人民代表大会常务委员会第二十八次会议通过)

中华人民共和国主席令

第 71 号

《中华人民共和国科学技术普及法》已由中华人民共和国第九届全国人民代表大会常务委员会第二十八次会议于 2002 年 6 月 29 日通过,现予公布,自公布之日起施行。

中华人民共和国主席 江泽民

2002 年 6 月 29 日

第一章 总则

第一条 为了实施科教兴国战略和可持续发展战略,加强科学技术普及工作,提高公民的科学文化素质,推动经济发展和社会进步,根据宪法和有关法律,制定本法。

第二条 本法适用于国家和社会普及科学技术知识、倡导科学方法、传播科学思想、弘扬科学精神的活动。

开展科学技术普及(以下称科普),应当采取公众易于理解、接受、参与的方式。

第三条 国家机关、武装力量、社会团体、企业事业单位、农村基层组织及其他组织应当开展科普工作。

公民有参与科普活动的权利。

第四条 科普是公益事业,是社会主义物质文明和精神文明建设的重要内容。发展科普事业是国家的长期任务。

国家扶持少数民族地区、边远贫困地区的科普工作。

第五条 国家保护科普组织和科普工作者的合法权益,鼓励科普组织和科普工作者自主开展科普活动,依法兴办科普事业。

第六条 国家支持社会力量兴办科普事业。社会力量兴办科普事业可以按照市场机制运行。

第七条 科普工作应当坚持群众性、社会性和经常性,结合实际,因地制宜,采取多种形式。

第八条　科普工作应当坚持科学精神,反对和抵制伪科学。任何单位和个人不得以科普为名从事有损社会公共利益的活动。

第九条　国家支持和促进科普工作对外合作与交流。

第二章　组织管理

第十条　各级人民政府领导科普工作,应将科普工作纳入国民经济和社会发展计划,为开展科普工作创造良好的环境和条件。

县级以上人民政府应当建立科普工作协调制度。

第十一条　国务院科学技术行政部门负责制定全国科普工作规划,实行政策引导,进行督促检查,推动科普工作发展。

国务院其他行政部门按照各自的职责范围,负责有关的科普工作。

县级以上地方人民政府科学技术行政部门及其他行政部门在同级人民政府领导下按照各自的职责范围,负责本地区有关的科普工作。

第十二条　科学技术协会是科普工作的主要社会力量。科学技术协会组织开展群众性、社会性、经常性的科普活动,支持有关社会组织和企业事业单位开展科普活动,协助政府制定科普工作规划,为政府科普工作决策提供建议。

第三章　社会责任

第十三条　科普是全社会的共同任务。社会各界都应当组织参加各类科普活动。

第十四条　各类学校及其他教育机构,应当把科普作为素质教育的重要内容,组织学生开展多种形式的科普活动。

科技馆(站)、科技活动中心和其他科普教育基地,应当组织开展青少年校外科普教育活动。

第十五条　科学研究和技术开发机构、高等院校、自然科学和社会科学类社会团体,应当组织和支持科学技术工作者和教师开展科普活动,鼓励其结合本职工作进行科普宣传;有条件的,应当向公众开放实验室、陈列室和其他场地、设施,举办讲座和提供咨询。

科学技术工作者和教师应当发挥自身优势和专长,积极参与和支持科普活动。

第十六条　新闻出版、广播影视、文化等机构和团体应当发挥各自优势做好科普宣传工作。

综合类报纸、期刊应当开设科普专栏、专版;广播电台、电视台应当开设科普栏目或者转播科普节目;影视生产、发行和放映机构应当加强科普影视作品的制作、发行和放映;书刊出版、发行机构应当扶持科普书刊的出版、发行;综合性互联网站应当开设科普网页;科技馆(站)、图书馆、博物馆、文化馆等文化场所应当发挥科普教育的作用。

第十七条　医疗卫生、计划生育、环境保护、国土资源、体育、气象、地震、文物、旅游等国家机关、事业单位,应当结合各自的工作开展科普活动。

第十八条　工会、共产主义青年团、妇女联合会等社会团体应当结合各自工作对象的特点组织开展科普活动。

第十九条　企业应当结合技术创新和职工技能培训开展科普活动,有条件的可以设立向公众开放的科普场馆和设施。

第二十条　国家加强农村的科普工作。农村基层组织应当根据当地经济与社会发展的需要，围绕科学生产、文明生活，发挥乡镇科普组织、农村学校的作用，开展科普工作。

各类农村经济组织、农业技术推广机构和农村专业技术协会，应当结合推广先进适用技术向农民普及科学技术知识。

第二十一条　城镇基层组织及社区应当利用所在地的科技、教育、文化、卫生、旅游等资源，结合居民的生活、学习、健康娱乐等需要开展科普活动。

第二十二条　公园、商场、机场、车站、码头等各类公共场所的经营管理单位，应当在所辖范围内加强科普宣传。

第四章　保障措施

第二十三条　各级人民政府应当将科普经费列入同级财政预算，逐步提高科普投入水平，保障科普工作顺利开展。

各级人民政府有关部门应当安排一定的经费用于科普工作。

第二十四条　省、自治区、直辖市人民政府和其他有条件的地方人民政府，应当将科普场馆、设施建设纳入城乡建设规划和基本建设计划；对现有科普场馆、设施应当加强利用、维修和改造。

以政府财政投资建设的科普场馆，应当配备必要的专职人员，常年向公众开放，对青少年实行优惠，并不得擅自改作他用；经费困难的，同级财政应当予以补贴，使其正常运行。

尚无条件建立科普场馆的地方，可以利用现有的科技、教育、文化等设施开展科普活动，并设立科普画廊、橱窗等。

第二十五条　国家支持科普工作，依法对科普事业实行税收优惠。

科普组织开展科普活动、兴办科普事业，可以依法获得资助和捐赠。

第二十六条　国家鼓励境内外的社会组织和个人设立科普基金，用于资助科普事业。

第二十七条　国家鼓励境内外的社会组织和个人捐赠财产资助科普事业；对捐赠财产用于科普事业或者投资建设科普场馆、设施的，依法给予优惠。

第二十八条　科普经费和社会组织、个人资助科普事业的财产，必须用于科普事业，任何单位或者个人不得克扣、截留、挪用。

第二十九条　各级人民政府、科学技术协会和有关单位都应当支持科普工作者开展科普工作，对在科普工作中做出重要贡献的组织和个人，予以表彰和奖励。

第五章　法律责任

第三十条　以科普为名进行有损社会公共利益的活动，扰乱社会秩序或者骗取财物，由有关主管部门给予批评教育，并予以制止；违反治安管理规定的，由公安机关依法给予治安管理处罚；构成犯罪的，依法追究刑事责任。

第三十一条　违反本法规定，克扣、截留、挪用科普财政经费或者贪污、挪用捐赠款物的，由有关主管部门责令限期归还；对负有责任的主管人员和其他直接责任人员依法给予行政处分；构成犯罪的，依法追究刑事责任。

第三十二条　擅自将政府财政投资建设的科普场馆改为他用的，由有关主管部门责令限期改正;情节严重的,对负有责任的主管人员和其他直接责任人员依法给予行政处分。

扰乱科普场馆秩序或者毁损科普场馆、设施的,依法责令其停止侵害、恢复原状或者赔偿损失;构成犯罪的,依法追究刑事责任。

第三十三条　国家工作人员在科普工作中滥用职权、玩忽职守、徇私舞弊的,依法给予行政处分;构成犯罪的,依法追究刑事责任。

第六章　附则

第三十四条　本法自公布之日起施行。

附录二:《国家中长期科技发展规划纲要(2006—2020)》

党的"十六大"从全面建设小康社会、加快推进社会主义现代化建设的全局出发,要求制定国家科学和技术长远发展规划,国务院据此制定本纲要。

一、序 言

新中国成立特别是改革开放以来,我国社会主义现代化建设取得了举世瞩目的伟大成就。同时,必须清醒地看到,我国正处于并将长期处于社会主义初级阶段。全面建设小康社会,既面临难得的历史机遇,又面临一系列严峻的挑战。经济增长过度依赖能源资源消耗,环境污染严重;经济结构不合理,农业基础薄弱,高技术产业和现代服务业发展滞后;自主创新能力较弱,企业核心竞争力不强,经济效益有待提高。在扩大劳动就业、理顺分配关系、提供健康保障和确保国家安全等方面,有诸多困难和问题亟须解决。从国际上看,我国也将长期面临发达国家在经济、科技等方面占有优势的巨大压力。为了抓住机遇、迎接挑战,我们需要进行多方面的努力,包括统筹全局发展,深化体制改革,健全民主法制,加强社会管理等。与此同时,我们比以往任何时候都更加需要紧紧依靠科技进步和创新,带动生产力质的飞跃,推动经济社会的全面、协调、可持续发展。

科学技术是第一生产力,是先进生产力的集中体现和主要标志。进入21世纪,新科技革命迅猛发展,正孕育着新的重大突破,将深刻地改变经济和社会的面貌。信息科学和技术发展方兴未艾,依然是经济持续增长的主导力量;生命科学和生物技术迅猛发展,将为改善和提高人类生活质量发挥关键作用;能源科学和技术重新升温,为解决世界性的能源与环境问题开辟新的途径;纳米科学和技术新突破接踵而至,将带来深刻的技术革命。基础研究的重大突破,为技术和经济发展展现了新的前景。科学技术应用转化的速度不断加快,造就新的追赶和跨越机会。因此,我们要站在时代的前列,以世界眼光,迎接新科技革命带来的机遇和挑战。纵观全球,许多国家都把强化科技创新作为国家战略,把科技投资作为战略性投资,大幅度增加科技投入,并超前部署和发展前沿技术及战略产业,实施重大科技计划,着力增强国家创新能力和国际竞争力。面对国际新形势,我们必须增强责任感和紧迫感,更加自觉、更加坚定地把科技进步作为经济社会发展的首要推动力量,把提高自主创新能力作为调整经济结构、转变增长方式、提高国家竞争力的中心环节,把建设创新型国家作为面向未来的重大战略选择。

新中国成立50多年来,经过几代人艰苦卓绝的持续奋斗,我国科技事业取得了令人鼓舞的巨大成就。以"两弹一星"、载人航天、杂交水稻、陆相成油理论与应用、高性能计算机等为标志的一大批重大科技成就,极大地增强了我国的综合国力,提高了我国的国际地位,振奋了我们的民族精神。同时,还必须认识到,同发达国家相比,我国科学技术总体水平还有较大差距,主要表现为:关键技术自给率低,发明专利数量少;在一些地区特别是中西部农村,技术水平仍比较落后;科学研究质量不够高,优秀拔尖人才比较匮乏;同时,科技投入不足,体制机制还存在不少弊端。目前,我国虽然是一个经济大国,但还不是一个经济强国,一个根本原因就在于创新能力薄弱。

进入 21 世纪,我国作为一个发展中大国,加快科学技术发展、缩小与发达国家的差距,还需要较长时期的艰苦努力,同时也有着诸多有利条件。一是我国经济持续快速增长和社会进步,对科技发展提出巨大需求,也为科技发展奠定了坚实基础。二是我国已经建立起比较完备的学科体系,拥有丰富的人才资源,部分重要领域的研究开发能力已跻身世界先进行列,具备科学技术大发展的基础和能力。三是坚持对外开放,日趋活跃的国际科技交流与合作,使我们能分享新科技革命成果。四是坚持社会主义制度,能够把集中力量办大事的政治优势和发挥市场机制有效配置资源的基础性作用结合起来,为科技事业的繁荣发展提供重要的制度保证。五是中华民族拥有 5000 年的文明史,中华文化博大精深、兼容并蓄,更有利于形成独特的创新文化。只要我们增强民族自信心,贯彻落实科学发展观,深入实施科教兴国战略和人才强国战略,奋起直追、迎头赶上,经过 15 年乃至更长时间坚韧不拔的艰苦奋斗,就一定能够创造出无愧于时代的辉煌科技成就。

二、指导方针、发展目标和总体部署

1. 指导方针

本世纪头 20 年,是我国经济社会发展的重要战略机遇期,也是科学技术发展的重要战略机遇期。要以邓小平理论、"三个代表"重要思想为指导,贯彻落实科学发展观,全面实施科教兴国战略和人才强国战略,立足国情,以人为本,深化改革,扩大开放,推动我国科技事业的蓬勃发展,为实现全面建设小康社会目标、构建社会主义和谐社会提供强有力的科技支撑。

今后 15 年,科技工作的指导方针是:自主创新,重点跨越,支撑发展,引领未来。自主创新,就是从增强国家创新能力出发,加强原始创新、集成创新和引进消化吸收再创新。重点跨越,就是坚持有所为、有所不为,选择具有一定基础和优势、关系国计民生和国家安全的关键领域,集中力量、重点突破,实现跨越式发展。支撑发展,就是从现实的紧迫需求出发,着力突破重大关键、共性技术,支撑经济社会的持续协调发展。引领未来,就是着眼长远,超前部署前沿技术和基础研究,创造新的市场需求,培育新兴产业,引领未来经济社会的发展。这一方针是我国半个多世纪科技发展实践经验的概括总结,是面向未来、实现中华民族伟大复兴的重要抉择。

要把提高自主创新能力摆在全部科技工作的突出位置。党和政府历来重视和倡导自主创新。在对外开放条件下推进社会主义现代化建设,必须认真学习和充分借鉴人类一切优秀文明成果。改革开放 20 多年来,我国引进了大量技术和装备,对提高产业技术水平、促进经济发展起到了重要作用。但是,必须清醒地看到,只引进而不注重技术的消化吸收和再创新,势必削弱自主研究开发的能力,拉大与世界先进水平的差距。事实告诉我们,在关系国民经济命脉和国家安全的关键领域,真正的核心技术是买不来的。我国要在激烈的国际竞争中掌握主动权,就必须提高自主创新能力,在若干重要领域掌握一批核心技术,拥有一批自主知识产权,造就一批具有国际竞争力的企业。总之,必须把提高自主创新能力作为国家战略,贯彻到现代化建设的各个方面,贯彻到各个产业、行业和地区,大幅度提高国家竞争力。

科技人才是提高自主创新能力的关键所在。要把创造良好环境和条件,培养和凝聚各类科技人才特别是优秀拔尖人才,充分调动广大科技人员的积极性和创造性,作为科技工作的首要任务,努力开创人才辈出、人尽其才、才尽其用的良好局面,努力建设一支与经济社会发展和国防建设相适应的规模宏大、结构合理的高素质科技人才队伍,为我国科学技术发展提供充分的人才支撑和智力保证。

2. 发展目标

到 2020 年,我国科学技术发展的总体目标是:自主创新能力显著增强,科技促进经济社会发展和保障国家安全的能力显著增强,为全面建设小康社会提供强有力的支撑;基础科学和前沿技术研究综合实力显著增强,取得一批在世界具有重大影响的科学技术成果,进入创新型国家行列,为在本世纪中叶成为世界科技强国奠定基础。

经过 15 年的努力,在我国科学技术的若干重要方面实现以下目标:一是掌握一批事关国家竞争力的装备制造业和信息产业核心技术,制造业和信息产业技术水平进入世界先进行列。二是农业科技整体实力进入世界前列,促进农业综合生产能力的提高,有效保障国家食物安全。三是能源开发、节能技术和清洁能源技术取得突破,促进能源结构优化,主要工业产品单位能耗指标达到或接近世界先进水平。四是在重点行业和重点城市建立循环经济的技术发展模式,为建设资源节约型和环境友好型社会提供科技支持。五是重大疾病防治水平显著提高,艾滋病、肝炎等重大疾病得到遏制,新药创制和关键医疗器械研制取得突破,具备产业发展的技术能力。六是国防科技基本满足现代武器装备自主研制和信息化建设的需要,为维护国家安全提供保障。七是涌现出一批具有世界水平的科学家和研究团队,在科学发展的主流方向上取得一批具有重大影响的创新成果,信息、生物、材料和航天等领域的前沿技术达到世界先进水平。八是建成若干世界一流的科研院所和大学以及具有国际竞争力的企业研究开发机构,形成比较完善的中国特色国家创新体系。

到 2020 年,全社会研究开发投入占国内生产总值的比重提高到 2.5% 以上,力争科技进步贡献率达到 60% 以上,对外技术依存度降低到 30% 以下,本国人发明专利年度授权量和国际科学论文被引用数均进入世界前 5 位。

3. 总体部署

未来 15 年,我国科学技术发展的总体部署:一是立足于我国国情和需求,确定若干重点领域,突破一批重大关键技术,全面提升科技支撑能力。本纲要确定 11 个国民经济和社会发展的重点领域,并从中选择任务明确、有可能在近期获得技术突破的 68 项优先主题进行重点安排。二是瞄准国家目标,实施若干重大专项,实现跨越式发展,填补空白。本纲要共安排 16 个重大专项。三是应对未来挑战,超前部署前沿技术和基础研究,提高持续创新能力,引领经济社会发展。本纲要重点安排 8 个技术领域的 27 项前沿技术,18 个基础科学问题,并提出实施 4 个重大科学研究计划。四是深化体制改革,完善政策措施,增加科技投入,加强人才队伍建设,推进国家创新体系建设,为我国进入创新型国家行列提供可靠保障。

根据全面建设小康社会的紧迫需求、世界科技发展趋势和我国国力,必须把握科技发展的战略重点。一是把发展能源、水资源和环境保护技术放在优先位置,下决心解决制约经济社会发展的重大瓶颈问题。二是抓住未来若干年内信息技术更新换代和新材料技术迅猛发展的难得机遇,把获取装备制造业和信息产业核心技术的自主知识产权,作为提高我国产业竞争力的突破口。三是把生物技术作为未来高技术产业迎头赶上的重点,加强生物技术在农业、工业、人口与健康等领域的应用。四是加快发展空天和海洋技术。五是加强基础科学和前沿技术研究,特别是交叉学科的研究。

三、重点领域及其优先主题

我国科学和技术的发展,要在统筹安排、整体推进的基础上,对重点领域及其优先主题进行规划和布局,为解决经济社会发展中的紧迫问题提供全面有力支撑。

重点领域,是指在国民经济、社会发展和国防安全中重点发展、亟待科技提供支撑的产业和行业。优先主题,是指在重点领域中急需发展、任务明确、技术基础较好、近期能够突破的技术群。确定优先主题的原则:一是有利于突破瓶颈制约,提高经济持续发展能力。二是有利于掌握关键技术和共性技术,提高产业的核心竞争力。三是有利于解决重大公益性科技问题,提高公共服务能力。四是有利于发展军民两用技术,提高国家安全保障能力。

1. 能源

能源在国民经济中具有特别重要的战略地位。我国目前能源供需矛盾尖锐,结构不合理;能源利用效率低;一次能源消费以煤为主,化石能的大量消费造成严重的环境污染。今后15年,满足持续快速增长的能源需求和能源的清洁高效利用,对能源科技发展提出重大挑战。

发展思路:①坚持节能优先,降低能耗。攻克主要耗能领域的节能关键技术,积极发展建筑节能技术,大力提高一次能源利用效率和终端用能效率。②推进能源结构多元化,增加能源供应。在提高油气开发利用及水电技术水平的同时,大力发展核能技术,形成核电系统技术自主开发能力。风能、太阳能、生物质能等可再生能源技术取得突破并实现规模化应用。③促进煤炭的清洁高效利用,降低环境污染。大力发展煤炭清洁、高效、安全开发和利用技术,并力争达到国际先进水平。④加强对能源装备引进技术的消化、吸收和再创新。攻克先进煤电、核电等重大装备制造核心技术。⑤提高能源区域优化配置的技术能力。重点开发安全可靠的先进电力输配技术,实现大容量、远距离、高效率的电力输配。

优先主题:

(1)工业节能

重点研究开发冶金、化工等流程工业和交通运输业等主要高耗能领域的节能技术与装备,机电产品节能技术,高效节能、长寿命的半导体照明产品,能源梯级综合利用技术。

(2)煤的清洁高效开发利用、液化及多联产

重点研究开发煤炭高效开采技术及配套装备,重型燃气轮机,整体煤气化联合循环(IGCC),高参数超临界机组,超临界大型循环流化床等高效发电技术与装备,大力开发煤液化以及煤气化、煤化工等转化技术,以煤气化为基础的多联产系统技术,燃煤污染物综合控制和利用的技术与装备等。

（3）复杂地质油气资源勘探开发利用

重点开发复杂环境与岩性地层类油气资源勘探技术，大规模低品位油气资源高效开发技术，大幅度提高老油田采收率的技术，深层油气资源勘探开采技术。

（4）可再生能源低成本规模化开发利用

重点研究开发大型风力发电设备，沿海与陆地风电场和西部风能资源密集区建设技术与装备，高性价比太阳光伏电池及利用技术，太阳能热发电技术，太阳能建筑一体化技术，生物质能和地热能等开发利用技术。

（5）超大规模输配电和电网安全保障

重点研究开发大容量远距离直流输电技术和特高压交流输电技术与装备，间歇式电源并网及输配技术，电能质量监测与控制技术，大规模互联电网的安全保障技术，西电东输工程中的重大关键技术，电网调度自动化技术，高效配电和供电管理信息技术和系统。

2. 水和矿产资源

水和矿产等资源是经济和社会可持续发展的重要物质基础。我国水和矿产等资源严重紧缺；资源综合利用率低，矿山资源综合利用率、农业灌溉水利用率远低于世界先进水平；资源勘探地质条件复杂，难度不断加大。急需大力加强资源勘探、开发利用技术研究，提高资源利用率。

发展思路：①坚持资源节约优先。重点研究农业高效节水和城市水循环利用技术，发展跨流域调水、雨洪利用和海水淡化等水资源开发技术。②突破复杂地质条件限制，扩大现有资源储量。重点研究地质成矿规律，发展矿山深边部评价与高效勘探技术、青藏高原等复杂条件矿产快速勘查技术，努力发现一批大型后备资源基地，增加资源供给量；开发矿产资源高效开采和综合利用技术，提高水和矿产资源综合利用率。③积极开发利用非传统资源。攻克煤层气和海洋矿产等新型资源开发利用关键技术，提高新型资源利用技术的研究开发能力。④加强资源勘探开发装备的创新。积极开发高精度勘探与钻井设备、大型矿山机械、海洋开发平台等技术，使资源勘探开发重大装备达到国际先进水平。

优先主题：

（6）水资源优化配置与综合开发利用

重点研究开发大气水、地表水、土壤水和地下水的转化机制和优化配置技术，污水、雨洪资源化利用技术，人工增雨技术，长江、黄河等重大江河综合治理及南水北调等跨流域重大水利工程治理开发的关键技术等。

（7）综合节水

重点研究开发工业用水循环利用技术和节水型生产工艺；开发灌溉节水、旱作物节水与生物节水综合配套技术，重点突破精量灌溉技术、智能化农业用水管理技术及设备；加强生活节水技术及器具开发。

（8）海水淡化

重点研究开发海水预处理技术，核能耦合和电水联产热法、膜法低成本淡化技术及关键材料，浓盐水综合利用技术等；开发可规模化应用的海水淡化热能设备、海水淡化装备和多联体耦合关键设备。

（9）资源勘探增储

重点研究矿产资源成矿规律和预测技术，发展航空地球物理勘查技术，开发三维高分辨率地震、高精度地磁以及地球化学等快速、综合和大深度勘探技术。

（10）矿产资源高效开发利用

重点研究深层和复杂矿体采矿技术及无废开采综合技术，开发高效自动化选冶新工艺和大型装备，发展低品位与复杂难处理资源高效利用技术、矿产资源综合利用技术。

（11）海洋资源高效开发利用

重点研究开发浅海隐蔽油气藏勘探技术和稠油油田提高采收率综合技术，开发海洋生物资源保护和高效利用技术，发展海水直接利用技术和海水化学资源综合利用技术。

（12）综合资源区划

重点研究水土资源与农业生产、生态与环境保护的综合优化配置技术，开展针对我国水土资源区域空间分布匹配的多变量、大区域资源配置优化分析技术，建立不同区域水土资源优化发展的技术预测决策模型。

3. 环境

改善生态与环境是事关经济社会可持续发展和人民生活质量提高的重大问题。我国环境污染严重；生态系统退化加剧；污染物无害化处理能力低；全球环境问题已成为国际社会关注的焦点，亟待提高我国参与全球环境变化合作能力。在要求整体环境状况有所好转的前提下实现经济的持续快速增长，对环境科技创新提出重大战略需求。

发展思路：①引导和支撑循环经济发展。大力开发重污染行业清洁生产集成技术，强化废弃物减量化、资源化利用与安全处置，加强发展循环经济的共性技术研究。②实施区域环境综合治理。开展流域水环境和区域大气环境污染的综合治理、典型生态功能退化区综合整治的技术集成与示范，开发饮用水安全保障技术以及生态和环境监测与预警技术，大幅度提高改善环境质量的科技支撑能力。③促进环保产业发展。重点研究适合我国国情的重大环保装备及仪器设备，加大国产环保产品市场占有率，提高环保装备技术水平。④积极参与国际环境合作。加强全球环境公约履约对策与气候变化科学不确定性及其影响研究，开发全球环境变化监测和温室气体减排技术，提升应对环境变化及履约能力。

优先主题：

（13）综合治污与废弃物循环利用

重点开发区域环境质量监测预警技术，突破城市群大气污染控制等关键技术，开发非常规污染物控制技术，废弃物等资源化利用技术，重污染行业清洁生产集成技术，建立发展循环经济的技术示范模式。

（14）生态脆弱区域生态系统功能的恢复重建

重点开发岩溶地区、青藏高原、长江黄河中上游、黄土高原、荒漠及荒漠化地区、农牧交错带和矿产开采区等典型生态脆弱区生态系统的动态监测技术，草原退化与鼠害防治技术，退化生态系统恢复与重建技术，三峡工程、青藏铁路等重大工程沿线和复杂矿区生态保护及恢复技术，建立不同类型生态系统功能恢复和持续改善的技术支持模式，构建生态系统功能综合评估及技术评价体系。

（15）海洋生态与环境保护

重点开发海洋生态与环境监测技术和设备，加强海洋生态与环境保护技术研究，发展近海海域生态与环境保护、修复及海上突发事件应急处理技术，开发高精度海洋动态环境数值预报技术。

（16）全球环境变化监测与对策

重点研究开发大尺度环境变化准确监测技术，主要行业二氧化碳、甲烷等温室气体的排放控制与处置利用技术，生物固碳技术及固碳工程技术，以及开展气候变化、生物多样性保护、臭氧层保护、持久性有机污染物控制等对策研究。

4. 农业

农业是国民经济的基础。我国自然资源的硬约束不断增强，人均耕地、水资源量明显低于世界平均水平；粮食、棉花等主要农产品的需求呈刚性增长，农业增产、农民增收和农产品竞争力增强的压力将长期存在；农业结构不合理、产业化发展水平及农产品附加值低；生态与环境状况依然严峻，严重制约农业的可持续发展；食物安全、生态安全问题突出。我国的基本国情及面临的严峻挑战，决定了必须把科技进步作为解决"三农"问题的一项根本措施，大力提高农业科技水平，加大先进适用技术推广力度，突破资源约束，持续提高农业综合生产能力，加快建设现代农业的步伐。

发展思路：①以高新技术带动常规农业技术升级，持续提高农业综合生产能力。重点开展生物技术应用研究，加强农业技术集成和配套，突破主要农作物育种和高效生产、畜牧水产育种及健康养殖和疫病控制关键技术，发展农业多种经营和复合经营，在确保持续增加产量的同时，提高农产品质量。②延长农业产业链，带动农业产业化水平和农业综合效益的全面提高。重点发展农产品精深加工、产后减损和绿色供应链产业化关键技术，开发农产品加工先进技术装备及安全监测技术，发展以健康食品为主导的农产品加工业和现代流通业，拓展农民增收空间。③综合开发农林生态技术，保障农林生态安全。重点开发环保型肥料、农药创制技术及精准作业技术装备，发展农林剩余物资源化利用技术，以及农业环境综合整治技术，促进农业新兴产业发展，提高农林生态环境质量。④积极发展工厂化农业，提高农业劳动生产率。重点研究农业环境调控、超高产高效栽培等设施农业技术，开发现代多功能复式农业机械，加快农业信息技术集成应用。

优先主题：

（17）种质资源发掘、保存和创新与新品种定向培育

重点研究开发主要农作物、林草、畜禽与水产优良种质资源发掘与构建技术，种质资源分子评价技术，动植物分子育种技术和定向杂交育种技术，规模化制种、繁育技术和种子综合加工技术。

（18）畜禽水产健康养殖与疫病防控

重点研究开发安全优质高效饲料和规模化健康养殖技术及设施，创制高效特异性疫苗、高效安全型兽药及器械，开发动物疫病及动物源性人畜共患病的流行病学预警监测、检疫诊断、免疫防治、区域净化与根除技术，突破近海滩涂、浅海水域养殖和淡水养殖技术，发展远洋渔业和海上贮藏加工技术与设备。

（19）农产品精深加工与现代储运

重点研究开发主要农产品和农林特产资源精深及清洁生态型加工技术与设备，粮油产后减损及绿色储运技术与设施，鲜活农产品保鲜与物流配送及相应的冷链运输系统技术。

（20）农林生物质综合开发利用

重点研究开发高效、低成本、大规模农林生物质的培育、收集与转化关键技术，沼气、固化与液化燃料等生物质能以及生物基新材料和化工产品等生产关键技术，农村垃圾和污水资源化利用技术，开发具有自主知识产权的沼气电站设备、生物基新材料装备等。

（21）农林生态安全与现代林业

重点研究开发农林生态系统构建技术，林草生态系统综合调控技术，森林与草原火灾、农林病虫害特别是外来生物入侵等生态灾害及气象灾害的监测与防治技术，生态型林产经济可持续经营技术，人工草地高效建植技术和优质草生产技术，开发环保型竹木基复合材料技术。

（22）环保型肥料、农药创制和生态农业

重点研究开发环保型肥料、农药创制关键技术，专用复（混）型缓释、控释肥料及施肥技术与相关设备，综合、高效、持久、安全的有害生物综合防治技术，建立有害生物检测预警及防范外来有害生物入侵体系；发展以提高土壤肥力，减少土壤污染、水土流失和退化草场功能恢复为主的生态农业技术。

（23）多功能农业装备与设施

重点研究开发适合我国农业特点的多功能作业关键装备，经济型农林动力机械，定位变量作业智能机械和健康养殖设施技术与装备，保护性耕作机械和技术，温室设施及配套技术装备。

（24）农业精准作业与信息化

重点研究开发动植物生长和生态环境信息数字化采集技术，实时土壤水肥光热探测技术，精准作业和管理技术系统，农村远程数字化、可视化信息服务技术及设备，农林生态系统监测技术及虚拟农业技术。

（25）现代奶业

重点研究开发优质种公牛培育与奶牛胚胎产业化快繁技术，奶牛专用饲料、牧草种植与高效利用、疾病防治及规模化饲养管理技术，开发奶制品深加工技术与设备。

5. 制造业

制造业是国民经济的主要支柱。我国是世界制造大国，但还不是制造强国；制造技术基础薄弱，创新能力不强；产品以低端为主；制造过程资源、能源消耗大，污染严重。

发展思路：①提高装备设计、制造和集成能力。以促进企业技术创新为突破口，通过技术攻关，基本实现高档数控机床、工作母机、重大成套技术装备、关键材料与关键零部件的自主设计制造。②积极发展绿色制造。加快相关技术在材料与产品开发设计、加工制造、销售服务及回收利用等产品全生命周期中的应用，形成高效、节能、环保和可循环的新型制造工艺。制造业资源消耗、环境负荷水平进入国际先进行列。③用高新技术改造和提升制造业。大力推进制造业信息化，积极发展基础原材料，大幅度提高产品档次、技术含量和附加值,全面提升制造业整体技术水平。

优先主题:

(26)基础件和通用部件

重点研究开发重大装备所需的关键基础件和通用部件的设计、制造和批量生产的关键技术,开发大型及特殊零部件成形及加工技术、通用部件设计制造技术和高精度检测仪器。

(27)数字化和智能化设计制造

重点研究数字化设计制造集成技术,建立若干行业的产品数字化和智能化设计制造平台。开发面向产品全生命周期的、网络环境下的数字化、智能化创新设计方法及技术,计算机辅助工程分析与工艺设计技术,设计、制造和管理的集成技术。

(28)流程工业的绿色化、自动化及装备

重点研究开发绿色流程制造技术,高效清洁并充分利用资源的工艺、流程和设备,相应的工艺流程放大技术,基于生态工业概念的系统集成和自动化技术,流程工业需要的传感器、智能化检测控制技术、装备和调控系统。开发大型裂解炉技术、大型蒸汽裂解乙烯生产成套技术及装备,大型化肥生产节能工艺流程与装备。

(29)可循环钢铁流程工艺与装备

重点研究开发以熔融还原和资源优化利用为基础,集产品制造、能源转换和社会废弃物再资源化三大功能于一体的新一代可循环钢铁流程,作为循环经济的典型示范。开发二次资源循环利用技术,冶金过程煤气发电和低热值蒸汽梯级利用技术,高效率、低成本洁净钢生产技术,非粘连煤炼焦技术,大型板材连铸机、连轧机组的集成设计、制造和系统耦合技术等。

(30)大型海洋工程技术与装备

(31)基础原材料

重点研究开发满足国民经济基础产业发展需求的高性能复合材料及大型、超大型复合结构部件的制备技术,高性能工程塑料,轻质高强金属和无机非金属结构材料,高纯材料,稀土材料,石油化工、精细化工及催化、分离材料,轻纺材料及应用技术,具有环保和健康功能的绿色材料。

(32)新一代信息功能材料及器件

(33)军工配套关键材料及工程化

6. 交通运输业

交通运输是国民经济的命脉。当前,我国主要运输装备及核心技术水平与世界先进水平存在较大差距;运输供给能力不足;综合交通体系建设滞后,各种交通方式缺乏综合协调;交通能源消耗与环境污染问题严峻。全面建设小康社会对交通运输提出更高要求,交通科技面临重大战略需求。

发展思路:①提高飞机、汽车、船舶、轨道交通装备等的自主创新能力。②以提供顺畅、便捷的人性化交通运输服务为核心,加强统筹规划,发展交通系统信息化和智能化技术,安全高速的交通运输技术,提高运网能力和运输效率,实现交通信息共享和各种交通方式的有效衔接,提升交通运营管理的技术水平,发展综合交通运输。③促进交通运输向节能、环保和更加安全的方向发展,交通运输安全保障、资源节约与环境保护等方面的关键技术取得重大突破并得到广泛应用。④围绕国家重大交通基础设施建设,突破建设和养护关键技术,提高建设质量,降低全寿命成本。

优先主题:

(34)交通运输基础设施建设与养护技术及装备

重点研究开发轨道交通、跨海湾通道、离岸深水港、大型航空港、大型桥梁和隧道、综合立体交通枢纽、深海油气管线等高难度交通运输基础设施建设和养护关键技术及装备。

(35)高速轨道交通系统

重点研究开发高速轨道交通控制和调速系统、车辆制造、线路建设和系统集成等关键技术,形成系统成套技术。开展工程化运行试验,掌握运行控制、线路建设和系统集成技术。

(36)低能耗与新能源汽车

重点研究开发混合动力汽车、替代燃料汽车和燃料电池汽车整车设计、集成和制造技术,动力系统集成与控制技术,汽车计算平台技术,高效低排放内燃机、燃料电池发动机、动力蓄电池、驱动电机等关键部件技术,新能源汽车实验测试及基础设施技术等。

(37)高效运输技术与装备

重点研究开发重载列车、大马力机车、特种重型车辆、城市轨道交通、大型高技术船舶、大型远洋渔业船舶以及海洋科考船等,低空多用途通用航空飞行器、高黏原油及多相流管道输送系统等新型运载工具。

(38)智能交通管理系统

重点开发综合交通运输信息平台和信息资源共享技术,现代物流技术,城市交通管理系统、汽车智能技术和新一代空中交通管理系统。

(39)交通运输安全与应急保障

重点开发交通事故预防预警、应急处理技术,开发运输工具主动与被动安全技术,交通运输事故再现技术,交通应急反应系统和快速搜救等技术。

7. 信息产业及现代服务业

发展信息产业和现代服务业是推进新型工业化的关键。国民经济与社会信息化和现代服务业的迅猛发展,对信息技术发展提出了更高的要求。

发展思路:①突破制约信息产业发展的核心技术,掌握集成电路及关键元器件、大型软件、高性能计算、宽带无线移动通信、下一代网络等核心技术,提高自主开发能力和整体技术水平。②加强信息技术产品的集成创新,提高设计制造水平,重点解决信息技术产品的可扩展性、易用性和低成本问题,培育新技术和新业务,提高信息产业竞争力。③以应用需求为导向,重视和加强集成创新,开发支撑和带动现代服务业发展的技术和关键产品,促进传统产业的改造和技术升级。④以发展高可信网络为重点,开发网络信息安全技术及相关产品,建立信息安全技术保障体系,具备防范各种信息安全突发事件的技术能力。

优先主题:

(40)现代服务业信息支撑技术及大型应用软件

重点研究开发金融、物流、网络教育、传媒、医疗、旅游、电子政务和电子商务等现代服务业领域发展所需的高可信网络软件平台及大型应用支撑软件、中间件、嵌入式软件、网格计算平台与基础设施,软件系统集成等关键技术,提供整体解决方案。

(41)下一代网络关键技术与服务

重点开发高性能的核心网络设备与传输设备、接入设备,以及在可扩展、安全、移动、服务质量、运营管理等方面的关键技术,建立可信的网络管理体系,开发智能终端和家庭网络等设备和系统,支持多媒体、网络计算等宽带、安全、泛在的多种新业务与应用。

(42)高效能可信计算机

重点开发具有先进概念的计算方法和理论,发展以新概念为基础的、具有每秒千万亿次以上浮点运算能力和高效可信的超级计算机系统、新一代服务器系统,开发新体系结构、海量存储、系统容错等关键技术。

(43)传感器网络及智能信息处理

重点开发多种新型传感器及先进条码自动识别、射频标签、基于多种传感信息的智能化信息处理技术,发展低成本的传感器网络和实时信息处理系统,提供更方便、功能更强大的信息服务平台和环境。

(44)数字媒体内容平台

重点开发面向文化娱乐消费市场和广播电视事业,以视频、音频信息服务为主体的数字媒体内容处理关键技术,开发易于交互和交换、具有版权保护功能和便于管理的现代传媒信息综合内容平台。

(45)高清晰度大屏幕平板显示

重点发展高清晰度大屏幕显示产品,开发有机发光显示、场致发射显示、激光显示等各种平板和投影显示技术,建立平板显示材料与器件产业链。

(46)面向核心应用的信息安全

重点研究开发国家基础信息网络和重要信息系统中的安全保障技术,开发复杂大系统下的网络生存、主动实时防护、安全存储、网络病毒防范、恶意攻击防范、网络信任体系与新的密码技术等。

8. 人口与健康

稳定低生育水平,提高出生人口素质,有效防治重大疾病,是建设和谐社会的必然要求。控制人口数量,提高人口质量和全民健康水平,迫切需要科技提供强有力支撑。

发展思路:①控制人口出生数量,提高出生人口质量。重点发展生育监测、生殖健康等关键技术,开发系列生殖医药、器械和保健产品,为人口数量控制在 15 亿以内、出生缺陷率低于 3% 提供有效科技保障。②疾病防治重心前移,坚持预防为主、促进健康和防治疾病结合。研究预防和早期诊断关键技术,显著提高重大疾病诊断和防治能力。③加强中医药继承和创新,推进中医药现代化和国际化。以中医药理论传承和发展为基础,通过技术创新与多学科融合,丰富和发展中医药理论,构建适合中医药特点的技术方法和标准规范体系,提高临床疗效,促进中医药产业的健康发展。④研制重大新药和先进医疗设备。攻克新药、大型医疗器械、医用材料和释药系统创制关键技术,加快建立并完善国家医药创制技术平台,推进重大新药和医疗器械的自主创新。

优先主题：

(47)安全避孕节育与出生缺陷防治

重点开发安全、有效避孕节育新技术和产品以及兼顾预防性传播疾病的节育新技术，高效无创出生缺陷早期筛查、检测及诊断技术，遗传疾病生物治疗技术等。

(48)心脑血管病、肿瘤等重大非传染疾病防治

重点研究开发心脑血管病、肿瘤等重大疾病早期预警和诊断、疾病危险因素早期干预等关键技术，研究规范化、个性化和综合治疗关键技术与方案。

(49)城乡社区常见多发病防治

重点研究开发常见病和多发病的监控、预防、诊疗和康复技术，小型诊疗和移动式医疗服务装备，远程诊疗和技术服务系统。

(50)中医药传承与创新发展

重点开展中医基础理论创新及中医经验传承与挖掘，研究中医药诊疗、评价技术与标准，发展现代中药研究开发和生产制造技术，有效保护和合理利用中药资源，加强中医药知识产权保护研究和国际合作平台建设。

(51)先进医疗设备与生物医用材料

重点开发新型治疗和常规诊疗设备，数字化医疗技术、个体化医疗工程技术及设备，研究纳米生物药物释放系统和组织工程等技术，开发人体组织器官替代等新型生物医用材料。

9. 城镇化与城市发展

我国已进入快速城镇化时期。实现城镇化和城市协调发展，对科技提出迫切需求。

发展思路：①以城镇区域科学规划为重点，促进城乡合理布局和科学发展。发展现代城镇区域规划关键技术及动态监控技术，实现城镇发展规划与区域经济规划的有机结合、与区域资源环境承载能力的相互协调。②以节能和节水为先导，发展资源节约型城市。突破城市综合节能和新能源合理开发利用技术，开发资源节约型、高耐久性绿色建材，提高城市资源和能源利用效率。③加强信息技术应用，提高城市综合管理水平。开发城市数字一体化管理技术，建立城市高效、多功能、一体化综合管理技术体系。④发展城市生态人居环境和绿色建筑。发展城市污水、垃圾等废弃物无害化处理和资源化利用技术，开发城市居住区和室内环境改善技术，显著提高城市人居环境质量。

优先主题：

(52)城镇区域规划与动态监测

重点研究开发各类区域城镇空间布局规划和系统设计技术，城镇区域基础设施和公共服务设施规划设计、一体化配置与共享技术，城镇区域规划与人口、资源、环境、经济发展互动模拟预测和动态监测等技术。

(53)城市功能提升与空间节约利用

重点研究开发城市综合交通、城市公交优先智能管理、市政基础设施、防灾减灾等综合功能提升技术，城市"热岛"效应形成机制与人工调控技术，土地勘测和资源节约利用技术，城市发展和空间形态变化模拟预测技术，城市地下空间开发利用技术等。

(54)建筑节能与绿色建筑

重点研究开发绿色建筑设计技术，建筑节能技术与设备，可再生能源装置与建筑一体

化应用技术,精致建造和绿色建筑施工技术与装备,节能建材与绿色建材,建筑节能技术标准。

(55)城市生态居住环境质量保障

重点研究开发室内污染物监测与净化技术,发展城市环境生态调控技术,城市垃圾资源化利用技术,城市水循环利用技术与设备,城市与城镇群污染防控技术,居住区最小排放集成技术,生态居住区智能化管理技术。

(56)城市信息平台

重点研究开发城市网络化基础信息共享技术,城市基础数据获取与更新技术,城市多元数据整合与挖掘技术,城市多维建模与模拟技术,城市动态监测与应用关键技术,城市网络信息共享标准规范,城市应急和联动服务关键技术。

10. 公共安全

公共安全是国家安全和社会稳定的基石。我国公共安全面临严峻挑战,对科技提出重大战略需求。

发展思路:①加强对突发公共事件快速反应和应急处置的技术支持。以信息、智能化技术应用为先导,发展国家公共安全多功能、一体化应急保障技术,形成科学预测、有效防控与高效应急的公共安全技术体系。②提高早期发现与防范能力。重点研究煤矿等生产事故、突发社会安全事件和自然灾害、核安全及生物安全等的监测、预警、预防技术。③增强应急救护综合能力。重点研究煤矿灾害、重大火灾、突发性重大自然灾害、危险化学品泄漏、群体性中毒等应急救援技术。④加快公共安全装备现代化。开发保障生产安全、食品安全、生物安全及社会安全等公共安全重大装备和系列防护产品,促进相关产业快速发展。

优先主题:

(57)国家公共安全应急信息平台

重点研究全方位无障碍危险源探测监测、精确定位和信息获取技术,多尺度动态信息分析处理和优化决策技术,国家一体化公共安全应急决策指挥平台集成技术等,构建国家公共安全早期监测、快速预警与高效处置一体化应急决策指挥平台。

(58)重大生产事故预警与救援

重点研究开发矿井瓦斯、突水、动力性灾害预警与防控技术,开发燃烧、爆炸、毒物泄漏等重大工业事故防控与救援技术及相关设备。

(59)食品安全与出入境检验检疫

重点研究食品安全和出入境检验检疫风险评估、污染物溯源、安全标准制定、有效监测检测等关键技术,开发食物污染防控智能化技术和高通量检验检疫安全监控技术。

(60)突发公共事件防范与快速处置

重点研究开发个体生物特征识别、物证溯源、快速筛查与证实技术以及模拟预测技术,远程定位跟踪、实时监控、隔物辨识与快速处置技术及装备,高层和地下建筑消防技术与设备,爆炸物、毒品等违禁品与核生化恐怖源的远程探测技术与装备,以及现场处置防护技术与装备。

(61)生物安全保障

重点研究快速、灵敏、特异监测与探测技术,化学毒剂在体内代谢产物检测技术,新型高效消毒剂和快速消毒技术,滤毒防护技术,危险传播媒介鉴别与防治技术,生物入侵防控技术,用于应对突发生物事件的疫苗及免疫佐剂、抗毒素与药物等。

(62)重大自然灾害监测与防御

重点研究开发地震、台风、暴雨、洪水、地质灾害等监测、预警和应急处置关键技术,森林火灾、溃坝、决堤险情等重大灾害的监测预警技术以及重大自然灾害综合风险分析评估技术。

11. 国防

四、重大专项

历史上,我国以"两弹一星"、载人航天、杂交水稻等为代表的若干重大项目的实施,对整体提升综合国力起到了至关重要的作用。美国、欧洲、日本、韩国等都把围绕国家目标组织实施重大专项计划作为提高国家竞争力的重要措施。

本纲要在重点领域中确定一批优先主题的同时,围绕国家目标,进一步突出重点,筛选出若干重大战略产品、关键共性技术或重大工程作为重大专项,充分发挥社会主义制度集中力量办大事的优势和市场机制的作用,力争取得突破,努力实现以科技发展的局部跃升带动生产力的跨越发展,并填补国家战略空白。确定重大专项的基本原则:一是紧密结合经济社会发展的重大需求,培育能形成具有核心自主知识产权、对企业自主创新能力的提高具有重大推动作用的战略性产业;二是突出对产业竞争力整体提升具有全局性影响、带动性强的关键共性技术;三是解决制约经济社会发展的重大瓶颈问题;四是体现军民结合、寓军于民,对保障国家安全和增强综合国力具有重大战略意义;五是切合我国国情,国力能够承受。根据上述原则,围绕发展高新技术产业、促进传统产业升级、解决国民经济发展瓶颈问题、提高人民健康水平和保障国家安全等方面,确定了一批重大专项。重大专项的实施,根据国家发展需要和实施条件的成熟程度,逐项论证启动。同时,根据国家战略需求和发展形势的变化,对重大专项进行动态调整,分步实施。对于以战略产品为目标的重大专项,要充分发挥企业在研究开发和投入中的主体作用,以重大装备的研究开发作为企业技术创新的切入点,更有效地利用市场机制配置科技资源,国家的引导性投入主要用于关键核心技术的攻关。

重大专项是为了实现国家目标,通过核心技术突破和资源集成,在一定时限内完成的重大战略产品、关键共性技术和重大工程,是我国科技发展的重中之重。《规划纲要》确定了核心电子器件、高端通用芯片及基础软件,极大规模集成电路制造技术及成套工艺,新一代宽带无线移动通信,高档数控机床与基础制造技术,大型油气田及煤层气开发,大型先进压水堆及高温气冷堆核电站,水体污染控制与治理,转基因生物新品种培育,重大新药创制,艾滋病和病毒性肝炎等重大传染病防治,大型飞机,高分辨率对地观测系统,载人航天与探月工程等16个重大专项,涉及信息、生物等战略产业领域,能源资源环境和人民健康等重大紧迫问题,以及军民两用技术和国防技术。

五、前沿技术

前沿技术是指高技术领域中具有前瞻性、先导性和探索性的重大技术,是未来高技术更新换代和新兴产业发展的重要基础,是国家高技术创新能力的综合体现。选择前沿技术的主要原则:一是代表世界高技术前沿的发展方向。二是对国家未来新兴产业的形成和发展具有引领作用。三是有利于产业技术的更新换代,实现跨越发展。四是具备较好的人才队伍和研究开发基础。根据以上原则,要超前部署一批前沿技术,发挥科技引领未来发展的先导作用,提高我国高技术的研究开发能力和产业的国际竞争力。

1. 生物技术

生物技术和生命科学将成为21世纪引发新科技革命的重要推动力量,基因组学和蛋白质组学研究正在引领生物技术向系统化研究方向发展。基因组序列测定与基因结构分析已转向功能基因组研究以及功能基因的发现和应用;药物及动植物品种的分子定向设计与构建已成为种质和药物研究的重要方向;生物芯片、干细胞和组织工程等前沿技术研究与应用,孕育着诊断、治疗及再生医学的重大突破。必须在功能基因组、蛋白质组、干细胞与治疗性克隆、组织工程、生物催化与转化技术等方面取得关键性突破。

前沿技术:

(1)靶标发现技术

靶标的发现对发展创新药物、生物诊断和生物治疗技术具有重要意义。重点研究生理和病理过程中关键基因功能及其调控网络的规模化识别,突破疾病相关基因的功能识别、表达调控及靶标筛查和确证技术,"从基因到药物"的新药创制技术。

(2)动植物品种与药物分子设计技术

动植物品种与药物分子设计是基于生物大分子三维结构的分子对接、分子模拟以及分子设计技术。重点研究蛋白质与细胞动态过程生物信息分析、整合、模拟技术,动植物品种与药物虚拟设计技术,动植物品种生长与药物代谢工程模拟技术,计算机辅助组合化合物库设计、合成和筛选等技术。

(3)基因操作和蛋白质工程技术

基因操作技术是基因资源利用的关键技术。蛋白质工程是高效利用基因产物的重要途径。重点研究基因的高效表达及其调控技术、染色体结构与定位整合技术、编码蛋白基因的人工设计与改造技术、蛋白质肽链的修饰及改构技术、蛋白质结构解析技术、蛋白质规模化分离纯化技术。

(4)基于干细胞的人体组织工程技术

干细胞技术可在体外培养干细胞,定向诱导分化为各种组织细胞供临床所需,也可在体外构建出人体器官,用于替代与修复性治疗。重点研究治疗性克隆技术,干细胞体外建系和定向诱导技术,人体结构组织体外构建与规模化生产技术,人体多细胞复杂结构组织构建与缺损修复技术和生物制造技术。

(5)新一代工业生物技术

生物催化和生物转化是新一代工业生物技术的主体。重点研究功能菌株大规模筛选技术,生物催化剂定向改造技术,规模化工业生产的生物催化技术系统,清洁转化介质创制技术及工业化成套转化技术。

2. 信息技术

信息技术将继续向高性能、低成本、普适计算和智能化等主要方向发展,寻求新的计算与处理方式和物理实现是未来信息技术领域面临的重大挑战。纳米科技、生物技术与认知科学等多学科的交叉融合,将促进基于生物特征的、以图像和自然语言理解为基础的"以人为中心"的信息技术发展,推动多领域的创新。重点研究低成本的自组织网络,个性化的智能机器人和人机交互系统、高柔性免受攻击的数据网络和先进的信息安全系统。

前沿技术:

(6)智能感知技术

重点研究基于生物特征、以自然语言和动态图像的理解为基础的"以人为中心"的智能信息处理和控制技术,中文信息处理;研究生物特征识别、智能交通等相关领域的系统技术。

(7)自组织网络技术

重点研究自组织移动网、自组织计算网、自组织存储网、自组织传感器网等技术,低成本的实时信息处理系统、多传感信息融合技术、个性化人机交互界面技术,以及高柔性免受攻击的数据网络和先进的信息安全系统;研究自组织智能系统和个人智能系统。

(8)虚拟现实技术

重点研究电子学、心理学、控制学、计算机图形学、数据库设计、实时分布系统和多媒体技术等多学科融合的技术,研究医学、娱乐、艺术与教育、军事及工业制造管理等多个相关领域的虚拟现实技术和系统。

3. 新材料技术

新材料技术将向材料的结构功能复合化、功能材料智能化、材料与器件集成化、制备和使用过程绿色化发展。突破现代材料设计、评价、表征与先进制备加工技术,在纳米科学研究的基础上发展纳米材料与器件,开发超导材料、智能材料、能源材料等特种功能材料,开发超级结构材料、新一代光电信息材料等新材料。

前沿技术:

(9)智能材料与结构技术

智能材料与智能结构是集传感、控制、驱动(执行)等功能于一体的机敏或智能结构系统。重点研究智能材料制备加工技术,智能结构的设计与制备技术,关键设备装置的监控与失效控制技术等。

(10)高温超导技术

重点研究新型高温超导材料及制备技术,超导电缆、超导电机、高效超导电力器件;研究超导生物医学器件、高温超导滤波器、高温超导无损检测装置和扫描磁显微镜等灵敏探测器件。

(11)高效能源材料技术

重点研究太阳能电池相关材料及其关键技术、燃料电池关键材料技术、高容量储氢材料技术、高效二次电池材料及关键技术、超级电容器关键材料及制备技术,发展高效能量转换与储能材料体系。

4. 先进制造技术

先进制造技术将向信息化、极限化和绿色化的方向发展,成为未来制造业赖以生存的基础和可持续发展的关键。重点突破极端制造、系统集成和协同技术、智能制造与应用技术、成套装备与系统的设计验证技术、基于高可靠性的大型复杂系统和装备的系统设计技术。

前沿技术：

（12）极端制造技术

极端制造是指在极端条件或环境下，制造极端尺度（特大或特小尺度）或极高功能的器件和功能系统。重点研究微纳机电系统、微纳制造、超精密制造、巨系统制造和强场制造相关的设计、制造工艺和检测技术。

（13）智能服务机器人

智能服务机器人是在非结构环境下为人类提供必要服务的多种高技术集成的智能化装备。以服务机器人和危险作业机器人应用需求为重点，研究设计方法、制造工艺、智能控制和应用系统集成等共性基础技术。

（14）重大产品和重大设施寿命预测技术

重大产品和重大设施寿命预测技术是提高运行可靠性、安全性、可维护性的关键技术。研究零部件材料的成分设计及成形加工的预测控制和优化技术，基于知识的成形制造过程建模与仿真技术，制造过程在线检测与评估技术，零部件寿命预测技术，重大产品、复杂系统和重大设施的可靠性、安全性和寿命预测技术。

5. 先进能源技术

未来能源技术发展的主要方向是经济、高效、清洁利用和新型能源开发。第四代核能系统、先进核燃料循环以及聚变能等技术的开发越来越受到关注；氢作为可从多种途径获取的理想能源载体，将为能源的清洁利用带来新的变革；具有清洁、灵活特征的燃料电池动力和分布式供能系统，将为终端能源利用提供新的重要形式。重点研究规模化的氢能利用和分布式供能系统，先进核能及核燃料循环技术，开发高效、清洁和二氧化碳近零排放的化石能源开发利用技术，低成本、高效率的可再生能源新技术。

前沿技术：

（15）氢能及燃料电池技术

重点研究高效低成本的化石能源和可再生能源制氢技术，经济高效氢储存和输配技术，燃料电池基础关键部件制备和电堆集成技术，燃料电池发电及车用动力系统集成技术，形成氢能和燃料电池技术规范与标准。

（16）分布式供能技术

分布式供能系统是为终端用户提供灵活、节能型的综合能源服务的重要途径。重点突破基于化石能源的微小型燃气轮机及新型热力循环等终端的能源转换技术、储能技术、热电冷系统综合技术，形成基于可再生能源和化石能源互补、微小型燃气轮机与燃料电池混合的分布式终端能源供给系统。

（17）快中子堆技术

快中子堆是由快中子引起原子核裂变链式反应，并可实现核燃料增殖的核反应堆，能够使铀资源得到充分利用，还能处理热堆核电站生产的长寿命放射性废弃物。研究并掌握快堆设计及核心技术，相关核燃料和结构材料技术，突破钠循环等关键技术，建成

65MW 实验快堆,实现临界及并网发电。

(18)磁约束核聚变

以参加国际热核聚变实验反应堆的建设和研究为契机,重点研究大型超导磁体技术、微波加热和驱动技术、中性束注入加热技术、包层技术、氚的大规模实时分离提纯技术、偏滤器技术、数值模拟、等离子体控制和诊断技术、示范堆所需关键材料技术,以及深化高温等离子体物理研究和某些以能源为目标的非托克马克途径的探索研究。

6. 海洋技术

重视发展多功能、多参数和作业长期化的海洋综合开发技术,以提高深海作业的综合技术能力。重点研究开发天然气水合物勘探开发技术、大洋金属矿产资源海底集输技术、现场高效提取技术和大型海洋工程技术。

前沿技术:

(19)海洋环境立体监测技术

海洋环境立体监测技术是在空中、岸站、水面、水中对海洋环境要素进行同步监测的技术。重点研究海洋遥感技术、声学探测技术、浮标技术、岸基远程雷达技术,发展海洋信息处理与应用技术。

(20)大洋海底多参数快速探测技术

大洋海底多参数快速探测技术是对海底地球物理、地球化学、生物化学等特征的多参量进行同步探测并实现实时信息传输的技术。重点研究异常环境条件下的传感器技术,传感器自动标定技术,海底信息传输技术等。

(21)天然气水合物开发技术

天然气水合物是蕴藏于海洋深水底和地下的碳氢化合物。重点研究天然气水合物的勘探理论与开发技术,天然气水合物、地球物理与地球化学勘探和评价技术,突破天然气水合物钻井技术和安全开采技术。

(22)深海作业技术

深海作业技术是支撑深海海底工程作业和矿产开采的水下技术。重点研究大深度水下运载技术,生命维持系统技术,高比能量动力装置技术,高保真采样和信息远程传输技术,深海作业装备制造技术和深海空间站技术。

7. 激光技术

8. 空天技术

六、基础研究

基础研究以深刻认识自然现象、揭示自然规律,获取新知识、新原理、新方法和培养高素质创新人才等为基本使命,是高新技术发展的重要源泉,是培育创新人才的摇篮,是建设先进文化的基础,是未来科学和技术发展的内在动力。发展基础研究要坚持服务国家目标与鼓励自由探索相结合,遵循科学发展的规律,重视科学家的探索精神,突出科学的长远价值,稳定支持,超前部署,并根据科学发展的新动向,进行动态调整。本纲要从学科发展、科学前沿问题、面向国家重大战略需求的基础研究、重大科学研究计划四个方面进行部署。

1. 学科发展

根据基础研究厚积薄发、探索性强、进展往往难以预测的特点,对基础学科进行全面布局,突出学科交叉、融合与渗透,培育新的学科生长点。通过长期、深厚的学术研究积累,促进原始创新能力的提升,促进多学科协调发展。

(1)基础学科

重视基本理论和学科建设,全面协调发展数学、物理学、化学、天文学、地球科学、生物学等基础学科。

(2)交叉学科和新兴学科

基础学科之间、基础学科与应用学科、科学与技术、自然科学与人文社会科学的交叉与融合,往往导致重大科学发现和新兴学科的产生,是科学研究中最活跃的部分之一,要给予高度关注和重点部署。

2. 科学前沿问题

微观与宇观的统一,还原论与整体论的结合,多学科的相互交叉,数学等基础科学向各领域的渗透,先进技术和手段的运用,是当代科学发展前沿的主要特征,孕育着科学上的重大突破,使人类对客观世界的认识不断地超越和深化。遴选科学前沿问题的原则为:对基础科学发展具有带动作用,具有良好基础,能充分体现我国优势与特色,有利于大幅度提升我国基础科学的国际地位。

(1)生命过程的定量研究和系统整合

主要研究方向:基因语言及调控,功能基因组学,模式生物学,表观遗传学及非编码核糖核酸,生命体结构功能及其调控网络,生命体重构,生物信息学,计算生物学,系统生物学,极端环境中的生命特征,生命起源和演化,系统发育与进化生物学等。

(2)凝聚态物质与新效应

主要研究方向:强关联体系、软凝聚态物质,新量子特性凝聚态物质与新效应,自相似协同生长、巨开放系统和复杂系统问题,玻色—爱因斯坦凝聚,超流超导机制,极端条件下凝聚态物质的结构相变、电子结构和多种原激发过程等。

(3)物质深层次结构和宇宙大尺度物理学规律

主要研究方向:微观和宇观尺度以及高能、高密、超高压、超强磁场等极端状态下的物质结构与物理规律,探索统一所有物理规律的理论,粒子物理学前沿基本问题,暗物质和暗能量的本质,宇宙的起源和演化,黑洞及各种天体和结构的形成及演化,太阳活动对地球环境和灾害的影响及其预报等。

(4)核心数学及其在交叉领域的应用

主要研究方向:核心数学中的重大问题,数学与其他学科相互交叉及在科学研究和实际应用中产生的新的数学问题,如离散问题、随机问题、量子问题以及大量非线性问题中的数学理论和方法等。

(5)地球系统过程与资源、环境和灾害效应主要研究方向:地球系统各圈层(大气圈、水圈、生物圈、地壳、地幔、地核)的相互作用,地球深部钻探,地球系统中的物理、化学、生物过程及其资源、环境与灾害效应,海陆相成藏理论,地基、海基、空基、天基地球观测与探测系统及地球模拟系统,地球系统科学理论等。

(6)新物质创造与转化的化学过程

主要研究方向:新的特定结构功能分子、凝聚态和聚集态分子功能体系的设计、可控合成、制备和转化,环境友好的新化学体系的建立,不同时空尺度物质形成与转化过程以及在生命过程和生态环境等复杂体系中的化学本质、性能与结构的关系和转化规律等。

(7)脑科学与认知科学

主要研究方向:脑功能的细胞和分子机理,脑重大疾病的发生发展机理,脑发育、可塑性与人类智力的关系,学习记忆和思维等大脑高级认知功能的过程及其神经基础,脑信息表达与脑式信息处理系统,人脑与计算机对话等。

(8)科学实验与观测方法、技术和设备的创新

主要研究方向:具有动态、适时、无损、灵敏、高分辨等特征的生命科学检测、成像、分析与操纵方法,物质组成、功能和结构信息获取新分析及表征技术,地球科学与空间科学研究中新观测手段和信息获取新方法等。

3. 面向国家重大战略需求的基础研究

以知识为基础的社会对科学发展提出了强烈需求,综合国力的竞争已前移到基础研究,而且愈加激烈。我国作为快速发展中的国家,更要强调基础研究服务于国家目标,通过基础研究解决未来发展中的关键、瓶颈问题。遴选研究方向的原则为:对国家经济社会发展和国家安全具有战略性、全局性和长远性意义;虽暂时还薄弱,但对发展具有关键性作用;能有力带动基础科学和技术科学的结合,引领未来高新技术发展。

(1)人类健康与疾病的生物学基础

重点研究重大疾病发生发展过程及其干预的分子与细胞基础,神经、免疫、内分泌系统在健康与重大疾病发生发展中的作用,病原体传播、变异规律和致病机制,药物在分子、细胞与整体调节水平上的作用机理,环境对生理过程的干扰,中医药学理论体系等。

(2)农业生物遗传改良和农业可持续发展中的科学问题

重点研究重要农业生物基因和功能基因组及相关组学,生物多样性与新品种培育的遗传学基础,植物抗逆性及水分养分和光能高效利用机理,农业生物与生态环境的相互作用,农业生物安全与主要病虫害控制原理等。

(3)人类活动对地球系统的影响机制

重点研究资源勘探与开发过程的灾害风险预测,重点流域大规模人类活动的生态影响、适应性和区域生态安全,重要生态系统能量物质循环规律与调控,生物多样性保育模式,土地利用与土地覆被变化,流域、区域需水规律与生态平衡,环境污染形成机理与控制原理,海洋资源可持续利用与海洋生态环境保护等。

(4)全球变化与区域响应

重点研究全球气候变化对中国的影响,大尺度水文循环对全球变化的响应以及全球变化对区域水资源的影响,人类活动与季风系统的相互作用,海–陆–气相互作用与亚洲

季风系统变异及其预测,中国近海－陆地生态系统碳循环过程,青藏高原和极地对全球变化的响应及其气候和环境效应,气候系统模式的建立及其模拟和预测,温室效应的机理,气溶胶形成、演变机制及对气候变化的影响及控制等。

(5)复杂系统、灾变形成及其预测控制

重点研究工程、自然和社会经济复杂系统中微观机理与宏观现象之间的关系,复杂系统中结构形成的机理和演变规律、结构与系统行为的关系,复杂系统运动规律,系统突变及其调控等,研究复杂系统不同尺度行为间的相关性,发展复杂系统的理论与方法等。

(6)能源可持续发展中的关键科学问题

重点研究化石能源高效洁净利用与转化的物理化学基础,高性能热功转换及高效节能储能中的关键科学问题,可再生能源规模化利用原理和新途径,电网安全稳定和经济运行理论,大规模核能基本技术和氢能技术的科学基础等。

(7)材料设计与制备的新原理与新方法

重点研究基础材料改性优化的理化基础、相变和组织控制机制、复合强韧化原理,新材料的物理化学性质,人工结构化和小尺度化、多功能集成化等物理新机制、新效应和新材料设计,材料制备新原理、新工艺以及结构、性能表征新原理,材料服役与环境的相互作用、性能演变、失效机制及寿命预测原理等。

(8)极端环境条件下制造的科学基础

重点研究深层次物质与能量交互作用规律,高密度能量和物质的微尺度输运,微结构形态的精确表达与计量,制造体成形、成性与系统集成的尺度效应和界面科学,复杂制造系统平稳运动的确定性与制造体的唯一性规律等。

(9)航空航天重大力学问题

重点研究高超声速推进系统及超高速碰撞力学问题,多维动力系统及复杂运动控制理论,可压缩湍流理论,高温气体热力学,磁流体及等离子体动力学,微流体与微系统动力学,新材料结构力学等。

(10)支撑信息技术发展的科学基础

重点研究新算法与软件基础理论,虚拟计算环境的机理,海量信息处理及知识挖掘的理论与方法,人机交互理论,网络安全与可信可控的信息安全理论等。

4. 重大科学研究计划

根据世界科学发展趋势和我国重大战略需求,选择能引领未来发展,对科学和技术发展有很强带动作用,可促进我国持续创新能力迅速提高,同时具有优秀创新团队的研究方向,重点部署四项重大科学研究计划。这些方向的突破,可显著提升我国的国际竞争力,大力促进可持续发展,实现重点跨越。

(1)蛋白质研究

蛋白质是最主要的生命活动载体和功能执行者。对蛋白质复杂多样的结构功能、相互作用和动态变化的深入研究,将在分子、细胞和生物体等多个层次上全面揭示生命现象的本质,是后基因组时代的主要任务。同时,蛋白质科学研究成果将催生一系列新的生物技术,带动医药、农业和绿色产业的发展,引领未来生物经济。因此,蛋白质科学是目前发达国家激烈争夺的生命科学制高点。

重点研究重要生物体系的转录组学、蛋白质组学、代谢组学、结构生物学、蛋白质生物学功能及其相互作用、蛋白质相关的计算生物学与系统生物学,蛋白质研究的方法学,相关应用基础研究等。

（2）量子调控研究

以微电子为基础的信息技术将达到物理极限,对信息科技发展提出了严峻的挑战,人类必须寻求新出路,而以量子效应为基础的新的信息手段初露端倪,并正在成为发达国家激烈竞争的焦点。量子调控就是探索新的量子现象,发展量子信息学、关联电子学、量子通信、受限小量子体系及人工带隙系统,构建未来信息技术理论基础,具有明显的前瞻性,有可能在20~30年后对人类社会经济发展产生难以估量的影响。

重点研究量子通信的载体和调控原理及方法,量子计算,电荷－自旋－相位－轨道等关联规律以及新的量子调控方法,受限小量子体系的新量子效应,人工带隙材料的宏观量子效应,量子调控表征和测量的新原理和新技术基础等。

（3）纳米研究

物质在纳米尺度下表现出的奇异现象和规律将改变相关理论的现有框架,使人们对物质世界的认识进入到崭新的阶段,孕育着新的技术革命,给材料、信息、绿色制造、生物和医学等领域带来极大的发展空间。纳米科技已成为许多国家提升核心竞争力的战略选择,也是我国有望实现跨越式发展的领域之一。

重点研究纳米材料的可控制备、自组装和功能化,纳米材料的结构、优异特性及其调控机制,纳加工与集成原理,概念性和原理性纳器件,纳电子学,纳米生物学和纳米医学,分子聚集体和生物分子的光、电、磁学性质及信息传递,单分子行为与操纵,分子机器的设计组装与调控,纳米尺度表征与度量学,纳米材料和纳米技术在能源、环境、信息、医药等领域的应用。

（4）发育与生殖研究

动物克隆、干细胞等一系列举世瞩目的成就为生命科学与医学的未来发展带来了重大的机遇。然而这些成果大多还不能直接造福于人类,主要原因是对生殖与发育过程及其机理缺乏系统深入的认识。我国人口增长量大,出生缺陷多,移植器官严重短缺,老龄化高峰即将到来,迫切需要生殖与发育科学理论的突破和技术创新。

重点研究干细胞增殖、分化和调控,生殖细胞发生、成熟与受精,胚胎发育的调控机制,体细胞去分化和动物克隆机理,人体生殖功能的衰退与退行性病变的机制,辅助生殖与干细胞技术的安全和伦理等。

七、科技体制改革与国家创新体系建设

改革开放以来,我国科技体制改革紧紧围绕促进科技与经济结合,以加强科技创新、促进科技成果转化和产业化为目标,以调整结构、转换机制为重点,采取了一系列重大改革措施,取得了重要突破和实质性进展。同时,必须清楚地看到,我国现行科技体制与社会主义市场经济体制以及经济、科技大发展的要求,还存在着诸多不相适应之处。一是企业尚未真正成为技术创新的主体,自主创新能力不强。二是各方面科技力量自成体系、分散重复,整体运行效率不高,社会公益领域科技创新能力尤其薄弱。三是科技宏观管理各

自为政,科技资源配置方式、评价制度等不能适应科技发展新形势和政府职能转变的要求。四是激励优秀人才、鼓励创新创业的机制还不完善。这些问题严重制约了国家整体创新能力的提高。

深化科技体制改革的指导思想是:以服务国家目标和调动广大科技人员的积极性和创造性为出发点,以促进全社会科技资源高效配置和综合集成为重点,以建立企业为主体、产学研结合的技术创新体系为突破口,全面推进中国特色国家创新体系建设,大幅度提高国家自主创新能力。

当前和今后一个时期,科技体制改革的重点任务是:

1. 支持鼓励企业成为技术创新主体

市场竞争是技术创新的重要动力,技术创新是企业提高竞争力的根本途径。随着改革开放的深入,我国企业在技术创新中发挥着越来越重要的作用。要进一步创造条件、优化环境、深化改革,切实增强企业技术创新的动力和活力。一要发挥经济、科技政策的导向作用,使企业成为研究开发投入的主体。加快完善统一、开放、竞争、有序的市场经济环境,通过财税、金融等政策,引导企业增加研究开发投入,推动企业特别是大企业建立研究开发机构。依托具有较强研究开发和技术辐射能力的转制科研机构或大企业,集成高等院校、科研院所等相关力量,组建国家工程实验室和行业工程中心。鼓励企业与高等院校、科研院所建立各类技术创新联合组织,增强技术创新能力。二要改革科技计划支持方式,支持企业承担国家研究开发任务。国家科技计划要更多地反映企业重大科技需求,更多地吸纳企业参与。在具有明确市场应用前景的领域,建立企业牵头组织、高等院校和科研院所共同参与实施的有效机制。三要完善技术转移机制,促进企业的技术集成与应用。建立健全知识产权激励机制和知识产权交易制度。大力发展为企业服务的各类科技中介服务机构,促进企业之间、企业与高等院校和科研院所之间的知识流动和技术转移。国家重点实验室、工程(技术研究)中心要向企业扩大开放。四要加快现代企业制度建设,增强企业技术创新的内在动力。把技术创新能力作为国有企业考核的重要指标,把技术要素参与分配作为高新技术企业产权制度改革的重要内容。坚持应用开发类科研机构企业化转制的方向,深化企业化转制科研机构产权制度等方面的改革,形成完善的管理体制和合理、有效的激励机制,使之在高新技术产业化和行业技术创新中发挥骨干作用。五要营造良好创新环境,扶持中小企业的技术创新活动。中小企业特别是科技型中小企业是富有创新活力但承受创新风险能力较弱的企业群体。要为中小企业创造更为有利的政策环境,在市场准入、反不正当竞争等方面,起草和制定有利于中小企业发展的相关法律、政策;积极发展支持中小企业的科技投融资体系和创业风险投资机制;加快科技中介服务机构建设,为中小企业技术创新提供服务。

2. 深化科研机构改革,建立现代科研院所制度

从事基础研究、前沿技术研究和社会公益研究的科研机构,是我国科技创新的重要力量。建设一支稳定服务于国家目标、献身科技事业的高水平研究队伍,是发展我国科学技术事业的希望所在。经过多年的结构调整和人才分流等改革,我国已经形成了一批精干的科研机构,国家要给予稳定支持。充分发挥这些科研机构的重要作用,必须以提高创新

能力为目标,以健全机制为重点,进一步深化管理体制改革,加快建设"职责明确、评价科学、开放有序、管理规范"的现代科研院所制度。一要按照国家赋予的职责定位加强科研机构建设。要切实改变目前部分科研机构职责定位不清、力量分散、创新能力不强的局面,优化资源配置,集中力量形成优势学科领域和研究基地。社会公益类科研机构要发挥行业技术优势,提高科技创新和服务能力,解决社会发展重大科技问题;基础科学、前沿技术科研机构要发挥学科优势,提高研究水平,取得理论创新和技术突破,解决重大科学技术问题。二要建立稳定支持科研机构创新活动的科技投入机制。学科和队伍建设、重大创新成果是长期持续努力的结果。对从事基础研究、前沿技术研究和社会公益研究的科研机构,国家财政给予相对稳定支持。根据科研机构的不同情况,提高人均事业经费标准,支持需要长期积累的学科建设、基础性工作和队伍建设。三要建立有利于科研机构原始创新的运行机制。自主选题研究对科研机构提高原始创新能力、培养人才队伍非常重要。加强对科研机构开展自主选题研究的支持。完善科研院所长负责制,进一步扩大科研院所在科技经费、人事制度等方面的决策自主权,提高科研机构内部创新活动的协调集成能力。四要建立科研机构整体创新能力评价制度。建立科学合理的综合评价体系,在科研成果质量、人才队伍建设、管理运行机制等方面对科研机构整体创新能力进行综合评价,促进科研机构提高管理水平和创新能力。五要建立科研机构开放合作的有效机制。实行固定人员与流动人员相结合的用人制度。全面实行聘用制和岗位管理,面向全社会公开招聘科研和管理人才。通过建立有效机制,促进科研院所与企业和大学之间多种形式的联合,促进知识流动、人才培养和科技资源共享。

大学是我国培养高层次创新人才的重要基地,是我国基础研究和高技术领域原始创新的主力军之一,是解决国民经济重大科技问题、实现技术转移、成果转化的生力军。加快建设一批高水平大学,特别是一批世界知名的高水平研究型大学,是我国加速科技创新、建设国家创新体系的需要。我国已经形成了一批规模适当、学科综合和人才汇聚的高水平大学,要充分发挥其在科技创新方面的重要作用。积极支持大学在基础研究、前沿技术研究、社会公益研究等领域的原始创新。鼓励、推动大学与企业和科研院所进行全面合作,加大为国家、区域和行业发展服务的力度。加快大学重点学科和科技创新平台建设。培养和汇聚一批具有国际领先水平的学科带头人,建设一支学风优良、富有创新精神和国际竞争力的高校教师队伍。进一步加快大学内部管理体制的改革步伐。优化大学内部的教育结构和科技组织结构,创新运行机制和管理制度,建立科学合理的综合评价体系,建立有利于提高创新人才培养质量和创新能力,人尽其才、人才辈出的运行机制。积极探索建立具有中国特色的现代大学制度。

3. 推进科技管理体制改革

针对当前我国科技宏观管理中存在的突出问题,推进科技管理体制改革,重点是健全国家科技决策机制,努力消除体制机制性障碍,加强部门之间、地方之间、部门与地方之间、军民之间的统筹协调,切实提高整合科技资源、组织重大科技活动的能力。一要建立健全国家科技决策机制。完善国家重大科技决策议事程序,形成规范的咨询和决策机制。强化国家对科技发展的总体部署和宏观管理,加强对重大科技政策制定、重大科技计划实施和科技基础设施建设的统筹。二要建立健全国家科技宏观协调机制。确立科技政策作为国家公共政策的基础地位,按照有利于促进科技创新、增强自主创新能力的目标,形成国家科技政策与经济政策协调互动的政策体系。建立部门之间统筹配置科技资源的协调机制。加快国家科技行政管理部门职能转变,推进依法行政,提高宏观管理能力和服务水平。改进计划管理方式,充分发挥部门、地方在计划管理和项目实施管理中的作用。三要改革科技评审与评估制度。科技项目的评审要体现公正、公平、公开和鼓励创新的原则,为各类人才特别是青年人才的脱颖而出创造条件。重大项目评审要体现国家目标。完善同行专家评审机制,建立评审专家信用制度,建立国际同行专家参与评议的机制,加强对评审过程的监督,扩大评审活动的公开化程度和被评审人的知情范围。对创新性强的小项目、非共识项目以及学科交叉项目给予特别关注和支持,注重对科技人员和团队素质、能力和研究水平的评价,鼓励原始创新。建立国家重大科技计划、知识创新工程、自然科学基金资助计划等实施情况的独立评估制度。四要改革科技成果评价和奖励制度。要根据科技创新活动的不同特点,按照公开公正、科学规范、精简高效的原则,完善科研评价制度和指标体系,改变评价过多过繁的现象,避免急功近利和短期行为。面向市场的应用研究和试验开发等创新活动,以获得自主知识产权及其对产业竞争力的贡献为评价重点;公益科研活动以满足公众需求和产生的社会效益为评价重点;基础研究和前沿科学探索以科学意义和学术价值为评价重点。建立适应不同性质科技工作的人才评价体系。改革国家科技奖励制度,减少奖励数量和奖励层次,突出政府科技奖励的重点,在实行对项目奖励的同时,注重对人才的奖励。鼓励和规范社会力量设奖。

4. 全面推进中国特色国家创新体系建设

深化科技体制改革的目标是推进和完善国家创新体系建设。国家创新体系是以政府为主导、充分发挥市场配置资源的基础性作用、各类科技创新主体紧密联系和有效互动的社会系统。现阶段,中国特色国家创新体系建设重点:一是建设以企业为主体、产学研结合的技术创新体系,并将其作为全面推进国家创新体系建设的突破口。只有以企业为主体,才能坚持技术创新的市场导向,有效整合产学研的力量,切实增强国家竞争力。只有产学研结合,才能更有效配置科技资源,激发科研机构的创新活力,并使企业获得持续创新的能力。必须在大幅度提高企业自身技术创新能力的同时,建立科研院所与高等院校积极围绕企业技术创新需求服务、产学研多种形式结合的新机制。二是建设科学研究与高等教育有机结合的知识创新体系。以建立开放、流动、竞争、协作的运行机制为中心,促进科研院所之间、科研院所与高等院校之间的结合和资源集成。加强社会公益科研体系建设。发展研究型大学。努力形成一批高水平的、资源共享的基础科学和前沿技术研究基地。三是建设军民结合、寓军于民的国防科技创新体系。从宏观管理、发展战略和计划、研究开发活动、科技产业化等多个方面,促进军民科技的紧密结合,加强军民两用技术的开发,形成全国优秀科技力量服务国防科技创新、国防科技成果迅速向民用转化的良好格局。四是建设各具特色和优势的区域创新体系。充分结合区域经济和社会发展的特色和优势,统筹规划区域创新体系和创新能力建设。深化地方科技体制改革。促进中央与地方科技力量的有机结合。发挥高等院校、科研院所和国家高新技术产业开发区在区域创新体系中的重要作用,增强科技创新对区域经济社会发展的支撑力度。加强中、西部区域科技发展能力建设。切实加强县(市)等基层科技体系建设。五是建设社会化、网络化的科技中介服务体系。针对科技中介服务行业规模小、功能单一、服务能力薄弱等突出问题，大力培育和发展各类科技中介服务机构。充分发挥高等院校、科研院所和各类社团在科技中介服务中的重要作用。引导科技中介服务机构向专业化、规模化和规范化方向发展。

八、若干重要政策和措施

为确保本纲要各项任务的落实，不仅要解决体制和机制问题，还必须制定和完善更加有效的政策与措施。所有政策和措施都必须有利于增强自主创新能力，有利于激发科技人员的积极性和创造性，有利于充分利用国内外科技资源，有利于科技支撑和引领经济社会的发展。本纲要确定的科技政策和措施，是针对当前主要矛盾和突出问题而制定的，随着形势发展和本纲要实施进展情况，将不断加以丰富和完善。

1. 实施激励企业技术创新的财税政策

鼓励企业增加研究开发投入，增强技术创新能力。加快实施消费型增值税，将企业购置的设备已征税款纳入增值税抵扣范围。在进一步落实国家关于促进技术创新、加速科技成果转化以及设备更新等各项税收优惠政策的基础上，积极鼓励和支持企业开发新产品、新工艺和新技术，加大企业研究开发投入的税前扣除等激励政策的力度，实施促进高新技术企业发展的税收优惠政策。结合企业所得税和企业财务制度改革，鼓励企业建立技术研究开发专项资金制度。允许企业加速研究开发仪器设备的折旧。对购买先进科学研究仪器和设备给予必要税收扶持政策。加大对企业设立海外研究开发机构的外汇和融资支持力度，提供对外投资便利和优质服务。

全面贯彻落实《中华人民共和国中小企业促进法》，支持创办各种性质的中小企业，充分发挥中小企业技术创新的活力。鼓励和支持中小企业采取联合出资、共同委托等方式进行合作研究开发，对加快创新成果转化给予政策扶持。制定扶持中小企业技术创新的税收优惠政策。

2. 加强对引进技术的消化、吸收和再创新

完善和调整国家产业技术政策，加强对引进技术的消化、吸收和再创新。制定鼓励自主创新、限制盲目重复引进的政策。

通过调整政府投资结构和重点，设立专项资金，用于支持引进技术的消化、吸收和再创新，支持重大技术装备研制和重大产业关键共性技术的研究开发。采取积极政策措施，多渠道增加投入，支持以企业为主体、产学研联合开展引进技术的消化、吸收和再创新。

把国家重大建设工程作为提升自主创新能力的重要载体。通过国家重大建设工程的实施，消化吸收一批先进技术，攻克一批事关国家战略利益的关键技术，研制一批具有自主知识产权的重大装备和关键产品。

3. 实施促进自主创新的政府采购

制定《中华人民共和国政府采购法》实施细则，鼓励和保护自主创新。建立政府采购自主创新产品协调机制。对国内企业开发的具有自主知识产权的重要高新技术装备和产品，政府实施首购政策。对企业采购国产高新技术设备提供政策支持。通过政府采购，支

持形成技术标准。

4. 实施知识产权战略和技术标准战略

保护知识产权,维护权利人利益,不仅是我国完善市场经济体制、促进自主创新的需要,也是树立国际信用、开展国际合作的需要。要进一步完善国家知识产权制度,营造尊重和保护知识产权的法治环境,促进全社会知识产权意识和国家知识产权管理水平的提高,加大知识产权保护力度,依法严厉打击侵犯知识产权的各种行为。同时,要建立对企业并购、技术交易等重大经济活动知识产权特别审查机制,避免自主知识产权流失。防止滥用知识产权而对正常的市场竞争机制造成不正当的限制,阻碍科技创新和科技成果的推广应用。将知识产权管理纳入科技管理全过程,充分利用知识产权制度提高我国科技创新水平。强化科技人员和科技管理人员的知识产权意识,推动企业、科研院所、高等院校重视和加强知识产权管理。充分发挥行业协会在保护知识产权方面的重要作用。建立健全有利于知识产权保护的从业资格制度和社会信用制度。

根据国家战略需求和产业发展要求,以形成自主知识产权为目标,产生一批对经济、社会和科技等发展具有重大意义的发明创造。组织以企业为主体的产学研联合攻关,并在专利申请、标准制定、国际贸易和合作等方面予以支持。

将形成技术标准作为国家科技计划的重要目标。政府主管部门、行业协会等要加强对重要技术标准制定的指导协调,并优先采用。推动技术法规和技术标准体系建设,促使标准制定与科研、开发、设计、制造相结合,保证标准的先进性和效能性。引导产、学、研各方面共同推进国家重要技术标准的研究、制定及优先采用。积极参与国际标准的制定,推动我国技术标准成为国际标准。加强技术性贸易措施体系建设。

5. 实施促进创新创业的金融政策

建立和完善创业风险投资机制,起草和制定促进创业风险投资健康发展的法律法规及相关政策。积极推进创业板市场建设,建立加速科技产业化的多层次资本市场体系。鼓励有条件的高科技企业在国内主板和中小企业板上市。努力为高科技中小企业在海外上市创造便利条件。为高科技创业风险投资企业跨境资金运作创造更加宽松的金融、外汇政策环境。在国家高新技术产业开发区内,开展对未上市高新技术企业股权流通的试点工作。逐步建立技术产权交易市场。探索以政府财政资金为引导,政策性金融、商业性金融资金投入为主的方式,采取积极措施,促进更多资本进入创业风险投资市场。建立全国性的科技创业风险投资行业自律组织。鼓励金融机构对国家重大科技产业化项目、科技成果转化项目等给予优惠的信贷支持,建立健全鼓励中小企业技术创新的知识产权信用担保制度和其他信用担保制度,为中小企业融资创造良好条件。搭建多种形式的科技金融合作平台,政府引导各类金融机构和民间资金参与科技开发。鼓励金融机构改善和加强对高新技术企业,特别是对科技型中小企业的金融服务。鼓励保险公司加大产品和服务创新力度,为科技创新提供全面的风险保障。

6. 加速高新技术产业化和先进适用技术的推广

把推进高新技术产业化作为调整经济结构、转变经济增长方式的一个重点。积极发展对经济增长有突破性重大带动作用的高新技术产业。

优化高新技术产业化环境。继续加强国家高新技术产业开发区等产业化基地建设。制定有利于促进国家高新技术产业开发区发展并带动周边地区发展的政策。构建技术交流与技术交易信息平台,对国家大学科技园、科技企业孵化基地、生产力促进中心、技术转移中心等科技中介服务机构开展的技术开发与服务活动给予政策扶持。

加大对农业技术推广的支持力度。建立面向农村推广先进适用技术的新机制。把农业科技推广成就作为科技奖励的重要内容,建立农业技术推广人员的职业资格认证制度,激励科技人员以多种形式深入农业生产第一线开展技术推广活动。设立农业科技成果转化和推广专项资金,促进农村先进适用技术的推广,支持农村各类人才的技术革新和发明创造。国家对农业科技推广实行分类指导,分类支持,鼓励和支持多种模式的、社会化的农业技术推广组织的发展,建立多元化的农业技术推广体系。

支持面向行业的关键、共性技术的推广应用。制定有效的政策措施,支持产业竞争前技术的研究开发和推广应用,重点加大电子信息、生物、制造业信息化、新材料、环保、节能等关键技术的推广应用,促进传统产业的改造升级。加强技术工程化平台、产业化示范基地和中间试验基地建设。

7. 完善军民结合、寓军于民的机制

加强军民结合的统筹和协调。改革军民分离的科技管理体制,建立军民结合的新的科技管理体制。鼓励军口科研机构承担民用科技任务;国防研究开发工作向民口科研机构和企业开放;扩大军品采购向民口科研机构和企业采购的范围。改革相关管理体制和制度,保障非军工科研企事业单位平等参与军事装备科研和生产的竞争。建立军民结合、军民共用的科技基础条件平台。

建立适应国防科研和军民两用科研活动特点的新机制。统筹部署和协调军民基础研究,加强军民高技术研究开发力量的集成,建立军民有效互动的协作机制,实现军用产品与民用产品研制生产的协调,促进军民科技各环节的有机结合。

8. 扩大国际和地区科技合作与交流

增强国家自主创新能力,必须充分利用对外开放的有利条件,扩大多种形式的国际和地区科技合作与交流。

鼓励科研院所、高等院校与海外研究开发机构建立联合实验室或研究开发中心。支持在双边、多边科技合作协议框架下,实施国际合作项目。建立内地与港、澳、台的科技合作机制,加强沟通与交流。

支持我国企业"走出去"。扩大高新技术及其产品的出口,鼓励和支持企业在海外设立研究开发机构或产业化基地。

积极主动参与国际大科学工程和国际学术组织。支持我国科学家和科研机构参与或牵头组织国际和区域性大科学工程。建立培训制度,提高我国科学家参与国际学术交流的能力,支持我国科学家在重要国际学术组织中担任领导职务。鼓励跨国公司在华设立研究开发机构。提供优惠条件,在我国设立重要的国际学术组织或办事机构。

9. 提高全民族科学文化素质,营造有利于科技创新的社会环境

实施全民科学素质行动计划。以促进人的全面发展为目标,提高全民科学文化素质。

在全社会大力弘扬科学精神,宣传科学思想,推广科学方法,普及科学知识。加强农村科普工作,逐步建立提高农民技术和职业技能的培训体系。组织开展多种形式和系统性的校内外科学探索和科学体验活动,加强创新教育,培养青少年创新意识和能力。加强各级干部和公务员的科技培训。

加强国家科普能力建设。合理布局并切实加强科普场馆建设,提高科普场馆运营质量。建立科研院所、大学定期向社会公众开放制度。在科技计划项目实施中加强与公众沟通交流。繁荣科普创作,打造优秀科普品牌。鼓励著名科学家及其他专家学者参与科普创作。制定重大科普作品选题规划,扶持原创性科普作品。在高校设立科技传播专业,加强对科普的基础性理论研究,培养专业化科普人才。

建立科普事业的良性运行机制。加强政府部门、社会团体、大型企业等各方面的优势集成,促进科技界、教育界和大众媒体之间的协作。鼓励经营性科普文化产业发展,放宽民间和海外资金发展科普产业的准入限制,制定优惠政策,形成科普事业的多元化投入机制。推进公益性科普事业体制与机制改革,激发活力,提高服务意识,增强可持续发展能力。

九、科技投入与科技基础条件平台

科技投入和科技基础条件平台,是科技创新的物质基础,是科技持续发展的重要前提和根本保障。今天的科技投入,就是对未来国家竞争力的投资。改革开放以来,我国科技投入不断增长,但与我国科技事业的大发展和全面建设小康社会的重大需求相比,与发达国家和新兴工业化国家相比,我国科技投入的总量和强度仍显不足,投入结构不尽合理,科技基础条件薄弱。当今发达国家和新兴工业化国家,都把增加科技投入作为提高国家竞争力的战略举措。我国必须审时度势,从增强国家自主创新能力和核心竞争力出发,大幅度增加科技投入,加强科技基础条件平台建设,为完成本纲要提出的各项重大任务提供必要的保障。

1. 建立多元化、多渠道的科技投入体系

充分发挥政府在投入中的引导作用,通过财政直接投入、税收优惠等多种财政投入方式,增强政府投入调动全社会科技资源配置的能力。国家财政投入主要用于支持市场机制不能有效解决的基础研究、前沿技术研究、社会公益研究、重大共性关键技术研究等公共科技活动,并引导企业和全社会的科技投入。中央和地方各级政府要按照《中华人民共和国科学技术进步法》的要求,在编制年初预算和预算执行中的超收分配时,都要体现法定增长的要求,保证科技经费的增长幅度明显高于财政经常性收入的增长幅度,逐步提高国家财政性科技投入占国内生产总值的比例。要结合国家财力情况,统筹安排规划实施所需经费,切实保障重大专项的顺利实施。国家继续加强对重大科技基础设施建设的投入,在中央和地方建设投资中作为重点予以支持。在政府增加科技投入的同时,强化企业科技投入主体的地位。总之,通过多方面的努力,使我国全社会研究开发投入占国内生产总值的比例逐年提高,到 2010 年达到 2%,到 2020 年达到 2.5% 以上。

2. 调整和优化投入结构,提高科技经费使用效益

加强对基础研究、前沿技术研究、社会公益研究以及科技基础条件和科学技术普及的

支持。合理安排科研机构(基地)正常运转经费、科研项目经费、科技基础条件经费等的比例,加大对基础研究和社会公益类科研机构的稳定投入力度,将科普经费列入同级财政预算,逐步提高科普投入水平。建立和完善适应科学研究规律和科技工作特点的科技经费管理制度,按照国家预算管理的规定,提高财政资金使用的规范性、安全性和有效性。提高国家科技计划管理的公开性、透明度和公正性,逐步建立财政科技经费的预算绩效评价体系,建立健全相应的评估和监督管理机制。

3. 加强科技基础条件平台建设

科技基础条件平台是在信息、网络等技术支持下,由研究实验基地、大型科学设施和仪器装备、科学数据与信息、自然科技资源等组成,通过有效配置和共享,服务于全社会科技创新的支撑体系。科技基础条件平台建设重点是:

国家研究实验基地。根据国家重大战略需求,在新兴前沿交叉领域和具有我国特色和优势的领域,主要依托国家科研院所和研究型大学,建设若干队伍强、水平高、学科综合交叉的国家实验室和其他科学研究实验基地。加强国家重点实验室建设,不断提高其运行和管理的整体水平。构建国家野外科学观测研究台站网络体系。

大型科学工程和设施。重视科学仪器与设备对科学研究的作用,加强科学仪器设备及检测技术的自主研究开发。建设若干大型科学工程和基础设施,包括在高性能计算、大型空气动力研究试验和极端条件下进行科学实验等方面的大科学工程或大型基础设施。推进大型科学仪器、设备、设施的共享与建设,逐步形成全国性的共享网络。

科学数据与信息平台。充分利用现代信息技术手段,建设基于科技条件资源信息化的数字科技平台,促进科学数据与文献资源的共享,构建网络科研环境,面向全社会提供服务,推动科学研究手段、方式的变革。

自然科技资源服务平台。建立完备的植物、动物种质资源,微生物菌种和人类遗传资源,以及实验材料,标本、岩矿化石等自然科技资源保护与利用体系。

国家标准、计量和检测技术体系。研究制定高精确度和高稳定性的计量基准和标准物质体系,以及重点领域的技术标准,完善检测实验室体系、认证认可体系及技术性贸易措施体系。

4. 建立科技基础条件平台的共享机制

建立有效的共享制度和机制是科技基础条件平台建设取得成效的关键和前提。根据"整合、共享、完善、提高"的原则,借鉴国外成功经验,制定各类科技资源的标准规范,建立促进科技资源共享的政策法规体系。针对不同类型科技条件资源的特点,采用灵活多样的共享模式,打破当前条块分割、相互封闭、重复分散的格局。

十、人才队伍建设

科技创新,人才为本。人才资源已成为最重要的战略资源。要实施人才强国战略,切实加强科技人才队伍建设,为实施本纲要提供人才保障。

1. 加快培养造就一批具有世界前沿水平的高级专家

要依托重大科研和建设项目、重点学科和科研基地以及国际学术交流与合作项目,加大学科带头人的培养力度,积极推进创新团队建设。注重发现和培养一批战略科学家、科技管理专家。对核心技术领域的高级专家要实行特殊政策。进一步破除科学研究中的论资排辈和急功近利现象,抓紧培养造就一批中青年高级专家。改进和完善职称制度、院士制度、政府特殊津贴制度、博士后制度等高层次人才制度,进一步形成培养选拔高级专家的制度体系,使大批优秀拔尖人才得以脱颖而出。

2. 充分发挥教育在创新人才培养中的重要作用

加强科技创新与人才培养的有机结合,鼓励科研院所与高等院校合作培养研究型人才。支持研究生参与或承担科研项目,鼓励本科生投入科研工作,在创新实践中培养他们的探索兴趣和科学精神。高等院校要适应国家科技发展战略和市场对创新人才的需求,及时合理地设置一些交叉学科、新兴学科并调整专业结构。加强职业教育、继续教育与培训,培养适应经济社会发展需求的各类实用技术专业人才。要深化中小学教学内容和方法的改革,全面推进素质教育,提高科学文化素养。

3. 支持企业培养和吸引科技人才

国家鼓励企业聘用高层次科技人才和培养优秀科技人才,并给予政策支持。鼓励和引导科研院所和高等院校的科技人员进入市场创新创业。允许高等院校和科研院所的科技人员到企业兼职进行技术开发。引导高等院校毕业生到企业就业。鼓励企业与高等院校和科研院所共同培养技术人才。多方式、多渠道培养企业高层次工程技术人才。允许国有高新技术企业对技术骨干和管理骨干实施期权等激励政策,探索建立知识、技术、管理等要素参与分配的具体办法。支持企业吸引和招聘外籍科学家和工程师。

4. 加大吸引留学和海外高层次人才工作力度

制定和实施吸引优秀留学人才回国工作和为国服务计划,重点吸引高层次人才和紧缺人才。采取多种方式,建立符合留学人员特点的引才机制。加大对高层次留学人才回国的资助力度。大力加强留学人员创业基地建设。健全留学人才为国服务的政策措施。加大高层次创新人才公开招聘力度。实验室主任、重点科研机构学术带头人以及其他高级科研岗位,逐步实行海内外公开招聘。实行有吸引力的政策措施,吸引海外高层次优秀科技人才和团队来华工作。

5. 构建有利于创新人才成长的文化环境

倡导拼搏进取、自觉奉献的爱国精神,求真务实、勇于创新的科学精神,团结协作、淡泊名利的团队精神。提倡理性怀疑和批判,尊重个性,宽容失败,倡导学术自由和民主,鼓励敢于探索、勇于冒尖,大胆提出新的理论和学说。激发创新思维,活跃学术气氛,努力形成宽松和谐、健康向上的创新文化氛围。加强科研职业道德建设,遏制科学技术研究中的浮躁风气和学术不良风气。

实施国家中长期科学和技术发展规划纲要,涉及面广、时间跨度大、要求很高,要加强组织领导和统筹协调,采取切实有效措施,确保各项任务的落实。一是加强本纲要与“十一五”国民经济和社会发展规划的衔接。为增强纲要的可操作性,当前要将纲要的有关内容按照轻重缓急,做好与“十一五”国民经济和社会发展规划紧密结合,包括优先主题、重大专项、前沿技术、基础研究、基础条件平台建设和科技体制改革等,从中遴选出需要立即起步或在"十一五"期间急需解决的重点任务,抓紧在"十一五"国民经济和社会发展规划中做出具体安排和部署。二是制定若干配套政策。纲要确定的发展目标、重点任务及政策措施,是带有方向性和指导性的,需要制定若干切实可行、操作性强的配套政策。包括:支持企业成为技术创新主体的政策,促进对引进技术消化、吸收和再创新的政策,激励自主创新的政府采购政策,加大科技投入、提高资金使用效益的政策,深化科技体制改革、推进国家创新体系建设的政策,加速高新技术产业化的政策,加强科技人才队伍建设的政策,促进军民结合、寓军于民的政策等。上述政策要责成有关部门牵头、相关部门参加,在充分调查研究的基础上,使科技政策与产业、金融、财税等经济政策相互协调、紧密结合,并抓紧出台实施。三是建立纲要实施的动态调整机制。鉴于世界科学技术发展迅猛,国内经济社会发展不断变化,要在经济社会分析、技术预测和定期评估的基础上,建立纲要实施的动态调整机制。纲要确定的发展目标和重点任务,要根据国内外科技发展的新趋势、新突破和我国经济社会发展的新需求,进行及时的、必要的调整,有的要充实加强,有的要适当调整。四是加强对纲要实施的组织领导。要在党中央、国务院的统一领导下,充分发挥各地方、各部门、各社会团体的积极性和主动性,大力协同,共同推动纲要的组织实施。特别是国家科技管理部门、发展改革部门、财政部门等综合管理部门要紧密配合,切实负起责任,加强具体指导。各省、自治区、直辖市要结合本地实际,贯彻落实纲要。

本纲要的实施,关系全面建设小康社会目标的实现,关系社会主义现代化建设的成功,关系中华民族的伟大复兴。让我们在以胡锦涛同志为总书记的党中央领导下,以邓小平理论和"三个代表"重要思想为指导,坚定信心,奋发图强,为建设创新型国家,实现我国科学和技术发展的宏伟蓝图而奋斗!

（中华人民共和国国务院）

附录三:参考文献

[1] 中国社会科学院外国文学研究所外国文学研究资料丛刊编辑委员会.外国理论家作家论形象思维[M].北京:中国社会科学出版社,1979.

[2] 张玉田,等.学校教育评价[M].北京:中央民族学院出版社,1987.

[3] David Layton. Innovations in science and technology education(Vol.Ⅳ)[J]. UNESCO,1992.

[4] 项苏云,翟立原.青少年发明创造活动指南[M].北京:科学普及出版社,1994.

[5] (英)赫伯·里德.通过艺术的教育[M].吕廷和译.长沙:湖南美术出版社,1993.

[6] 陈浩元.科技书刊标准化18讲[M].北京:北京师范大学出版社,1998.

[7] 孙心若,等.少年电子技师必读(三级适用)[M].北京:人民邮电出版社,1998.

[8] 顾志跃.科学教育概论[M].北京:科学出版社,1999.

[9] 刘大椿.科学技术哲学导论[M].北京:中国人民大学出版社,2000.

[10] 李骏修,吴锦骠.中小学现代科技教育[M].北京:科学出版社,2000.

[11] 美国科学促进会.科学素养的基准[M].中国科学技术协会译.北京:科学普及出版社,2001.

[12] 马抗美,翟立原.青少年创造力国际比较[M].北京:科学出版社,2003.

[13] 刘国璋.青少年生物和环境科普活动设计与开发[M].上海:上海科技教育出版社,2003.

[14] 祝怀新.环境教育的理论与实践[M].北京:中国环境科学出版社,2005.

[15] 顾建军.简易机器人制作[M].南京:江苏教育出版社,2005.

[16] 牛灵江,翟立原.青少年科学探究[M].北京:中国言实出版社,2005.

[17] (美)柯克帕特里克.如何做好培训评估[M].奚卫华等译.北京:机械工业出版社,2007.

[18] 钱贵晴,刘文利.创新教育概论[M].北京:北京师范大学出版社,2009.

[19] 翟立原.公民科学素质建设的实践探索[M].北京:科学出版社,2009.

[20] 王朝银.创新设计[M].西安:陕西人民出版社,2009.

[21] 孙敬全,孙柳燕.创新意识[M].上海:上海科学技术出版社,2010.

[22] 李慧敏,等.地球是烫的——低碳是人类的必然选择[M].北京:电子工业出版社,2011.

[23] 刘传庚,等.中国能源低碳之路[M].北京:中国经济出版社,2011.

[24] 焦志延.探索可持续发展教育之路论文集[M].北京:中国环境科学出版社,2011.

[25] 牛灵江,赵建龙,翟立原.科技辅导员工作指南[M].北京:科学普及出版社,2011.

[26] 马丁,郑兰琴.培训课程设计与开发[M].北京:中国铁道出版社,2011.

[27] 中国科学技术协会网站,http://www.cast.org.cn

[28] 中华人民共和国教育部网站,http://www.moe.edu.cn

[29] 中华人民共和国科技部网站,http://www.most.gov.cn

[30] "全国中小学电脑制作活动"官方网站,http://www.huodong2000.com.cn